关学及其文化精神

马瑞映 米文科 刘泉 —— 著

陕西师范大学出版总社

图书代号　SK20N2203

图书在版编目(CIP)数据

关学及其文化精神 / 马瑞映，米文科，刘泉著. —西安：陕西师范大学出版总社有限公司，2020.12
　　ISBN 978-7-5695-2011-8

Ⅰ. ①关… Ⅱ. ①马… ②米… ③刘… Ⅲ. ①关学—研究 Ⅳ. ①B244.45

中国版本图书馆 CIP 数据核字(2020)第 226619 号

关学及其文化精神
GUANXUE JI QI WENHUA JINGSHEN

马瑞映　米文科　刘　泉　著

出 版 人	刘东风
责任编辑	张　姣　熊梓宇　张　娟
责任校对	雷亚妮
出版发行	陕西师范大学出版总社
	(西安市长安南路 199 号　邮编 710062)
网　　址	http://www.snupg.com
印　　刷	西安市建明工贸有限责任公司
开　　本	700mm×1020mm　1/16
印　　张	16
插　　页	2
字　　数	188 千
版　　次	2020 年 12 月第 1 版
印　　次	2020 年 12 月第 1 次印刷
书　　号	ISBN 978-7-5695-2011-8
定　　价	68.00 元

读者购书、书店添货或发现印刷装订问题，请与本公司营销部联系、调换。
电话：(029)85307864　　85303635　　传真：(029)85303879

本书为陕西省社会科学基金重大委托项目"关学及其文化精神研究"成果（项目号：2019ZDWT18）

人类命运共同体构建中的张载关学

（代序）

　　一个国家、一个民族不仅需要强大的物质力量，更需要强大的精神力量。更好地弘扬中华优秀传统文化，发掘其时代价值，不断推进其创造性转化与创新性发展，既是历史的必然，也是时代的呼唤。作为在中国思想文化史上具有重要地位和卓越影响意义的张载关学，是中华优秀传统文化的重要组成部分。传承关学精神，汲取历史智慧，坚定文化自信，塑造民族精神，为中华民族的伟大复兴提供历史借鉴和文化支撑，成为张载千年诞辰之际，我们义不容辞的责任和使命。

　　党的十八大以来，以习近平同志为核心的党中央以马克思主义的立场、观点和方法，结合时代要求和中国发展实际，对中华传统文化做了进一步的创造性转化和创新性发展，并将其作为治国理政的重要思想文化资源，谱写了我们党和国家领导人运用优秀传统文化展现治国理政情怀的新篇章。加快构建中国特色哲学社会科学，同样要求我们加强对中华传统文化的挖掘和阐发，以择其善者而从之、其不善者而去之的科学态度，从中汲取智慧和养分，将中华优秀传统文化作为构建中国特色哲学社会科学的重要思想文化资源。2014年9月24日，习近平主席在国际儒学联合会第五届会员大会开幕式上发表了重要讲话，为弘扬儒学文化和一切优秀传统文化的思想精华，推动不同文明的互学互鉴指明了方向。他指出，中华文化源远流长，积淀着中华民族最深层的精神追求，代表着中华民族独特的精神标识，为中华民族生生不息、发展壮大提供了丰厚滋养。2019年11月16日，在国际儒学联合会第六届会员大会上，王岐山副主席代表习近平主席、代表中国政府发表了讲话，重申了"中华文明始终是中华民族生生不息的源头活水"的重要观点。近年来，习近平总书记在知识分子、劳动模范、青年代表座谈会和哲学社会科学工作座谈会等多个场合，反复提到"为天地立心，为生民立命，为往圣继绝学，为万世开太平"这个被著名哲学家冯友兰先生称为"横渠四句"的箴言。这既体现了总书记对张载思想精髓的高度重视和对其现代价值的有效阐发，也表达了对"横渠四句"所代表的张载关学展开研究的重要指引和殷切期待。

陕西关中是关学的发源地。在中国思想文化史上，关学具有崇高的地位。作为一个重要学派，关学大体经历了宋代的奠基、元明的多向发展、清代的复兴等几个历史时期。值得庆幸的是，从宋代开创直至清末民初终结，在绵延八百多年之久的历史进程中，张载关学学脉一直没有中断，持续被承传弘扬。从《关学编》及《关学续编》等关学学术史著作可知，关学统绪延绵不绝，关学"源流初终，条贯秩然"。随着时代的变化，关学的学术旨趣虽有所转化，但"横渠遗风，将绝复续"，关学精神，世代相承。在辉煌灿烂的中华文明史上，关学学人以天下为己任，创建了以儒家思想为主体、儒道释多元互补的新体系，形成了立心立命、勇于造道、尊礼贵德、经世致用、开放包容、崇尚气节的精神传统。事实表明，关学是一个有本源根基、学脉传承、学术宗旨、风格独特而又开放包容的多元的地域性理学学术流派。从张载"勇于造道"到牛兆濂"存心继道"，薪火相传八百余年，关学形成了客观上内在一致的精神气质、学术宗旨、价值追求和治学作风，创造了丰富的学术成果，培育了独特的思想精神，为中国学术史、哲学史做出了重大贡献，在中国思想文化史上具有承前启后的重要地位。

关学学派的创立者张载（1020—1077），思想之精深，境界之高远，节操之高尚，堪称万世之楷模。张载除著书立说之外，还在家乡积极讲学传道，为国家和社会培养有用之才，对关中乃至陕西的教育事业做出了极大贡献，为关学在三秦大地的普及，打下了坚实的根基。在张载的影响和激励下，关学在三秦大地蓬勃发展，人才辈出，薪火相传。除创始人张载之外，还有北宋时期的吕大忠、吕大钧、吕大临（"蓝田三吕"）、苏昞、范育、李复等，元代的杨奂、杨恭懿、萧㪺、同恕等，明代的吕柟、马理、南大吉、冯从吾等，清代的李二曲、王心敬、李元春、贺瑞麟等，一直到近现代的刘古愚、牛兆濂等，他们用关学精神指引着一代代三秦儿女奋发有为，不断积淀着这片土地的文化底蕴。正如明代大儒王阳明所言："关中自古多豪杰，其忠信沉毅之质，明达英伟之器，四方之士，吾见亦多矣，未有如关中之盛者也。"明末清初著名思想家王夫之在《张子正蒙注》中说："张子之学，上承孔孟之志，下救来兹之失，如皎日丽天，无幽不烛，圣人复起，未有能易焉者也。"关学作为传统儒学转型发展的重要成果，奠定了宋元明清时期中国社会的主导精神、核心价值和主流意识形态，其直面"学绝道丧"的忧患意识，重建伦理纲常的使命担当，"性道合一、学政不二"的理论模式，万世太平的政治抱负，"天人合一"的致思取向，"民胞物与"的宇宙情怀，"仇必和而解"的辩证思想，代表了理学的最高精神追求和价值境界，塑造了直至当代中国知识分子的胸襟和志向，展现出重要的现代意义和时代价值。依此而言，关学不再是博物馆中被物化的陈列品，也不再仅仅是停留在民众脑海中零星的先贤记忆，而是在今天不断被研究与重构，充分展现其深厚底蕴并与现实紧密关联的源头活水。

首先，关学所推崇的"民胞物与""为万世开太平"的理想目标，与今天我们为之奋斗的中国特色社会主义事业息息相通，对于启发个体做人的道德自觉具有重要意义。横渠四句"为天地立心，为生民立命，为往圣继绝学，为万世开太平"，即为社会重建道德价值、为人民确立生命的意义、为前圣继承已绝之学统、为万世开辟永久和平的社会愿景，开显了儒家的广阔胸怀。"太平""大同"等观念，是周公、孔子以来的社会理想。他们认为，只有施"仁政"和"礼治"，才能实现"大道之行""天下为公"的"太平""大同"社会。张载和孔子一样，非常向往"三代"那样行"仁政"和"礼治"的社会。在他看来，通过实行井田制，以实现"足民""均平"的社会诉求，天下就会长治久安。所以张载一直以恢复"三代"为自己的政治理想。更重要的在于，张载以宽广深远的视野，把这种理想的社会状态推之于"万世"，以为人类谋求永久安定、太平、祥和，这种胸襟和气度，是和张载对儒家境界的深刻了悟、对儒家情怀的深切体悟密切联系在一起的。被历代所推崇的《西铭》指引出道学的宇宙意识，从思想整体上把高天和厚土结合在一起，顶天立地、天人合一，塑造出中国知识分子的远大志向和开阔心胸。从这个意义上说，横渠四句和《西铭》所开显的理想目标与我们今天的社会主义国家为满足人民日益增长的美好生活需求的善治目标无疑是相通的。而历代关学学人所付出的努力与我们今天新时代的社会主义建设者不忘初心、砥砺前行之举是息息相通的。思想家马一浮在《泰和会语》中表示："昔张横渠先生有四句话，今教诸生立志，特为拈出，希望竖起脊梁，猛著精采，依此立志，方能堂堂的做一个人。须知人人有此责任，人人具此力量，切莫自己诿卸，自己菲薄。此便是'仁以为己任'的榜样，亦即是今日讲学的宗旨，慎勿以为空言而忽视之。"关学的"为天地立心，为生民立命，为往圣继绝学，为万世开太平"的崇高使命意识和担当精神，"旋起新知""勇于造道"的独创精神，"民胞物与""大心体物"的道德理想和宏大胸襟，重视节操、刚正不阿的人格追求，"经世致用""开物成务"的求实精神，博取兼容、不守门户的学术态度等，是我们汲取不尽的精神源泉。为了实现中华民族伟大复兴的中国梦，推动人的道德自觉和个体的全面发展，我们应该继承关学之精华，摒弃其局限，在与时代精神的结合中，加以改造、提高。

其次，关学所蕴含的重使命、崇道德、求实用、尚气节、贵兼容的优秀精神，与今天我们所力求建构的陕西精神是一脉相承的，对于打造新时代、新陕西具有重要意义。在张载那里，儒家的忠孝伦理和仁爱精神，得到了明确的表达。其中蕴含着"视天下无一物非我"的万物一体的哲学境界，引出了理学的宇宙意识，是张载"天人合一"思想的体现。此外，在《西铭》中他还坚守一种积极进取和乐天安命的生活态度。他说："富贵福泽，将厚吾之生也；贫贱忧戚，庸玉汝于成也。存，吾顺事。没，吾宁也。"后人常用"贫贱忧戚，玉汝于成"来概括其含意。这些也得到历代学人的普遍关注和推崇。而关学那种"敦善行而不怠"、坚持真理、不畏权贵，不苟且、不合污的精神节操，"无求生以害仁，有杀身以成仁"的理想信念，"不降其志，不辱其身"的人生信条和"富贵不能淫，贫贱不能移，威武不能屈"的大丈夫人格，一直使儒家的优良传统闪烁着熠熠光芒。特别需提及的是，在张载身上所凝结的坚持真理、不畏强权的风骨，刚正不阿、崇尚气节的道德人格和节操，在历代关学学人身上依然鲜明地得以持守和光大，而这些品格和精神与我们立德树人的目标要求及个人修身养性的要求是一脉相承的。关学精神培育了雄浑而博大、崇高而坚实的关学气象。关学所蕴含的重使命、崇道德、求实用、尚气节、贵兼容的优秀精神，对关中人有着重大的积极的影响。其不仅在历史上影响了一代代关中士人的风格、品行和节操，而且以其在社会生活中的丰厚遗存和深刻影响，仍然在塑造和培育着当代关中人的精神风貌和行为方式，培育着关中乃至陕西人纯朴、质实、耿直、坚韧、诚信的文化性格，也对关中人乃至陕西人形成求真务实、勇于担当、恪守正道、博取兼容的品格和精神风貌发生着重要的影响。我们今天提出的"爱国守信、勤劳质朴、宽厚包容、尚德重礼、务实进取"的陕西精神，就与其有着密切的联系。今天弘扬张载关学的文化精神，对于我们端正社会风气，促进和谐社会和精神文明的建设，建设新西部、新陕西仍有着重要的借鉴意义。

再次，关学所推崇的"为天地立心，为生民立命，为往圣继绝学，为万世开太平"思想与今天我们倡导的家国情怀、责任担当乃至社会主义核心价值观交相辉映，对确立文化自觉与文化自信，构筑中华民族共有的精神家园具有重要意义。张载是一个有自觉学术使命意识的哲学家，他提出的四句名言，是对自己哲学学术使命的高度概括。"为天地立心"体现了张载宏大的理想、抱负，张载主张一切有社会担当和有责任心的志士仁人，都应顺应宇宙万事万物向上进化的要求，自觉肩负起为社会确立精神方向和价值系统的历史使命。"为生民立命"，是张载要为民众提供做人的基本准则、精神方向和价值目标。"为往圣继绝学"，则是张载以崇高的使命意识和无畏的担当精神，承载起传承和弘扬儒家绝学道统的历史使命，通过"立大本，斥异学"，建立起"一天人，合内外"的足以与佛老相抗衡的新儒学体系。张载"立心""立命""继绝"的最终目的，在于实现终极的社会理想："为万世开太平"。总之，张载的"四为"句，涉及士人对民众生活原则、精神价值、生命意义、学统传承、政治理想的不懈追求，表达了张载宽广的胸襟与博大的情怀，展示了士人对人类崇高理想的向往和孜孜以求，也彰显了关学学人的文化使命与历史担当。关学的后继者们大都以此来自励。虽然他们在哲学思想上与张载未必一致，但在对自己学术使命的自觉上，皆不同程度地秉持着张载的精神，如吕大临的"教化人才，变化风俗"、吕柟的"对天心，通民志，兴太平"、冯从吾的"做好人，存好心，行好事"、李二曲的"明学术，醒人心"，都是对自己学术使命和治学志向的明确表述。正是由于有这种自觉的使命感和责任感，关学学者们大都把个人的学术活动与国运民命、匡时救世紧密结合起来，以"主持名教，担当世道"为己任，使自己既成为学者，也成为社会历史价值的承担者，努力实现为学与经世、治学与做人的高度统一。这与我们今天的社会主义核心价值观在个人、社会、国家三个层面的发展要求上，交相辉映。习近平总书记在系列讲话中多次强调，培育和弘扬社会主义核心价值观必须立足中华优秀传统文化。牢固的核心价值观，都有其固有的根本。抛弃传统、丢掉根本，就等于割断了自己的精神命脉。要认真汲取中华优秀传统文化的思想精华和道德精髓，深入挖掘和阐发中华优秀传统文化讲仁爱、重民本、守诚信、崇正义、尚和合、求大同的时代价值，使中华优秀传统文化成为涵养社会主义核心价值观的重要源泉。在绵延传承八百余年间，无论是庄严而博大的精神气象，还是崇高而宏伟的人格情操，关学都为我们构筑民族精神家园、培育和践行社会主义核心价值观提供了宝贵文化源泉和精神财富。著名历史学家、思想史家、教育家，西北大学名誉校长张岂之认为，中华优秀传统文化经过不同地域文化间的相互交流、会通，形成了中华民族"相反而相成"的思想文化局面。张载奠定了理学的基础，他的思想为中国乃至世界文化价值的确立奠定了基础。陕西省社会科学界联合会名誉主席，西北政法大学资深教授赵馥洁说："关学不仅是优化哲学、社会科学学者精神品格和治学作风的宝贵营养，更是提升人的综合素质和人文精神的宝贵资源。为了实现中华民族伟大复兴的中国梦，推动人和社会的全面发展，我们应该继承关学的优秀精神传统。"为此，我们要从关学文化中充分汲取思想道德营养，结合时代要求加以延伸阐发，既让关学特质与当代文化相适应、与现代社会相协调，又让社会主义核心价值体系之树深深植根于包括关学在内的中华优秀文化的沃土之上。

最后，关学发展所秉持的"兼收并蓄""开放包容"的方法，与今天我们主张的开放发展、推动构建人类命运共同体的理念思致相因，对于打造人类命运共同体具有重要意义。清华大学国学研究院院长陈来先生曾说："关学在历史上的不断发展不仅是对以往关中学术的传承，也是对全国学术思想的吸收、回应和发展，积极参与了各个时代主流思想的建构，是'地方全国化'的显著例子。"关学既是一个地方学派，但又是一个超越地域、走向全国的重要学派。儒学的普遍性和地域性的辩证关系在关学这里得到了很好的体现。从关学发展的历史实际来看，正因为不拘于关中一隅，先后与佛教、道教、洛学、朱子学、阳明学、西学等思想流派碰撞、交流和会通，才能够历经宋元明清八百余年之久而未中绝，在开放包容、兼收并蓄的自信发展中，将道统、学统、政统三者的关系于穷达以时中把握得当，不断赋予关学以新的生命力。正是缘于此，著名哲学家、哲学史家，中国人民大学张立文教授表示，关学体现了中华文化的多样性和统一性、地域性和一致性、民族性与世界性三大特点。"乾父坤母"的开阔视野，"民胞物与"的宇宙情怀，"天人合一"的致思取向共同构成了关学"兼收并蓄""开放包容"方法的理论根基。而这些方面也与今天构建人类命运共同体的理念思致相因。张载把儒家仁爱、忠孝的伦理精神贯彻于社会生活中。他说:"尊高年,所以长其长;慈孤弱,所以幼其幼。圣其合德,贤其秀也。凡天下疲癃残疾、茕独鳏寡,皆吾兄弟之颠连而无告者也。"这是把孟子一直倡导的"老吾老以及人之老,幼吾幼以及人之幼"的"仁爱"思想进一步深化,强调尤其要关爱社会的弱势群体,要把天下残疾孤苦、受苦受难、无处申告的人,都看成自己的兄弟姐妹。张载扩大了孔孟"仁爱"的范围,发展了"以天下为一家,以中国为一人"的思想。近年,习近平总书记在多种场合谈及同心打造人类命运共同体的思想,这一思想是以和平、发展、公平、正义、民主、自由等全人类共同的价值为基础的。而这些是与张载所追求的"民胞物与""视天下无一物非我"的伦理境界和价值追求相贯通的。可以说,张载的"民胞物与"思想是今天在国际社会中提出打造人类命运共同体理念的重要思想渊源。

张载关学既是陕西历史上的宝贵财富,也是我们中华民族,乃至整个人类的宝贵精神财富。自其诞生以来,对其价值的发掘,代不乏人。一代代先贤努力探索,构建了一部成果丰硕的关学研究史,为我们今天进一步发掘关学价值奠定了良好的基础。"芭蕉心尽展新枝,新卷新心暗已随。愿学新心养新德,旋随新叶起新枝。"值此张载千年诞辰之际,我们专门编著了《关学及其文化精神》一书,亦可视为前贤工作之接续,以明薪火相传之志,为推进新时代关学研究略尽绵薄之力。

著名哲学家冯友兰先生在《新原人》自序中曾讲道:"'为天地立心,为生民立命,为往圣继绝学,为万世开太平。'此哲学家所应自期许者也。况我国家民族,值贞元之会,当绝续之交,通天人之际，达古今之变，明内圣外王之道者，岂可不尽所欲言，以为我国家致太平，我亿兆安身立命之用乎？虽不能至，心向往之。"这既展示了"横渠四句"的意义，也强调了我们共同的使命与担当。包括关学在内的陕西历史文化是陕西永续发展、阔步新时代的源头活水，我们要认真贯彻习近平总书记讲话精神，与时俱进，努力发掘关学的现代价值，创新模式，推动新关学的发展。在对不同区域文化进行比较、鉴别、吸收中，从积淀深厚的关学文化宝库中，汲取思想智慧，共同造福陕西人民、中国人民和世界人民。"路漫漫其修远兮，吾将上下而求索！"我们深知，发掘关学的新时代价值，推进其创造性转化与创新性发展，不能一蹴而就，任重而道远！不忘"四为"，牢记使命，精思力践，砥砺前行！我们也热切期望关学的时代价值不断被国人、被世界广泛认知，在弘扬关学的路途上携手共进，积极推进关学的创造性转化与创新性发展，在实现中华民族伟大复兴的中国梦、构建人类命运共同体的征程中贡献出关学智慧，显示出关学的力量！

马瑞映

2020年7月28日

目 录

绪 论　/ 001

第一章　张载及其关学　/ 009

　　第一节　张载生平与著述　/ 010

　　第二节　张载的思想　/ 018

第二章　关学的传承与流变（上）　/ 047

　　第一节　北宋关学的发展　/ 048

　　第二节　金元关学　/ 062

第三章　关学的传承与流变（下）　/ 071

　　第一节　明代关学　/ 072

　　第二节　清代关学　/ 124

　　第三节　明清陕西提学使与关学　/ 175

第四章　关学的精神和时代价值　/ 185

　　第一节　张载的"四为"精神　/ 186

第二节　关学的仁爱精神　/ 191

第三节　独立的人格气节　/ 195

第四节　关学的实学精神　/ 198

第五章　关学著述提要　/ 205

第一节　北宋关学著述提要　/ 206

第二节　金元关学著述提要　/ 208

第三节　明代关学著述提要　/ 209

第四节　清代关学著述提要　/ 216

参考文献　/ 233

后　记　/ 238

绪 论

一、何为关学

什么是关学？关学的定义是什么？今天的学者对此或许有着不同的看法，但是对古人来说，关学的概念及其发展演变是比较清楚的。

"关学"这一名称最早出现在南宋初期，清初全祖望在《宋元学案》中记：

> 吕舍人本中曰："关学未兴，申颜先生盖亦安定（胡瑗）、泰山（孙复）之俦，未几而张氏兄弟（张载、张戬）大之。"①

上述提到的吕舍人即吕本中（字居仁，1084—1145），是北宋末南宋初人。通过他所列举的申颜（北宋华阴人）和张载、张戬兄弟（北宋鄠县人），我们能看出吕本中所说的关学的"关"指的就是关中。

另外，比吕氏稍晚一些、生活在南宋孝宗时期的刘荀（字子卿）也提到"关学"一词，并明确说明了关学的含义，他在著作《明本释》中介绍张载时说道：

> 名载，字子厚，居凤翔鄠县之横渠镇，学者称横渠先生。倡道学于关中，世谓之关学。此书所记吕大临、苏昞、范育，皆其门人也。②

从刘荀说张载"倡道学于关中，世谓之关学"，可以看到：首

---

① 黄宗羲原著，全祖望补修：《宋元学案》，中华书局，1986年，第261页。但今本《吕本中全集》中并无此语，因此，"关学"一词是否最早见于吕本中之说，尚有疑问。参见吕本中：《吕本中全集》，中华书局，2019年。

② 刘荀：《明本释》卷上，清乾隆间刻本。

先,是张载创立了关学;其次,关学的"关"指的是"关中";最后,关学的内容是"道学",而不是什么别的学问,不是泛泛而言的"关中之学"或"关中学术"。事实上,张载曾说过:"朝廷以道学政术为二事,此正自古之可忧者。"① 程颐也说:"自予兄弟倡明道学,世方惊疑"②。显然,张载与程颐都认为自己所讲的学问是"道学",而这个"道"即是指孔孟之道。北宋人说的道学,也就是后来人们常说的理学。元代所修的《宋史》,专门立有《道学传》,收录周敦颐、张载、程颢、程颐和朱熹等人的学说。到了明代,"理学"一词便代替道学并被广泛用来指称北宋以来形成的思想学术体系。

由此可见,南宋刘荀所说的"关学"明确指的是张载之学,当然也包括其弟子之学,其内容则是"理学(道学)"。③

不过,到了晚明万历时期,"关学"一词的含义开始发生了一些变化。万历三十四年(1606),长安学者冯从吾(号少墟,1556—1627)第一次以关学为名编成《关学编》一书,以张载为先,并在序言中说:

> 题曰"关学编",聊以识吾关中理学之大略云。④

冯从吾明确以关中理学来定义关学,这一定义得到当时及后世学者的广泛认同,如冯从吾之友、凤翔的张舜典(号鸡山)在为《关学编》所作后序中说:

> 《关学之编》,少墟冯侍御为吾乡之理学作也。……故不载独行,不载文词,不载气节,不载隐逸,而独载理学

---

① 张载:《张载集》,中华书局,1978年,第349页。
② 程颢、程颐:《二程集》,中华书局,2004年第2版,第643页。
③ 后世常说的"濂、洛、关、闽"中的"关",亦专指张载之学。
④ 冯从吾:《关学编(附续编)》,中华书局,1987年,第2页。

绪论 | 003

诸先生，炳炳尔尔也；不论升沉，不计崇卑，而学洙、泗祖羲、文者，无不载焉。①

张舜典指出，《关学编》是冯从吾为"吾乡之理学作也"，即专为关中理学而作，所以书中不收文学、气节人物，不记录隐士，只记载理学人物。与冯从吾同时的江西婺源学者余懋衡也说："其书以'关学'名，为关中理学而辑。"② 清代，关中学者王心敬、李元春、贺瑞麟等人又不断续编《关学编》，其编选原则也都是"关中理学"。③ 这样一来，"关学"的含义就从"张载之学"变为"关中理学"，从张载创立的关学学派变为地域性理学，时间也从北宋延续至元明清，但其中不变的则是关中与理学这两个基本内涵。

不过，现代学者也注意到，虽然元明清以来的"关学"在思想义理上与张载之学并没有直接的继承关系，但张载礼教为先、躬行实践、经世致用、崇尚气节的学风却被历代关学学者继承和发扬。如刘学智指出，关学是由张载开创，"其后在关中流传的与张载学脉或宗风相承或相通之关中理学"④。林乐昌则从关学发展演变的"差异性"着手，将关学划分为"北宋关学""明代关学"和"清代关学"，从而突出了不同时期关学发展的阶段性特征。⑤

综上所述，关学是张载在关中开创的，从北宋延续至清末的关中理学，它既具有一般理学的特征，又与张载学脉相承、精神相连。

最后，虽然传统意义上的关学在清末时实际已经终结了，但柏

---

① 《关学编后序》，见冯从吾：《关学编（附续编）》，第62页。
② 《明懋衡序》，见冯从吾：《关学编（附续编）》，第121页。
③ 民国十年（1921），四川双流（今属成都）人张骥又编撰《关学宗传》，该书所收人物远多于《关学编》和《关学续编》，但他的编撰原则也是"以理学为范围""纂集诸儒仅以关中为限"。参见张骥：《关学宗传·例言》，见王美凤整理编校：《关学史文献辑校》，西北大学出版社，2015年，第147页。
④ 刘学智：《关学思想史》，西北大学出版社，2015年，第5页。
⑤ 参见林乐昌：《张载理学与文献探研》，人民出版社，2016年，第161—164页。

景伟、贺瑞麟和刘古愚等晚清关学大儒的一些弟子仍在民国时期致力于传统关学的传播与研究①，而关学的精神与价值更是延续至今。因此，如何在新时代继承、弘扬关学精神，发展"新关学"，是我们今天的使命担当。

二、关学的地域性

如果说理学是关学的基本内涵，那么，关中便是关学的地域性特征。不过，这也只是就其主要范围而言，并不是说关学就仅限于陕西关中地区，更何况，历史上不同时期的关中概念并不相同。但可以肯定的是，古人所说的关中，绝非我们今天所说的关中。

大致而言，历史上关中的概念主要有以下几种说法：

一是东起河南灵宝西至甘肃天水之间的地区。西晋人潘岳在《关中记》中说："秦西以陇关为限，东以函谷为界，二关之间，是为关中。"② 函谷关在今河南灵宝市东北，陇关在今甘肃天水市清水县东北。

二是指函谷关、武关、散关、萧关四关之间的地区，范围东至河南灵宝，南至陕西商洛，西至陕西宝鸡，北至宁夏固原。南宋程大昌在其著作《雍录》卷一《关中》中引徐广语曰："'东函谷，南武关，西散关，北萧关。'其说是也。"③ 武关在今陕西商洛市丹凤县东南，散关（习称"大散关"）在今陕西宝鸡市西南的大散岭上，萧关则位于宁夏固原东南。

---

① 如民国时临潼的郭希仁（1881—1923）、高陵的白遇道（1836—1926）、兴平的张元际（1851—1931，贺瑞麟弟子）、富平的张鹏一（1867—1943，刘古愚弟子）、兴平的张元勋（1863—1955，刘古愚弟子）、礼泉的宋伯鲁（1854—1932，柏景伟弟子）、凤翔的李铭诚（1880—1953，牛兆濂弟子）等人仍然致力于传统关学的传播和研究。
② 程大昌：《雍录》，中华书局，2002年，第3页。
③ 程大昌：《雍录》，第4页。

三是指陇关、函谷关、武关、临晋关、散关之间的地区。《资治通鉴·秦纪三》注曰："秦地西有陇关，东有函谷关，南有武关，北有临晋关，西南有散关：秦地居其中，故谓之关中。"临晋关在今陕西渭南大荔县东，亦即后来的蒲津关、大庆关。

四是指千河、雍山以东至黄河、华山以西地区。《史记·货殖列传》曰："关中自汧、雍以东至河、华，膏壤沃野千里，……故关中之地，于天下三分之一，而人众不过什三；然量其富，什居其六。"汧，即汧水，今千河的古称，发源于甘肃省东部，一说在天水市张家川回族自治县，一说在平凉华亭市境内。雍指雍山，位于宝鸡凤翔县西北。河指黄河，华指位于陕西华阴市的华山。

以上是历史上关于关中地理范围的主要记述，从中我们可以看到古人所说的关中概念并不一致，也绝非现在一般而言的"关中"之意，不是仅指今陕西关中地区，即"位于潼关和大散关之间，秦岭以北、子午岭和黄龙山以南的一块区域"①，而是包括了甘肃的一部分，以及陕南、陕北的一些地方。

由于古今对关中地域的理解不同，因而《关学编》和《关学续编》所收录的关学学人也并不仅限于陕西关中地区，如冯从吾的《关学编》就记载了甘肃兰州的段坚，秦州（今甘肃天水）的刘愿、张锐、周蕙、王爵，以及河州（今甘肃临夏）的何永达。清代王心敬的《关学续编》中则既有天水的蔡启允，还有今商洛市洛南县的杨尧阶、杨舜阶。李元春的《关学续编》中记载有延安市宜川县的刘玺、刘子诚、刘子諴，中部（今陕西黄陵）县的刘儒，肤施（今陕西延安）的赵应震，以及汉中市城固县的谭达蕴，南郑（今陕西汉中市南郑区）的龚廷擢。

---

① 史念海、萧正洪、王双怀：《陕西通史·历史地理卷》，陕西师范大学出版社，1998年，第311页。

另外，民国间张骥所编撰的《关学宗传》，虽然也是说"纂集诸儒仅以关中为限"，其他"纵讲关中之学，不是此邦之人"，① 也不敢收入，以示严谨，但张骥所说的关中也并非仅指陕西关中地区，《关学宗传》除收录《关学编》和《关学续编》所列甘肃及陕南、陕北的学者之外，还增补了甘肃肃州（今属甘肃酒泉）的郑安，天水的胡瑞，肤施的赵章、杨本源、姚衍中，安定（今陕西子长）的史赞衮，鄜州（今陕西富县）的缑燧、缑山鹏、缑家骏、罗焜，宽州（今陕西清涧县）的白补宸，榆林市吴堡县的贾天禄，洛南的薛韫等人。

从《关学编》到《关学续编》，再到《关学宗传》，我们可以看到，首先，明清至民国学者所说的"关中"与前述各种"关中"定义以及今天所说的"关中"含义不同；其次，在这些关学史文献著作中，关中的范围不断被扩展，从陕南的商洛、汉中到陕北的延安、榆林等地。这就告诉我们，作为地域性理学的关学包括的范围比较广，所谓关中理学只是就其主要范围而言。因此，我们对关学的研究也不能仅局限于今天的陕西关中地区，还要注意关学在今关中以外陕南、陕北、兰州—天水一带的传播与发展情况，研究的下限也不能仅限于清末，还要关注民国时期关学对关中地区的影响以及民国学者对关学的总结研究。

---

① 张骥：《关学宗传·例言》，见王美凤整理编校：《关学史文献辑校》，第147页。

第一章

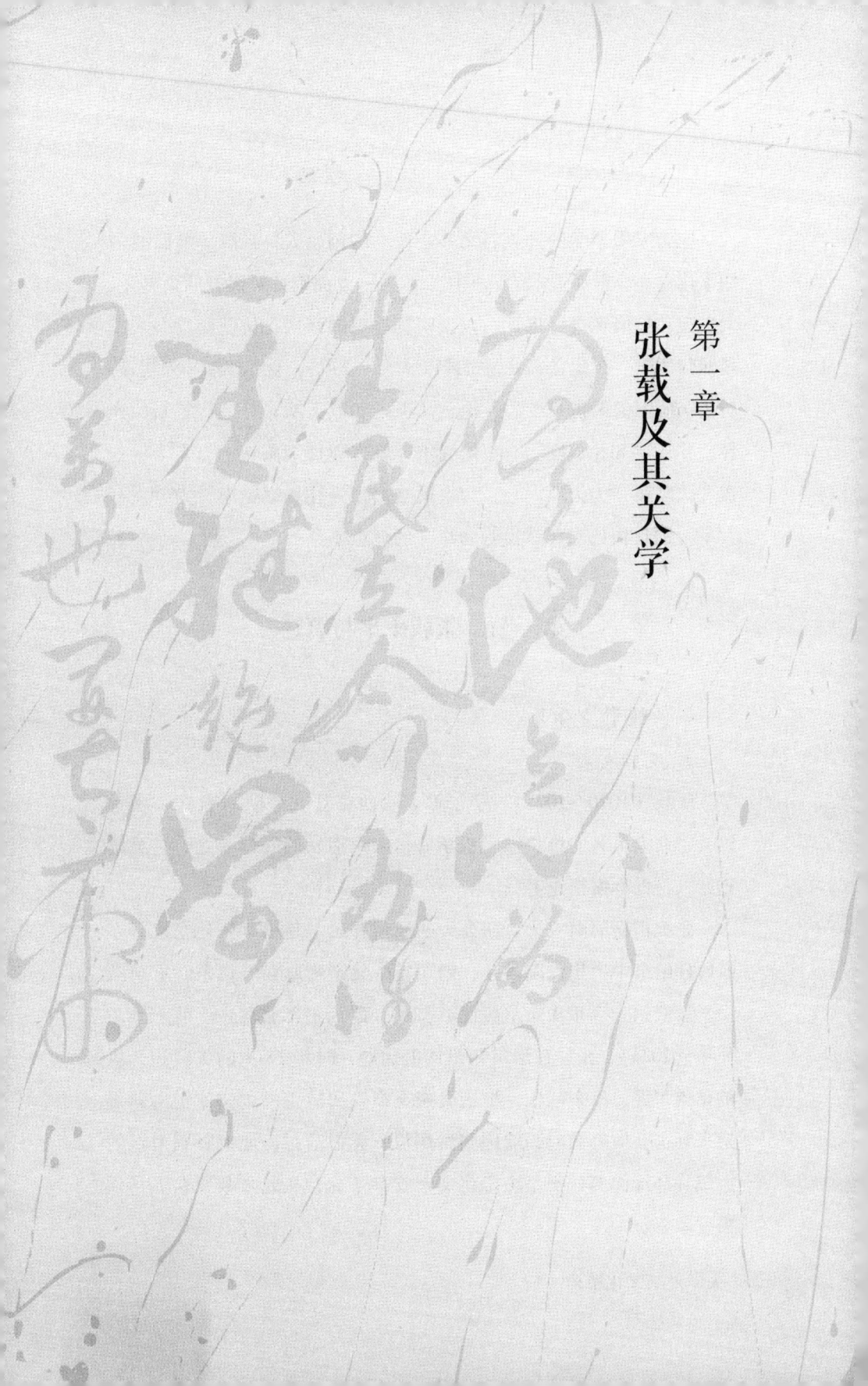

张载及其关学

作为宋明理学的开创者之一、关学的创始人，张载一方面要为儒家建立一套形而上学的思想体系，另一方面则要对佛老的世界观、人生观和价值观进行批评，以说明其思想的谬误，从而使读书人重新回归儒学。在此背景下，张载以"天""道""性""心"为纲领，对传统儒家的天道观、心性论、认识论和成圣功夫等进行了新的诠释，并从"知礼成性""变化气质"等方面详细阐述了为人为学的道理，以及"为天地立心，为生民立命，为往圣继绝学，为万世开太平"的价值追求和"民胞物与"的理想境界。

第一节　张载生平与著述

一、张载之生平

1. 定居横渠

张载（1020—1077），字子厚，陕西郿县（今陕西眉县）横渠镇人，北宋著名的思想家、哲学家，宋明理学的开创者之一，关学创始人，世称横渠先生。

张载祖籍河南大梁，即今天的河南开封。其祖父张复在宋真宗时曾任给事中、集贤院学士，赠司空。父亲张迪在宋仁宗时官至殿中丞、涪州（今重庆市涪陵区）知州，赠尚书都官郎中。北宋景祐元年（1034），张迪在涪州知州任上病逝，时年15岁的张载和5岁的弟弟张戬、母亲陆氏，护送父亲灵柩返回故里大梁，才走出斜谷道来到郿县横渠镇时，就因路费用尽，无力前行，加上看到附近的大镇谷环境优美，于是决定将父亲安葬于此，从此张载便在郿县横渠安家。

长大后的张载也曾想过离开横渠,因为在他看来,郿县地处偏远,难以聚众讲学,也不会有什么大贤名儒经过,但他又想到,父亲之墓还在这里,他要守护于此。更重要的是,他还有一个信念,那就是"贫贱忧戚,庸玉汝于成",即艰苦的环境更能磨砺人。周人的祖先,孔子、诸葛亮等人原先都是居住在偏僻的地方,但后来都取得了成功。只要能坚定信念,刻苦励学,"气运"到了便能"发见"。① 也许正因为如此,在横渠这块"僻陋"的土地上,最终成就了一位关学宗师和理学大儒。

2. 以圣为学

年轻时的张载勤奋好学,尤其喜欢兵法,曾与同样爱好兵法的邠州(今陕西彬州)人焦寅往来交好。宋仁宗康定元年(1040),也就是张载21岁时,西夏侵犯北宋的延州(今陕西延安)一带,宋军战败,于是北宋任命名臣范仲淹(989—1052)为陕西招讨副使兼延州知州,负责边事。张载得知此事后,便写成《边议九条》,赶赴延安向范仲淹上书陈述自己的意见。范仲淹召见了这位儒生。一看到年轻的张载,范仲淹就"知其远器,欲成就之",于是就劝说张载:"儒者自有名教,何事于兵?"意思是说,你本是一个儒生,应该好好读书才对,何必在军事上下功夫?范仲淹还建议他阅读儒学经典《中庸》。

年轻的张载听从了范仲淹的劝告,便仔细研读起《中庸》来,从此走上了学术探索的道路,开始在儒家思想中寻找安身立命之所。

---

① 张载在《经学理窟·自道》中说:"某既闻居横渠说此义理,自有横渠未尝如此。如此地又非会众教化之所,或有贤者经过,若此则似系着在此,某虽欲去此,自是未有一道理去得。如诸葛孔明在南阳,便逢先主相召入蜀,居了许多时日,作得许多功业。又如周家发迹于邠,迁于岐,迁于镐。……大凡能发见即是气至,若仲尼在洙泗之间,修仁义,兴教化,历后千有余年用之不已。"参见张载:《张载集》,第290—291页。

可以说，这是张载一生中第一个重要的转折点。

在读完《中庸》之后，张载意犹未尽，觉得《中庸》还没有把儒家道理全都讲透，于是又找来佛老之书，"累年尽究其说，知无所得，反而求之《六经》"。经过十多年出入佛老、研习儒家经典之后，张载最终确立起"学必如圣人而后已"的志向。而"出入佛老，返归六经"，也可以说是张载为学的一个重要阶段。

3. 勇撤皋比

宋仁宗至和元年（1054），张载受知永兴军等政务的文彦博（1006—1097）聘请来到长安学宫讲学，"异其礼际，士子矜式焉"。嘉祐二年（1057），张载至京师汴梁（今河南开封）参加进士考试，并在京城坐虎皮①椅讲《周易》。由于张载对《周易》的认识和理解与汉唐诸儒相比有很大不同，所以前来听讲的人很多。一天傍晚，洛阳的程颢（号明道，1032—1085）和程颐（号伊川，1033—1107）两兄弟也来到开封，他们与张载是远房亲戚，按辈分则称张载为表叔。张载与二程兄弟见面后，便在一起"共语道学之要"，包括各自对《周易》的理解。第二天，张载就告诉前来听讲的人说：昨晚见了来自洛阳的二程兄弟，他们对《周易》的理解比我更深入，你们可以向二程请教。说完，就撤去虎皮椅，表示不再讲了。后来南宋理学大师朱熹称赞张载的这一举动为"勇撤皋比"。而在这次与二程论学之后，张载对儒家圣人之学更充满自信，并说："吾道自足，何事旁求！"于是尽弃异学，"淳如也"。这是张载为学的又一个重要阶段。

孟子曾将勇敢分为两种：一种是血气之勇，另一种是义理之勇。孟子讲的"浩然之气"与"舍生取义"等都指的是义理之勇，是出

---

① 虎皮即皋比，古人常坐在虎皮上讲学，所以也用虎皮代指讲席。

于对仁义和善的认识与执着。如果说张载21岁时热心于边境军事问题，体现的是一种血气之勇，那么在他38岁时"勇撤皋比"则体现的是义理之勇。因为张载不仅是二程兄弟的表叔，而且在年龄上还大二程十三四岁，更何况此时张载从事儒家之学已有十几年了，对《周易》和儒学的认识也比较深，他能够"勇撤皋比"，自是来自对义理的追求，同时也体现了其虚怀若谷的精神和品格。

4. 教民化俗

嘉祐二年，38岁的张载进士及第。当年的主考官是欧阳修，而与张载同时考中进士的有程颢、苏轼、苏辙和吕大钧等人。张载先是担任祁州（今河北安国）司法参军，后又出任丹州云岩（今属陕西宜川）知县。在丹州任上，张载以培养社会道德、改善社会风俗为先。他每个月都会选一个好日子，备上酒席，把各乡高龄之人请到县衙，亲自招待他们，其用意是要百姓懂得赡养老人、尊敬长者的道理。另外，张载还通过这些老人来了解民间生活的疾苦，提出训诫子女的道理和要求。每当县里发布公告政令时，张载担心百姓不能全部知道，于是他每次都把各乡乡长召到县里来，反复叮咛嘱咐，让他们回去一定要告诉自己村里的百姓。如果在路上遇到来县里的村民，张载都会询问"某时命某告某事闻否"，如果这个人说已经知道了，那就罢了，如果说还不知道，张载就一定会处罚传达的人。时间一长，张载所发布的公告、政令，即便是不识字的人和小孩子都知道，从而做到了政令畅通，上传下达。

后来，张载还被邀请至丹州郡学讲学，"多教人以德"，并劝士子少留意科举，多从事尧舜、孔孟之道。学者听后，多有从之者。

5. 校书崇文

熙宁初，张载被任命为著作佐郎，签书渭州（今甘肃平凉，陇西一带）军事判官，也就是负责处理军事文书等事情。在此期间，他先后撰写了《与蔡帅边事画一》《泾原路经略司论边事状》《经历司画一》等文章,从中可以看出张载的一些军事思想。另外,张载对当地民间疾苦也非常关注,曾力言于上,拿出军中储粮数十万以救济边塞之民中缺衣少食者。

熙宁元年（1068），张载受好友武功县主簿张山甫的邀请前往武功绿野亭讲学①，从学者众多，其中就有武功人苏昞和蓝田吕大临。

熙宁二年（1069），王安石变法开始。御史中丞吕公著向朝廷举荐张载，称："张载学有本原，四方之学者皆宗之，可以召对访问。"于是宋神宗召张载入京，向其询问治国之道，张载以"渐复三代"为对，神宗听后很高兴，打算重用张载，但被张载婉言谢绝了，他认为自己刚从外地调到京城，对朝廷的新政还不太了解，需要再观察一段时间才能为朝廷出谋划策。神宗认为张载说得有道理，随后就任命他为崇文院校书。

过了几天，张载遇到正主持变法的王安石，王安石邀请他出来参与新政，并向张载请教对新法的看法，但两人意见多有不合。张载反对王安石以激进的方式来解决社会问题，而主张用渐进、温和的方法，并特别强调变法应与民为善。对此，王安石感到很不高兴，于是张载请求辞去崇文院校书一职，但朝廷没有准许。

这时恰逢明州（今浙江宁波）发生了知州苗振贪污案，需要朝廷派人前去处理，王安石派张载前往。对于这个任命，时任监察御史里行的程颢有不同看法，并与王安石发生争论。程颢认为"张载以道德进，不能使之治狱"，王安石却说，以前辅佐舜的皋陶不也是被任命为掌管刑法之事吗，这无伤大体。程颢于是作《乞留张载状》上书朝廷，曰：

---

① 明代时陕西提学副使杨一清在绿野亭原址上建绿野书院，并在书院中设张载祠。

> 窃谓载经术德义，久为士人师法，近侍之臣以其学行论荐，故得召对，蒙陛下亲加延问，屡行天奖，中外翕然知陛下崇尚儒学，优礼贤俊，为善之人，孰不知劝？今朝廷必欲究观其学业，详试其器能，则事固有系教化之本原于政治之大体者；傥使之讲求议论，则足以尽其所至。夫推按诏狱，非谓儒者之不当为，臣今所论者，朝廷待士之道尔。①

程颢认为，儒者不是不能去审理案件，而是认为审理案件并非儒者事业，如果派以经术德义著称的张载去的话，就会让"抱道修洁之士，益难自进矣"，从而有损朝廷待士之道。

然而，张载最终还是被派去了浙东。等张载审理完案件回到京城后不久，其弟张戬却因批评变法而与王安石发生激烈冲突，被罢免了监察御史里行一职，外放为公安（今属湖北荆州）县知县，后又改为陕州夏县（今属山西）转运史。张载对此深感不安，觉得自己恢复"三代之治"的治世理想已难以实现，于是便借病辞官回乡，时在熙宁三年（1070）。

6. 归隐横渠

回到郿县横渠之后，大约有七年的时间，张载一直在横渠读书讲学，这是张载学术生命中的又一重要阶段。虽然在横渠的生活比较贫困，"人不堪其忧"，但张载却处之泰然，不仅如此，他还经常接济一些生活困难的弟子，吕大临说："虽贫不能自给，苟门人之无资者，虽粝蔬亦共之。"

张载经常"终日危坐一室，左右简编，俯而读，仰而思"，有了"自得"处，就赶紧记下来，甚至"中夜起坐，取烛以书"。

---

① 程颢、程颐：《二程集》，第456页。

在教育学生方面，张载则告诉学者要"知礼成性、变化气质"，并以圣人为学，亦即通过读书明理、躬行礼义等来改变自身不好的气质、性格和习惯，来成就圣人的理想人格。

为了践行自己的思想主张，张载还在家乡进行井田试验和提倡礼教，尤其是丧祭之礼，一遵古法，对此，乡人的态度是"始或疑笑"，最后则"信而从之，一变从古者甚众"。张载弟子如"蓝田三吕"等人继承了张载的"以礼为教"学风，使得"关中学者，用礼渐成俗"。

熙宁九年（1076）三月，其弟张戬因病去世，年仅47岁，张载为此深感悲痛。他对弟弟的德性和才能都非常敬佩，《宋元学案》说："横渠尝语人曰：'吾弟德性之美，有所不如。其不自假而勇于自屈，在孔门之列宜与子夏相后先。'及与之论道，曰：'吾弟，全器也。然语道而合，乃自今始。有弟如此，道其无忧乎！'"[1]

到了这年秋天时，张载有一天忽感"异梦"，于是就把自己多年思考而写就的东西整理成《正蒙》一书并出示给门人，说："此书予历年致思之所得，其言殆于前圣合与！大要发端示人而已，其触类广之，则吾将有待于学者。正如老木之株，枝别固多，所少者润泽华叶尔。"[2]《正蒙》是张载一生中最重要的哲学著作，也是宋明理学史上的一部重要作品，集中体现了张载的哲学思想。被誉为"有《六经》之所未载，圣人之所不言"[3]。

后来，张载的弟子苏昞根据《正蒙》的思想内容，依类将其分为十七篇：《太和篇》《参两篇》《天道篇》《神化篇》《动物篇》《诚明篇》《大心篇》《中正篇》《至当篇》《作者篇》《三十篇》《有

---

[1] 黄宗羲原著，全祖望补修：《宋元学案》，第777页。
[2] 《吕大临横渠先生行状》，见张载：《张载集》，第384页。
[3] 《范育序》，见张载：《张载集》，第4页。

德篇》《有司篇》《大易篇》《乐器篇》《王禘篇》和《乾称篇》。其中，我们所熟悉的《西铭》和《东铭》，便是《乾称篇》中的首尾二章。

后人称赞张载"勇于造道"，"造"是造诣、达到的意思，这是说张载在学问与道德的探究上能够长期坚持不懈，"苟日新，日日新，又日新"（《大学》），接近于"道"的境界。这也是张载之"勇"的另一个表现。

7. 病逝临潼

熙宁十年（1077），因之前受秦凤路（治今甘肃天水）守帅吕大防的举荐，张载遂于当年三月带病至京师，出任同知太常礼院一职。当时，虽然有许多公卿士大夫都仰慕张载的学识和品行，但却没有真正懂得其学问和理想的人，张载曾多次试着向别人讲述自己的思想主张，但很少有人认同和相信。有一次，有人向朝廷建议实行冠婚丧祭之古礼，朝廷于是让礼官进行讨论。太常礼院的其他礼官都安习故常，认为古今习俗不同，无法实行过去的礼制，只有张载认为可行，别人也说服不了他，于是有关恢复冠婚丧祭古礼的事也就不了了之。还有一次，朝廷要举行郊庙之礼，让礼官事先安排，张载看见礼不严肃，想要纠正，但却没有人帮他。这类事情渐渐多了，张载深感心有余而力不足，加之先前的病情还在逐渐加重，于是当年七月，张载就再次辞官回乡。

走到洛阳时，张载与程颢、程颐两兄弟再次相见，并在一起讨论学问，这也是他们最后一次见面和论学。

离开洛阳一路颠簸来到临潼驿站时，时间已进入冬季。当天晚上张载沐浴更衣后就寝，早上他的外甥再去看时他已去世。张载去世时，只有一个外甥在身边，并且囊中索然，以至无法入殓，直到他在西安的弟子闻讯赶来，才买棺成殓，并一路护送回郿县横渠。

宋神宗元丰元年（1078）三月，张载葬于横渠镇大镇谷迷狐岭，与其弟张戬之墓左右相对。

南宋淳祐元年（1241），宋理宗赐封张载为"眉伯"，从祀曲阜孔庙。明世宗嘉靖九年（1530），改称"先儒张子"。

二、张载之著作

张载一生著述丰富，主要有《正蒙》《横渠易说》《经学理窟》《张子语录》《文集》《礼乐说》《论语说》《孟子说》等书。但遗憾的是，其中有不少著作已经佚失，只有部分内容保存下来，如《文集》《礼乐说》《论语说》《孟子说》。

作为宋明理学开创者之一和关学创始人，张载提出的许多思想都成为理学的重要内容，并在后世引起广泛讨论。他提出的"天人合一""民胞物与"及"横渠四句"（为天地立心，为生民立命，为往圣继绝学，为万世开太平），更是中华优秀传统文化的重要组成部分。

第二节　张载的思想

一、先识造化

张载思想有一个非常显著的特点，就是主张"先识造化"，从天道下贯至人的性命。他说：

> 乾坤，天地也；易，造化也。圣人之意莫先乎要识造化，既识造化，然后其理可穷。彼惟不识造化，以为幻妄也。不见《易》则何以知天道？不知天道则何以语性？
>
> 不见易则不识造化，不识造化则不知性命，既不识造

化，则将何谓之性命也？①

"造化"即天道，"先识造化"就是要先认识天道。张载主张为学"先识造化"，主要有两个原因。

一是要为理学寻找一个形而上的价值根源。《宋史·张载传》说其"以为知人而不知天，求为贤人而不求为圣人，此秦、汉以来学者大蔽也"。秦汉以来的儒学形态主要是经学，学者多以考据训诂、词章诗赋为学，涉及天道、性命时也多是讲元气和主张性三品说，缺乏形而上的思辨和理论吸引力，更不足以与当时盛行的佛老之学相抗衡。故张载在建构自己的理学思想体系时，首先是要为人的道德性命找到一个形而上的依据，也就是要使学者"知天"。他说："天道即性也，故思知人者不可不知天，能知天斯能知人矣。知天知人，与穷理尽性以至于命同意。"②"天道即性""性即天也"，可见，天道与性命是相贯通的，这样，张载就为儒家的心性学说找到了一个本体论上的超越根据。而天道作为性命的价值根源，自然是学者首先认识的对象，故张载说，"不识造化则不知性命""不知天道则何以语性"，从而建构起"天人合一"的为学之路。

张载认为，由于不知天，故秦汉以来学者只求为贤人而不求为圣人，因为圣人代表着与天为一，故张载主张"先识造化"，也是为了使学者能够以圣人为学，成就圣人的理想人格。其弟子吕大临就说："学者有问，多告以知礼成性、变化气质之道，学必如圣人而后已，闻者莫不动心有进。"③ 张载也说："君子之道，成身成性以为功者也；未至于圣，皆行而未成之地尔。"（《正蒙·中正篇》）可见，张载之学以"求为圣人"为目标。

---

① 张载：《张载集》，第 206 页。
② 张载：《张载集》，第 234 页。
③ 《吕大临横渠先生行状》，见张载：《张载集》，第 383 页。

二是与他对佛氏之学的认识有关。张载认为，佛氏之所以把现实世界看作幻妄，以为天地万物都是一心所现，就是因为不识天道造化，例如《大乘起信论》说：

> 是故三界虚伪，唯心所作，离心则无六尘境界。此义云何？以一切法皆从心起妄念而生。一切分别，即分别自心，心不见心，无相可得。当知世间一切境界，皆依众生无明妄心而得住持。是故一切法，如镜中像，无体可得，唯心虚妄。以心生则种种法生，心灭则种种法灭故。

对佛氏来说，世间的一切事物犹如镜中之像，虚幻不实，这是因为万法皆由一心所作，所谓"心生则种种法生，心灭则种种法灭"。对此，张载批评道："释氏不知天命而以心法起灭天地，以小缘大，以末缘本，其不能穷而谓之幻妄，真所谓疑冰者与！"（《正蒙·大心篇》）又说：

> 释氏妄意天性而不知范围天用，反以六根之微因缘天地。明不能尽，则诬天地日月为幻妄，蔽其用于一身之小，溺其志于虚空之大，所以语大语小，流遁失中。其过于大也，尘芥六合；其蔽于小也，梦幻人世。谓之穷理可乎？不知穷理而谓尽性可乎？谓之无不知可乎？尘芥六合，谓天地为有穷也；梦幻人世，明不能究所从也。①

张载指出，释氏之所以以山河大地为幻妄，而把心看作唯一真实的，以及虽然以虚空为性，但最终只以一身为用，都是因为不知道天理之大，故"以小缘大，以末缘本"，以心来认识天地万物，故尘芥六合，梦幻人世，找不到这个世界的意义和人生的价值所在，故张载强调，"大学当先知天德，知天德则知圣人，知鬼神"（《正

---

① 张载：《张载集》，第26页。

蒙·乾称篇》）。可见，"天人合一""天人一物"，儒家天道与性命相贯通，由天而至人，佛氏则既不知天，也不知人，这就是儒佛之间的区别。

二、太虚即气

张载的"先识造化"之学，体现在其天道本体论上，就是对"太虚"与气的认识，这也是其思想中最具代表性的一个方面。张载说：

> 气之为物，散入无形，适得吾体；聚为有象，不失吾常。太虚不能无气，气不能不聚而为万物，万物不能不散而为太虚。①

> 气之聚散于太虚，犹冰凝释于水，知太虚即气，则无无。②

张载所说的"太虚"一词，早在先秦道家《庄子》一书中就已出现。庄子说："若是者，外不观乎宇宙，内不知乎大初，是以不过乎昆仑，不游乎太虚。"（《知北游》）庄子在这里所说的"太虚"指的是无穷的宇宙。后来，"太虚"成了道家、道教常用的一个概念，如魏晋时的道教学者葛洪在《抱朴子内篇·道意》中说"道"的特点是："以言乎迩，则周流秋毫而有余焉；以言乎远，则弥纶太虚而不足焉。"这是说，"道"在天地万物之中，其大无外，其小无内。可见，"太虚"的一个基本含义就是指虚空。

张载虽然借用了道家和道教常用的"太虚"概念，但同时他也对"太虚"一词的含义进行了改造，指出"太虚"（虚空）并非一个什么都没有、绝对空无的空间，其中充满了无法直接感知的气。张载说："知太虚即气，则无无。"（《正蒙·太和篇》）又说："知

---

① 张载：《张载集》，第7页。
② 张载：《张载集》，第8页。

虚空即气，则有无、隐显、神化、性命通一无二"，"气坱然太虚，升降飞扬，未尝止息"。（《正蒙·太和篇》）

充满了气的太虚，又称为"太虚之气"，它是气的本然存在状态。张载说："太虚无形，气之本体，其聚其散，变化之客形尔。"（《正蒙·太和篇》）这里的"本体"是指本然状态。作为气的本然状态的太虚之气是一种至清至虚之气。张载说："太虚为清，清则无碍，无碍故神；反清为浊，浊则碍，碍则形。"（《正蒙·太和篇》）太虚之气的凝聚变化是神妙莫测的，由太虚之气而生成天地万物，在这一运动变化过程中，太虚之气会转化为清浊、昏明等有象状的气，所谓"浮而上者阳之清，降而下者阴之浊，其感通聚结，为风雨，为雪霜，万品之流形，山川之融结，糟粕煨烬，无非教也"（《正蒙·太和篇》）。总之，在张载看来，气聚则有形，气不聚则无形，有形则可见，无形则不可见，因而宇宙中并不存在什么真正的虚空或虚无，太虚之中只有"幽明之分"，而无"有无之别"。

张载以气作为世界的本原和本体，强调"太虚即气"，不仅以此来建构自己以气为基础的思想体系，同时也是针对佛、老之学而言的。张载说：

> 若谓虚能生气，则虚无穷，气有限，体用殊绝，入老氏"有生于无"自然之论，不识所谓有无混一之常；若谓万象为太虚中所见之物，则物与虚不相资，形自形，性自性，形性、天人不相待而有，陷于浮屠以山河大地为见病之说。此道不明，正由懵者略知体虚空为性，不知本天道为用，反以人见之小因缘天地。明有不尽，则诬世界乾坤为幻化。幽明不能举其要，遂躐等妄意而然。不悟一阴一阳范围天地、通乎昼夜、三极大中之矩，遂使儒、佛、老、庄混然一途。语天道性命者，不罔于恍惚梦幻，则定以

"有生于无"为穷高极微之论。①

张载指出，佛、老把"太虚"与气看作两个不同的东西，认为"虚""无"才是真实的存在，如老子的"有生于无"之说，就是认为气（有）是从"虚"（无）中生出来的，从而把"虚"看作无穷的存在，而气则是有限的东西，造成体用二分。佛氏的"空无"之说，则将万物与太虚分割开来，认为形自形，性自性，二者互不联系，从而把"空无"视为本体，而把山河大地、世间万物看作"空无"本体所显现出来的幻象。张载认为，佛、老的错误都是只知以"虚""无"为本体，而不知"虚"与气是不可分的一体之存在，这个世界并不存在绝对的虚无。

不过，"太虚"虽然是气，但对张载来说，太虚之气并不只是一种纯粹的物质之气，而是具有自身的性质或本性。张载说："气之性本虚而神，则神与性乃气所固有。"（《正蒙·乾称篇》）可见，在张载那里，气可分为物质性的气（亦即通常所说的清浊、昏明之气），以及具有价值性的气之性，而气之所以能够成为价值的根源，成为人性善的根据，就在于有气之性的存在。张载说："虚者，仁之原。""虚则生仁，仁在理以成之。""天地以虚为德，至善者虚也。虚者天地之祖，天地从虚中来。"②

由此可知，气"虚"的本性就是一切价值的根源，人性的善也是源自气之性，而气的清浊、昏明只会影响气之性的发用、显现，但却不能使之不存在。

三、天地之性与气质之性

在张载、二程之前，儒家关于人性的看法并未取得一致意见。继战国时孟子提出性善论后，荀子又提出人性恶的观点。到了西汉，

---

① 张载：《张载集》，第8页。
② 张载：《张载集》，第325、325、326页。

董仲舒则将人性分为"圣人之性""中民之性""斗筲之性"三种，认为大多数人都是善恶混杂的中民之性。随后，扬雄提出性善恶混说。一直到唐代的韩愈，又将人性分为上、中、下三品。中品之性是有善有恶的，也是大多数人所具有的性。

面对众说纷纭的儒家人性论，张载的一个重要任务就是要统一儒家对人性的认识，因为当时佛教的佛性论与道教的道性论都已发展得比较完善，其心性学说成为吸引学者的一个重要内容，而要想使儒家在心性论问题上能够与佛老一争高低，就必须提高儒家人性学说的思辨性或者理论水平。对此，张载首先为儒家的人性论找到一个形而上的超越根据，即"天"（太虚）。他说：

> 由太虚，有天之名；由气化，有道之名；合虚与气，有性之名；合性与知觉，有心之名。[1]

也就是说，太虚就是天，气的运动变化过程就是道，虚与气构成性，性和知觉则构成心。这里所说的"合虚与气"分别指的是气的清虚本性与气的清浊、昏明、厚薄等。张载说："气之性本虚而神，则神与性乃气所固有"（《正蒙·乾称篇》）。又说："湛一，气之本；攻取，气之欲。"（《正蒙·诚明篇》）可见，合而言之是气，分而言之则有气与气之性的不同。

张载又说："天性在人，正犹水性之在冰，凝释虽异，为物一也；受光有小大、昏明，其照纳不二也。"（《正蒙·诚明篇》）这就是说，人与人虽然不同，但每个人都禀受了太虚之气的清虚、湛一的本性（即天性），就像水与冰一样，虽然样态不同，但其性（水之性）则相同。又如日光下的各种器皿，日光照射在上面有多有少、有暗有明，但所受之光却相同。张载认为，包括人在内的万物

---

[1] 张载：《张载集》，第9页。

之性都是根源于太虚之气的本性,所以说"性者万物之一源,非有我之得私也"(《正蒙·诚明篇》)。这样,张载就为儒家的人性论找到了一个形而上的超越根据,并从本体论的高度证明了孟子的人性本善的说法。

那么,如何去理解和解释现实中人性的不同呢?对此,张载又提出了气质之性的概念。张载指出,太虚之气在凝聚、生化万物的过程中,虽然其清通、湛一的本性不会变化,但气则会出现清浊、昏明、厚薄之分,因而人禀气也就不同。而这些有差异的气禀便形成了我们的感性欲望,以及性格的刚柔、缓急和有才与不才等等,这就是气质之性。虽然气质之性本身没有善与恶之分,但它会影响甚至遮蔽天地之性的发用、显现。就好像把一颗明珠放在水里一样,放在清水里面,明珠自然清晰可见;而放在半清半浊或浑浊的水里面,就会看不清楚,甚至完全看不到。

因此,对张载来说,气质之性并不是人真正的本性,它只是因气质而有的,故称为"气质之性"。张载认为,真正的人性只是天地之性,故他说:"形而后有气质之性,善反之则天地之性存焉。故气质之性,君子有弗性者焉。"(《正蒙·诚明篇》)天地之性即太虚之气清虚、湛一的本性,表现为人的仁义礼智之性,这才是人的真正本性,而气质之性则不是。这样,张载就用天地之性与气质之性这两个概念既证明了善是人性之本然,又对以往各种人性学说做了解释,从而使得汉唐以来儒家关于人性善恶的说法得到了统一,对儒家人性论的发展做出了重要贡献。

另外,张载的"心统性情"说也对宋明理学的心性论产生了重要影响。张载说:"合性与知觉,有心之名。"知觉是指人的思维、意识、情感等,"合性与知觉",这就是说人心包含内在本性与情感知觉两个方面,这也就是张载说的"心统性情"。性本身是至静无感的，它不能直接被人感知，性的发用、显现需要靠情感知觉的作用，也就是由情见性，所以说心能够尽性，而性对心又有约束、主宰的作用，故谓"心能尽性，'人能弘道'也；性不知检其心，'非道弘人'也"（《正蒙·诚明篇》）。

张载的"心统性情"说后来经朱子（朱熹）的解释和发挥，成为理学家广泛接受的一个观点。朱子说："伊川'性即理也'，横渠'心统性情'二局，颠扑不破。"① 又说："性、情、心，惟孟子、横渠说得好。仁是性，恻隐是情，须从心上发出来，'心，统性情者也。'"②

四、知礼成性与变化气质

1. 知礼成性

"知礼成性"与"变化气质"是张载的工夫修养论。张载在教育弟子时，经常告之以知礼成性和变化气质，可见这两种工夫在张载思想中的重要性。

何谓知礼成性？"知礼成性"这个词其实讲了两个意思：一是工夫的目的是"成性"，二是"成性"的方法是"知"与"礼"。

为何说工夫的目的是"成性"？张载说：

> 人之刚柔、缓急、有才与不才，气之偏也。天本参和不偏，养其气，反之本而不偏，则尽性而天矣。性未成则善恶混，故亹亹而继善者斯为善矣。恶尽去则善因以成，故舍曰善而曰"成之者性也"。③

这即是说，人性虽然是无不善的，但人的气禀却不能无偏，再加上与生俱来的欲望和后天的习染，从而影响或掩盖了善性的发用、

---

① 黎靖德编：《朱子语类》，中华书局，1986年，第93页。
② 黎靖德编：《朱子语类》，第93页。
③ 张载：《张载集》，第23页。

显现，因而我们需要经过一番刻苦的工夫修养才能恢复原有的善性，这就是张载所说的"成性"，所谓"性未成则善恶混"。从这里可以看到，张载讲的"成性"不是形成、养成的意思，而是成就、恢复之意，否则就是认为性善是后天形成的，而不是生来所固有的。

张载非常重视"成性"，因为"成性"直接关系到儒家理想人格的培养，也就是张载所说的圣人境界。他说：

> 成性则跻圣而位天德。乾九二正位于内卦之中，有君德矣，而非上治也。九五言上治者，通言乎天之德，圣人之性，故舍曰"君"而谓之"天"。见大人德与位之皆造也。①

> 乾之九五曰："飞龙在天，利见大人"，乃大人造位天德，成性跻圣者尔。②

> 九五，大人化矣，天德位矣，成性圣矣。③

张载通过《周易》乾卦六爻中"龙"所处位置的不同来说明人的修养境界的变化，如九二爻辞说"见龙在田"，这说的是尚未"成性"的大人或贤人之德，而九五爻辞说的"飞龙在天"，则是指大人、贤人通过工夫修养而成就其性，从而达至位天德的圣人境界，所谓"位天德，大人成性也""成性则跻圣而位天德"。如果以人来比方，孔子的弟子颜回是未成性的大人，而孔子则是已成性而位天德的圣人。张载说："颜子未成性，是为潜龙，亦未肯止于见龙，盖以其德其时则须当潜。"④ 又说："由学者至颜子一节，由颜子至仲尼一节，是至难进也。二节犹二关"⑤。

---

① 张载：《张载集》，第 71 页。
② 张载：《张载集》，第 71 页。
③ 张载：《张载集》，第 73 页。
④ 张载：《张载集》，第 75 页。
⑤ 张载：《张载集》，第 278 页。

虽然张载认为由学者达到颜子的境界、再由颜子达至孔子的境界是两个难关，但这两关并非不可能实现。具体来说，从学者到颜子的地位，主要是依靠"学"，通过学而后勉勉不息。张载说："惟知学然后能勉，能勉然后日进而不息可期矣。"（《正蒙·中正篇》）又说："大抵语勉勉者则是大人之分也。"① 而从颜子至圣人的境界，则是由"勉勉"而后做到不思不勉，"所谓圣者，不勉不思而至焉者也"（《正蒙·中正篇》），也就是从努力向学为善到德盛仁熟，德盛仁熟便能造位天德，成性跻圣。张载说："大可为也，大而化不可为也，在熟而已。《易》谓'穷神知化'，乃德盛仁熟之致，非智力能强也。"② 可见，在"成性"的道路上需要经历两个阶段，不同阶段的工夫也有所不同。张载认为，"成性"之后，其性就能够长久保持虚明的状态，从而做到孟子所说的"由仁义行"和《中庸》说的"不勉而中，不思而得，从容中道"。

至于"成性"的工夫，也就是从学者至颜子境界的"学"之工夫，主要是"知"与"礼"。这两种工夫依据来自《周易》。《周易·系辞上》曰："知崇礼卑，崇效天，卑法地。天地设位，而易行乎其中矣。成性存存，道义之门。"从中可以看到，"知"与"礼"是不同的，故我们不能把张载讲的"知礼成性"的"知礼"看作知道礼、学习礼，以为是一种工夫。对于《周易》所说的"知崇礼卑"，张载进一步解释道：

> 知崇，天也，形而上也。通昼夜之道而知，其知崇矣。知及之而不以礼性之，非己有也，故知礼成性而道义出，如天地设位而易行。③

---

① 张载：《张载集》，第 77 页。
② 张载：《张载集》，第 218 页。
③ 张载：《张载集》，第 191 页。

  圣人亦必知礼成性，然后道义从此出，譬之天地设位则造化行乎其中。知则务崇，礼则惟欲乎卑，成性须是知礼，存存则是长存。知礼亦如天地设位。①

  知极其高，故效天；礼著实处，故法地。人必礼以立，失礼则孰为道？②

  "知"主要指穷理，它与认识天道、造化有关，故曰"知崇""知极其高"。对张载来说，天道即性也，而"穷理尽性以至于命"，因此，从为学次序上来说，穷理是尽性和认识、把握天道的第一步。他说："穷理亦当有渐，见物多，穷理多，从此就约，尽人之性，尽物之性。"③ 穷理和尽性都是学者为学的工夫，而穷理又在尽性之先。

  另外，穷理也是做到"精义入神"的一个必要条件，张载说："义有精粗，穷理则至于精义，若尽性则即是入神"④。可见，穷理是"精义"的先决条件，也是学者达至大人人格的不可或缺的重要工夫。如果能由穷理再至于尽性，便能"入神"，即能贯通天下义理，其用如神，不可测知。张载所说的"穷理"主要指读书，通过读书来认识和把握经典中所说的道理。他说："读书少则无由考校得义精，盖书以维持此心，一时放下则一时德性有懈，读书则此心常在，不读书则终看义理不见。"⑤

  张载认为，是否穷理也是儒佛之间的一个重要区别。他说："万物皆有理，若不知穷理，如梦过一生。释氏便不穷理，皆以为见病所致。"⑥ 张载强调，由于佛氏不穷理，不知世间万物皆有其理，真

---

① 张载：《张载集》，第191页。
② 张载：《张载集》，第192页。
③ 张载：《张载集》，第235页。
④ 张载：《张载集》，第217页。
⑤ 张载：《张载集》，第275页。
⑥ 张载：《张载集》，第321页。

实不妄,遂以为万物都是由一心而生灭,虚幻不实。

"礼"对于"成性"也非常重要,这也是张载重视以礼为教的一个重要原因。他说:

> 礼所以持性,盖本出于性,持性,反本也。凡未成性,须礼以持之,能守礼已不畔道矣。①

"凡未成性,须礼以持之",对张载来说,礼并不只是一种外在的行为规范,同时也是天道、天德的体现,所谓"礼本天之自然""礼即天地之德也"。② 礼不仅与天道、天德有关,而且还与人性有关,礼"本出于性",是人性的外在表现。可见,礼是贯通天道与人性的。故张载强调,在未成性之前,需要用礼来持守,能守礼便可以与道不违。张载说:"礼者圣人之成法也,除了礼天下更无道矣。"③ 又说:"学者且须观礼,盖礼者滋养人德性,又使人有常业,守得定,又可学便可行,又可集得义。"④ 可见,学礼、守礼在张载思想中的重要性。

2. 变化气质

关于变化气质,张载说:"为学大益,在自求变化气质,不尔皆为人之弊,卒无所发明,不得见圣人之奥。故学者先须变化气质"⑤。这是因为人的气禀是清浊、昏明、厚薄相混杂的,它会妨碍或遮蔽人的天地之性的发用,从而称其为影响"成性"的一个重要原因。因而,要恢复天地之性的清虚、湛一,就必须改变自身不好的气质,不使气与习去干扰、移易善的本性,而变化气质的方法是"学"。张载说:

---

① 张载:《张载集》,第264页。
② 张载:《张载集》,第264页。
③ 张载:《张载集》,第264页。
④ 张载:《张载集》,第279页。
⑤ 张载:《张载集》,第274页。

> 人之气质美恶与贵贱夭寿之理，皆是所受定分。如气质恶者学即能移，今人所以多为气所使而不得为贤者，盖为不知学。……但学至于成性，则气无由胜，孟子谓"气壹则动志"，动犹言移易，若志壹亦能动气，必学至于如天则能成性。①

> 气者在性学之间，性犹有气之恶者为病，气又有习以害之，此所以要鞭辟至于齐，强学以胜其气习。②

在张载看来，气之不可变者，只有死生寿夭而已，故学者要有志于学，通过强学来胜其气习，"气质恶者学即能移"，可见学对于变化气质和成性的重要性。

那么，学些什么？学的具体内容是什么？对此，张载有许多论述，例如：

穷理。张载曰："穷理即是学也"③。

学礼、行礼。张载说："变化气质。……居仁由义，自然心和而体正。更要约时，但拂去旧日所为，使动作皆中礼，则气质自然全好。"④

庄敬。张载认为："'君子庄敬日强'，始则须拳拳服膺，出于牵勉，至于中礼却从容，如此方是为己之学。《乡党》说孔子之形色之谨亦是敬，此皆变化气质之道也。"⑤

克己与集义。张载称："惟其能克己则为能变，化却习俗之气性，制得习俗之气。所以养浩然之气是集义所生者，集义犹言积善

---

① 张载：《张载集》，第266页。
② 张载：《张载集》，第329—330页。
③ 张载：《张载集》，第330页。
④ 张载：《张载集》，第265页。
⑤ 张载：《张载集》，第269页。

也，义须是常集，勿使有息，故能生浩然道德之气。"①

虚心。张载指出："变化气质与虚心相表里。"②又说："修持之道，既须虚心，又须得礼，内外发明，此合内外之道也。"③在张载看来，"虚"是仁之原，"虚则生仁"，而"虚心"的一个重要表现就是无意、必、固、我四者。

学习儒家经典。张载说："然而得仲尼地位亦少《诗》《礼》不得。孔子谓学《诗》学《礼》，以言以立，不止谓学者，圣人既到后，直知须要此不可阙。不学《诗》直是无可道，除是穿凿任己知。《诗》、《礼》、《易》、《春秋》、《书》，《六经》直是少一不得。"④可见，即便是圣人孔子也离不开学，圣人也要学《诗》与《礼》，故对学者来说，《诗》《书》《礼》《易》《春秋》不可缺一。

总之，张载对于学什么、如何学的论述有很多，以上只是列举其中比较重要的一些，其他就不一一赘言了。

五、诚明两进

在"知礼成性"与"变化气质"之外，张载还提出"自诚明"和"自明诚"两种工夫修养路径，指出："儒者则因明致诚，因诚致明，故天人合一。"（《正蒙·乾称篇》）

"自诚明"与"自明诚"出自《中庸》第二十一章："自诚明，谓之性；自明诚，谓之教。诚则明矣，明则诚矣。"张载将"自诚明"和"自明诚"与《周易·说卦》中的"穷理尽性以至于命"联系在一起，于是，"诚"便指"尽性"，"明"则指"穷理"，二者的关系为：

---

① 张载：《张载集》，第281页。
② 张载：《张载集》，第274页。
③ 张载：《张载集》，第270页。
④ 张载：《张载集》，第278页。

"自明诚"，由穷理而尽性也；"自诚明"，由尽性而穷理也。①

自诚明者，先尽性以至于穷理也，谓先自其性理会来，以至穷理；自明诚者，先穷理以至于尽性也，谓先从学问理会，以推达于天性也。②

当然，由先从学问理会以推达于天性（由穷理而尽性）的"自明诚"对于大多数学者来说没有什么问题，问题在于，由先自其性理会以至穷理的"自诚明"（由尽性而穷理）这条道路是否可能？这就引起了一些争议。

例如，当时程门有人认为"横渠言'由明以至诚，由诚以至明'，此言恐过当"，程颐则回答说："'由明以至诚'，此句却是。'由诚以至明'，则不然，诚即明也。……横渠之言不能无失，类若此。"③程颐对张载说的"自明诚"即"由明以至诚"给予了肯定，但他否定"由诚以至明"的说法，因为在程颐看来，"诚"是一种与天合一的境界，既然已达到这一境界，说明理已明了，就不需要再有一个穷理、明理的过程，所以张载把"自诚明"作为一种为学进路是不对的。

后来，朱子也对"自诚明"与"自明诚"提出了不同看法，并否定张载的"自诚明"之说。他说：

德无不实而明无不照者，圣人之德。所性而有者也，天道也。先明乎善，而后能实其善者，贤人之学。由教而入者也，人道也。诚则无不明矣，明则可以至于诚矣。④

---

① 张载：《张载集》，第21页。
② 张载：《张载集》，第330页。
③ 程颢、程颐：《二程集》，第308页。
④ 朱熹：《四书章句集注》，中华书局，2012年第2版，第32页。

第一章　张载及其关学 | 033

诚是天理之实然，更无纤毫作为。圣人之生，其禀受浑然，气质清明纯粹，全是此理，更不待修为，而自然与天为一。若其余，则须是"博学、审问、慎思、明辨、笃行"。如此不已，直待得仁义礼智与夫忠孝之道，日用本分事无非实理，然后为诚。①

朱子认为，《中庸》讲的"自诚明"与"自明诚"并不是指两条平行的为学之路，而是说圣人之事和学者之事，亦即讲的是人之品第。具体来说，在朱子看来，"自诚明"指的是"德无不实而明无不照"，这说的是圣人之德；而"自明诚"则是指"先明乎善，而后能实其善"，也就是先要博学、审问、慎思、明辨、笃行，然后才能做到日用常行无非实理，即"诚"，这说的是学者之事。可见，与程颐一样，朱子也否定"自诚明"的为学意义，认为"诚则无不明"，反对张载把"自诚明"与"自明诚"看作学问之两途，故朱子说："张子盖以性、教分为学之两途，而不以论圣贤之品第，故有由诚至明之语。"②

然而，对张载来说，"自诚明"并非没有实际的为学意义。因为在张载那里，"诚"并不是朱子所说的"真实无妄，天理之本然"，而是实践、实行之意，如张载说："诚者，虚中求出实"，"人之事在行，不行则无诚，不诚则无物，故须行实事。"③ 又说："诚，成也，诚为能成性也，如仁人孝子所以成其身。柳下惠，不息其和也；伯夷，不息其清也；于清和以成其性，故亦得为圣人也。"④ 可见，张载所说的"诚"并不是一种圣人境界或圣人之德，而是指实行、

---

① 黎靖德编：《朱子语类》，第1563页。
② 朱熹：《中庸或问》，见朱傑人、平佐之、刘永翔主编：《朱子全书》（修订本）第6册，上海古籍出版社，2010年第2版，第595页。
③ 张载：《张载集》，第324、325页。
④ 张载：《张载集》，第192页。

成就，即通过不断地实践其自身本有的善性，如仁人孝子不息其仁孝，柳下惠、伯夷不息其清和之性来成德、成性，所以先尽性（诚）然后再去穷理（明）不是不可能。更何况，在张载看来，能"尽性"并不等于对天理无所不知，"穷理"也并非仅对道德之理的认识，它还包括对其他知识的学习，道德上的成就并不等于知识上的无所不知。

符合张载所说的先自其性理会以至穷理的"自诚明"之路的人并不是没有，如先秦时期的伯夷、柳下惠即是其中的代表。张载说："所以成性则谓之圣者，如夷之清，惠之和，不必勉勉。彼一节而成性，若圣人则于大以成性。"① 这就是说，伯夷与柳下惠即是通过不断实践和扩充自身的清和之性来成性成圣的，亦即"于一节而成性""于其气上成性"，伯夷、柳下惠的成性方式就是先尽性以至于穷理的"自诚明"，同时亦是张载所说的"致曲"。张载说："仁者不已其仁，姑谓之仁；知者不已其知，姑谓之知；是谓致曲，曲能有诚也，诚则有变，必仁知会合乃为圣人也。"②

"曲"指的是德性或气质偏于某一方面的人，如偏于仁、偏于智、偏于清、偏于和者，这些人如果能够致力于所"偏"，不断实践其德性，发挥其美好的气质，不已其仁，不已其智，不息其清，不息其和，就可以即其所偏而成德，而不必非由穷理而尽性。

不过，张载也指出，由"一节而成性"，依靠德性的某一方面或某种美好的气质来成性，与从"学而知之"、由"精义入神"到"穷神知化"来成性，在对天道、天理的认识和把握上有所不同，如伯夷、柳下惠虽能成性，但其所成就的也只是圣之清、圣之和，而不能像孔子那样能够做到中和不偏，因为孔子走的是"自明诚"之

---

① 张载：《张载集》，第 78 页。
② 张载：《张载集》，第 187 页。

路，由学而成圣，故孔子"学而不厌""发愤忘食，乐以忘忧，不知老之将至"(《论语·述而》)。张载说："某自是以仲尼为学而知者，某今亦窃希于明诚，所以勉勉安于不退。"①

因此，对张载来说，"自诚明"与"自明诚"虽然是两条并行的为学之路，都具有实际的为学意义，但就张载本人来说，他主张的是由先穷理以至于尽性的"自明诚"之路，其曰："清和亦可言善，然圣贤犹以为未足，乃所愿则学孔子也。"② 故张载特别强调"强学以胜其气习"，主张"知礼成性""变化气质"等，通过"自明诚"来达到"位天德"的圣人境界，正如吕大临说："君子之学，自明而诚。"③

六、《东》《西》二铭

1.《西铭》：民胞物与

张载《正蒙》一书共有十七篇，其中最后一篇为《乾称篇》。《乾称篇》的首章与末章原是张载为前来问学的人所写的两篇铭文，贴于横渠学堂的东、西两面窗户上，原题为《砭愚》与《订顽》。后来程颐看见了，认为这两篇铭文的名字容易引起争端，又分别将其改为《东铭》与《西铭》。

二程对《西铭》十分推崇，认为《西铭》阐发的思想自孟子以后无人能及。程颢说：

《订顽》之言，极纯无杂，秦、汉以来学者所未到。

孟子而后，却只有《原道》一篇，……若《西铭》，则是《原道》之宗祖也。《原道》却只说到道，元未到得《西铭》意思。据子厚之文，醇然无出此文也，自孟子后，

---

① 张载：《张载集》，第330页。
② 张载：《张载集》，第324页。
③ 陈俊民辑校：《蓝田吕氏遗著辑校》，中华书局，1993年，第278页。

盖未见此书。

《西铭》某得此意,只是须得佗子厚有如此笔力,佗人无缘做得。孟子以后,未有人及此。得此文字,省多少言语。①

程颐也认为《西铭》一文乃"横渠文之粹者也。……造道之言则知足以知此,如贤人说圣人事也。横渠道尽高,言尽醇,自孟子后儒者,都无佗见识"②。

张载《西铭》全文为:

乾称父,坤称母;予兹藐焉,乃混然中处。故天地之塞,吾其体;天地之帅,吾其性。民吾同胞,物吾与也。大君者,吾父母宗子;其大臣,宗子之家相也。尊高年,所以长其长;慈孤弱,所以幼其幼;圣其合德,贤其秀也。凡天下疲癃残疾、惸独鳏寡,皆吾兄弟之颠连而无告者也。于时保之,子之翼也;乐且不忧,纯乎孝者也。违曰悖德,害仁曰贼;济恶者不才,其践形,唯肖者也。知化则善述其事,穷神则善继其志。不愧屋漏为无忝,存心养性为匪懈。恶旨酒,崇伯子之顾养;育英才,颍封人之锡类。不弛劳而底豫,舜其功也;无所逃而待烹,申生其恭也。体其受而归全者,参乎!勇于从而顺令者,伯奇也。富贵福泽,将厚吾之生也;贫贱忧戚,庸玉汝于成也。存,吾顺事,没,吾宁也。③

根据张载的说法,"《订顽》(即《西铭》)之作,只为学者而言,是所以订顽。天地更分甚父母?只欲学者心于天道,若语道则

---

① 程颢、程颐:《二程集》,第39页。
② 程颢、程颐:《二程集》,第196页。
③ 张载:《张载集》,第62—63页。

不须如是言"①。可见，张载作《西铭》就是要使学者认识天道，懂得"天人合一""万物一体"。

张载在《西铭》中指出，人与天地万物都是由一气构成的，因此，从个体的角度来看，天地就是我的父母，民众就是我的同胞，万物都是我的朋友，君主则是天地这个"大家庭"的嫡长子，大臣则是"大家庭"的管家。站在这样的立场来看，尊敬高年长者，抚育孤幼弱小，照顾那些年老多病、身患残疾、鳏寡孤独之人，都是自己对这个"大家庭"应尽的义务。在这种"民吾同胞，物吾与也"的万物一体境界中，个人的生与死、贫与富、贱与贵都变得微不足道。贫穷使人发愤，富贵用以养生，活着时对天地奉行孝道，死后便会得安宁。可见，《西铭》意在使人通过对"天人一气，万物同体"的认识，做到"民胞物与"，从而提升个体的道德自觉，并对一切个人的利害穷达有一种超越的态度。

那么，如何才能做到"民胞物与""存顺没宁"呢？张载在《西铭》中提出了以下几个方面的要求。

一是穷神知化。"穷神知化"出自《周易·系辞传下》："穷神知化，德之盛也。"也就是要深刻认识和把握天地造化的神妙及其规律，并践行其生生不息的仁德。张载认为，做到了这一点，就能够称得上善于铭记天地父母的事迹和善于继承天地父母的志愿，所谓"知化则善述其事，穷神则善继其志"。

二是不愧屋漏。"不愧屋漏"一词出于《诗经·抑》："相在尔室，尚不愧于屋漏。""屋漏"指的是室内西北角偏僻之处。"不愧屋漏"一词的意思是即使在隐僻的地方或独处之时也不要做亏心事，这样才算对得起天地，无辱于乾坤父母，这就是张载说的"不愧屋

---

① 张载：《张载集》，第313页。

漏为无忝"。"无忝",即不羞愧、不辱没,出自《诗经·小宛》:"夙兴夜寐,无忝尔所生。"

三是存心养性。"存心养性"源自《孟子·尽心上》:"存其心,养其性,所以事天也。"意思是要时时存养仁心、涵养天性,只有这样才称得上事天、奉天无所懈怠,亦即张载说的"存心养性为匪懈"。匪懈,即不懈怠,出自《诗经·烝民》:"夙夜匪解(通'懈')。"

四是事亲尽孝。张载在《西铭》中共列举了六位古代圣贤的事迹对此进行说明。

①"恶旨酒,崇伯子之顾养。"崇伯子即大禹。大禹的父亲鲧被封为崇伯,故称大禹为崇伯子。"恶旨酒"源自《孟子·离娄下》:"禹恶旨酒而好善言。""旨"是美的意思,"恶旨酒"即不喜欢饮酒。大禹念及父母的养育而厌恶美酒,体现了其对父母的孝顺,因为酒会伤害身体、乱人本性。

②"育英才,颍封人之锡类。"颍封人即颍考叔,是郑国颍谷(今河南登封西)的地方官。锡类出自《诗经·既醉》:"孝子不匮,永锡尔类。"锡,赐予、施与。类,善也。"锡类",即把善施与、推广到众人。《左传·隐公元年》说:"颍考叔,纯孝也。爱其母,施及庄公。"据说郑庄公的母亲姜夫人不喜欢庄公而宠爱小儿子共叔段,曾多次向丈夫郑武公建议改立段为太子,但武公一直没有答应。等到武公去世,庄公即位后,段恃宠而骄,竟与母亲一起密谋废掉庄公自立为君。庄公发觉后率军进行讨伐,段逃到共地(今河南辉县)而死。姜夫人则被庄公迁到颍地安置,并发誓说:"不及黄泉,无相见也。"但很快庄公又后悔了。颍考叔知道后,于是就向庄公建议挖一条隧道,直到泉水涌出为止,然后在里面建一间屋子,先请姜夫人到屋子里居住,随后庄公再到屋中与母亲相见,这样就不会

违背自己的誓言了。在颖考叔的帮助下,庄公母子不仅再次相见,而且还冰释前嫌,庄公重新将母亲接回都城居住。

③"不弛劳而底豫,舜其功也。"底豫出自《孟子·离娄上》:"舜尽事亲之道而瞽瞍底豫,瞽瞍底豫而天下化。"厎,致。豫,乐。相传舜还没有成为帝王时,他的父亲瞽瞍和继母以及异母弟弟象,曾多次想杀死他。有一次,他们让舜去修补谷仓的屋顶,但等到舜爬到仓顶后就把梯子给搬开,并在谷仓下面放火;还有一次,父亲让舜挖井,等舜挖到深处时,瞽瞍就与象往井里填土;等等。但每一次,舜都想办法逃脱了,事后仍然对父亲很恭顺,对弟弟很友爱。舜当了天子后,对父亲也依然恭恭敬敬,还封弟弟象为诸侯。

④"无所逃而待烹,申生其恭也。"申生是晋献公的世子,他的继母骊姬想立自己的亲生儿子奚齐为世子,故多次设计陷害申生。有一次,骊姬让申生去曲沃(今山西闻喜东北)祭祀生母齐姜,并将祭祀后的肉带回来献给父亲。但等申生回来后,骊姬却让人偷偷在肉里下毒,并让晋献公发现肉有毒,献公以为申生要谋反,打算处死申生。公子重耳劝他向父亲声辩,申生说:"父亲那么喜欢骊姬,我不想伤父亲的心。"重耳又劝他逃走,申生却说:"不行,父亲以为我要杀他,天下谁会收留背负弑父罪名的人?我能逃到哪里去呢?"于是申生就自缢而死,后人遂称其为"恭世子"。

⑤"体其受而归全者,参乎。"参即曾参,孔子弟子,据说《大学》与《孝经》便是曾参所作。《论语·泰伯》记载,曾参临终时,把自己的学生召集到身边,说道:"启予足!启予手!《诗》云:'战战兢兢,如临深渊,如履薄冰。'而今而后,吾知免夫,小子!"意思是说,看看我的脚,看看我的手,有没有损伤。《诗经》说:"小心谨慎呀,好像站在深渊旁边,好像踩在薄冰上面。"从今以后,我知道我的身体是不会再受到损伤了。曾子借用《诗经·小

旻》中的诗句来说明自己一生小心谨慎，避免损伤身体，以此来遵守孝道。因为在《孝经》中，孔子曾对曾参说："身体发肤，受之父母，不敢毁伤，孝之始也。"

⑥"勇于从而顺令者，伯奇也。"伯奇，周宣王时重臣尹吉甫的长子，为人孝顺。他的生母去世后，后母打算立自己的儿子伯封为世子，于是就向尹吉甫说伯奇的坏话，吉甫听后大怒，便把伯奇流放到荒野上。伯奇"编水荷而衣之，采苹花而食之"，清早踩在霜上，自伤无罪而被放逐，于是作琴曲《履霜操》以述怀，终因悲愤投河自尽。事后尹吉甫感悟，于是射杀后妻，来表示对伯奇的歉意。

上述四个方面，即"穷神知化""不愧屋漏""存心养性"和"事亲尽孝"便是张载在《西铭》中提出的实现"民胞物与""存顺没宁"的具体要求。

到了南宋，朱子又对张载在《西铭》中提到的大禹、颖考叔、舜、申生、曾参和伯奇六人的孝道事迹做了进一步说明，指出："《西铭》本不是说孝，只是说事天，但推事亲之心以事天耳。""它不是说孝，是将孝来形容这仁；事亲底道理，便是事天底样子。"[①]朱子强调，《西铭》的本旨并不是在说孝道，而是通过孝来说仁，通过事亲来说事天，因为天道与人道、仁与孝是相贯通的，孝道即天与仁的具体表现。朱子的这一说法，对于我们进一步深入理解《西铭》无疑具有重要的意义。

2.《东铭》：工夫修养

《西铭》一文经过二程与朱子的推崇和阐发，遂为后世学者所熟知。相比之下，张载的《东铭》却长期被人们忽略。对此，朱子说道：

　　《东》、《西》铭虽同出于一时之作，然其词义之所指、

---

① 黎靖德编：《朱子语类》，第2522、2526页。

气象之所及，浅深广狭，迥然不同。是以程门专以《西铭》开示学者，而于《东铭》，则未之尝言。盖学者诚于《西铭》之言反复玩味而有以自得之，则心广理明，意味自别。若《东铭》，则虽分别长傲遂非之失于毫厘之间，所以开警后学亦不为不切，然意味有穷，而于下学功夫盖犹有未尽者，又安得与《西铭》彻上彻下、一以贯之之旨同日而语哉？……即《西铭》之书，而所谓一原无间之实已了然心目之间矣，亦何俟于《东铭》而后足耶？若俟《东铭》而后足，则是体用显微判然二物，必合为一书然后可以发明之也。①

朱子指出，《东铭》从意蕴、气象、浅深等来看，都不如《西铭》，二者甚至不可同日而语。《西铭》一文"体用一原，显微无间"，彻上彻下、一以贯之，而《东铭》只讲了"长傲遂非"之失，"意味有穷"，论下学功夫也是犹有未尽。朱子认为，这就是二程只以《西铭》开示学者，而从不谈及《东铭》的原因。

朱子之说，或许有一定道理。不过，随着理学的发展，到了晚明清初之时，思想界开始出现了一股重视《东铭》的风气。

首先，让我们来看一下《东铭》的原文及其思想。

> 戏言出于思也，戏动作于谋也。发乎声，见乎四支，谓非己心，不明也；欲人无己疑，不能也。过言非心也，过动非诚也。失于声，缪迷其四体，谓己当然，自诬也；欲他人己从，诬人也。或者以出于心者归咎为己戏，失于思者自诬为己诚，不知戒其出汝者，归咎其不出汝者，长

---

① 朱熹：《答汪尚书》，见朱傑人、严佐之、刘永翔主编：《朱子全书》（修订本）第21册，第1306—1307页。

傲且遂非，不知孰甚焉！①

在《东铭》中，张载主要批评了两种错误的行为，即"戏言戏动"与"过言过动"。张载指出"戏言戏动"其实是出于思虑谋划，但人们却认为这不是本意，只是一种玩笑而已，故不知省察；②"过言过动"本不是出于真诚，但人们却以为是出于真心，只是有一点过当罢了，故不知克治。张载认为，这两种行为只会滋长人的傲气，使人们坚持或掩盖自己的过错，因此，要注意平时的一言一行，努力做到庄敬以诚身，改过以徙义。故张载说："言有教，动有法；昼有为，宵有得；息有养，瞬有存。"③ 由上述我们可以看到张载对日常修养的重视。

《东铭》重在工夫修养，《西铭》重在人生境界，二者是相呼应、相联系的，它反映了张载之学由下学而上达，从工夫积累而至于理想境界的特点。

其次，我们再来看一下宋明清时期学者对《东铭》的认识。

南宋时晁公武在其《郡斋读书志》中著录有《二十先生〈西铭〉解义》一书，为程颢、程颐、吕大防、吕大临、杨时、游酢、尹焞、刘安节、鲍若雨、李朴、张九成、胡铨、许景衡、郭雍、谢谔、刘清之、张维、祝禹圭、钱闻诗、张栻等人对《西铭》的解释，由此可以看到当时学者对《西铭》的重视程度，但却很少有人谈及《东铭》。不过，也有个别例外，据南宋人韩元吉所说，程颐弟子尹焞（号和靖处士，1071—1142）在讲学时，必让人先读《东铭》，

---

① 张载：《张载集》，第66页。
② 张载还说："戏谑直是大无益，出于无敬心。戏谑不已，不惟害事，志亦为气所流。不戏谑亦是持气之一端。善戏谑之事，虽不为无伤。"（参见张载：《张载集》，第280页）由此可以看出张载对玩笑戏语的态度，认为其有害于学者持敬养气的工夫。
③ 张载：《张载集》，第44页。

从"寡过"入手，然后再看《西铭》。①

但从明代中期开始，《东铭》逐渐受到学者的重视，如韩邦奇在其《正蒙拾遗》中就指出："《西铭》是规模之阔大处，言天道也。《东铭》是工夫之谨密处，言人道也。先《东》后《西》，由人道而天道可造矣。朱子独取《西铭》，失横渠之旨矣。"② 韩邦奇认为，《西铭》与《东铭》分别讲的是天道与人道，而从张载写作二铭之意来看，则是要学者由《东》而《西》、由人道而至天道，因而程、朱只言《西铭》，有失"横渠之旨"。

后来，晚明东林学者顾允成（号泾凡，1554—1607）也说：

> 《西铭》是个极宏阔的体段，故推至于知化穷神；《东铭》是个极详密的工夫，故严核于戏言戏动。……质美者明得尽，渣滓便浑化却，与天地同体。其次须在一言一动上仔细磨勘，方可渐入。若无《东铭》工夫，骤而语之以《西铭》体段，鲜不穷大而失其居矣。③

顾允成指出，气质美好的人固然能够先从天道、本体而悟入，做到与天地万物为一体，但对大多数人来说则需要从一言一行上积累渐至，如果没有《东铭》的工夫，便骤然告诉人们"民胞物与""万物一体"，显然大而无当，无从下手。

明末的刘宗周（世称蕺山先生，1578—1645）也认为，"夫学，因明至诚而已矣。然则《西铭》之道，天道也；《东铭》，其尽人者与"④，这也是强调做学问要从《东铭》至《西铭》，由人之明至天

---

① 参见韩元吉：《南涧甲乙稿》卷十五，见《景印文渊阁四库全书》第1165册，台湾商务印书馆。
② 韩邦奇：《韩邦奇集》，西北大学出版社，2015年，第184页。
③ 顾允成：《题〈正蒙释〉后》，见高攀龙、徐必达：《正蒙释》（《四库全书存目丛书》子部第1册），齐鲁书社，1997年，第672页。
④ 刘宗周：《刘宗周全集》第2册，浙江古籍出版社，2007年，第235页。

之诚,故刘宗周说:"千古而下埋没却《东铭》,今特为表而出之,止缘儒者喜讲大话也。余尝谓《东铭》远胜《西铭》,闻者愕然。"①

另外,清初著名的理学名臣李光地(字晋卿,1642—1718)在其《正蒙注》一书中说:

> 其以《东铭》终篇,乃初学之门也。……然究其极则直内方外,夹持而上天德者,实在于此。盖如此则言有教,动有法,而所谓昼为、宵得以至于息养、顺存者,皆自此而充之熟之尔。虽不能如《西铭》之彻上彻下、一以贯之,然下学上达之序,则又安可以偏废哉!②

李光地指出,《正蒙》以《东铭》来终篇,可见其重要性。因为《东铭》向学者指出了初学之门,从内外两个方面说明了道德修养的方法,虽然它不如《西铭》蕴意深远、规模宏大,但下学而上达的为学次序却不可偏废,否则,一切上达之语恐怕都会流于空谈。

通过宋明清以来学者对张载《东铭》的重新理解和诠释,我们可以看到,突出下学而上达的为学次序与强调由工夫而至本体是其重心所在,这既彰显了《西铭》之道德理想与《东铭》之道德实践之间的密切关系,同时反映了北宋至清初理学的发展变化。

总之,张载所提出的"太虚即气""气质之性""心统性情""变化气质"和"民胞物与"等思想后来成为宋明理学重要的概念命题,他所强调的读经、礼教、下学上达、躬行实践和学贵有用等构成了关学的传统学风,"为天地立心,为生民立命,为往圣继绝学,为万世开太平"则成为中华优秀传统文化的一种精神所在。

---

① 刘宗周:《刘宗周全集》第2册,第117页。
② 李光地:《正蒙注》,见李光地:《榕村全书》第4册,福建人民出版社,2013年,第412页。

第二章 关学的传承与流变（上）

张载去世后，其关中弟子仍继续着求学之路和在关中传播张载之学，并在思想上接受了洛阳二程的一些观点和学说。不过，与张载不同的是，他的这些弟子主要是从礼教、经学和经世致用等方面来发展张载学说，在理学思想方面则显得比较薄弱。到了金元时期，虽然关中的理学之风并不怎么盛行，但关学学者仍然继承了张载读经重礼、学贵有用和力行实践等学风，从而使得元代关学整体呈现出崇实、力行和反对空疏的特点来。

第一节　北宋关学的发展

北宋神宗熙宁十年（1077），张载在从京城开封返回家乡的途中不幸病逝于陕西临潼。张载去世后，他的一些弟子仍继续着求学之路，其中有不少弟子还走出关中，前往洛阳向程颢、程颐问学，如"蓝田三吕"的吕大忠、吕大钧和吕大临，以及武功的苏昞、旬邑的范育等人，特别是吕大临，与二程的另外三位弟子谢良佐、游酢、杨时并称为程门"四先生"。不过，这种事在当时并不奇怪，毕竟那时理学还处于初兴的阶段，还没有后世所谓的门户观念，况且张载与二程一生交好，曾多次在一起讨论学问，双方又都为"道学"（理学）信奉者，有相通相近的一面，因而在张载去世后，其弟子投向二程门下学习，实属自然。不过，这并不意味吕大临等人就抛弃师说而转向了洛学，二程说："关中学者，以今日观之，师死而遂倍之，却未见其人，只是更不复讲。"[①] 程颐也说："吕与叔守横渠学

---

① 程颢、程颐：《二程集》，第50页。

甚固，每横渠无说处皆相从，才有说了，便不肯回。"① "与范巽之语，闻而多碍者，先入也。"② 可见，对于张载之后其弟子转向二程问学，我们只能说他们在思想上或许吸收了洛学的一些内容，但却不能说关学"洛学化"③ 了。

下面我们通过张载的几位关中弟子的学行来了解张载之后北宋关学的发展情况。根据文献记载和历代学者的考证，张载在关中的弟子主要有以下诸人。

一、蓝田三吕

1. 吕大忠

吕大忠（1025—1100），字进伯，京兆蓝田人。蓝田吕氏兄弟一共六人：吕大忠、吕大防、吕大钧、吕大受、吕大临、吕大观。通常所说的"蓝田四吕"，是指吕大忠、吕大防、吕大钧、吕大临四人。在四人中，师从张载的有三人，即吕大忠、吕大钧、吕大临，这就是学界所说的"三吕"。蓝田吕氏原为河南汲郡（今河南卫辉市东南）人，因吕大忠的祖父吕通葬于蓝田，故从其父吕蕡开始，就居住在蓝田。吕大忠于北宋仁宗皇祐五年（1053）中进士，同一年，张载的弟弟张戬也考中进士。中进士后，吕大忠的仕途一直比较顺利，最后官至宝文阁直学士、同州（今陕西大荔）知州。

吕大忠著有《辋川集》《奏议》《前汉论》等书，但前两种都已佚失。

---

① 程颢、程颐：《二程集》，第265页。
② 冯从吾：《关学编（附续编）》，第14页。
③ 关学"洛学化"是陈俊民在其著作《张载哲学思想及关学学派》中提出来的一个观点（详细论述可参见该书第13—14页）。近年来有学者对关学"洛学化"的问题做了新的探讨，提出了一些不同的看法。参见刘学智：《"关学洛学化"辨析》，载《中国哲学史》2016年第3期。

吕大忠"为人质直，不妄语，动有法度"①，并且尊师好学，不仅拜与自己相差无几的张载为师，而且在张载去世后，还与两个弟弟吕大钧、吕大临一起师从比自己小十余岁的程颢、程颐兄弟。另外，吕大忠任秦州知州时，二程弟子谢良佐（人称上蔡先生，1050—1103）当时则教授州学，吕大忠常常去听谢氏讲《论语》，听讲时总是正襟危坐，并说："圣人之言行在焉，吾不敢不肃。"② 故程颐称赞吕大忠曰："吕进伯可爱，老而好学，理会直是到底。"③《河南程氏粹言》亦曰："吕进伯老矣，虑学问之不进，忧年数之不足，恐无所闻而遂死焉，亦可谓之好学也。"④

最后需要提及的是，吕大忠在任陕西转运副使时，于元祐二年（1087）七月至十月之间，将废弃已久的唐代"开成石经"与"石台孝经"碑石安放于当时的府学之旁，形成今天西安碑林的雏形。吕大忠此举，在保护"开成石经"、传播儒家经学和书法艺术等方面做出了重要贡献。

2. 吕大钧

吕大钧（1031—1082），字和叔，京兆蓝田人。仁宗嘉祐二年（1057），与张载同时中进士，是年张载38岁，吕大钧27岁。吕大钧虽与张载是同年进士，但与张载结识之后，为其学识所折服，于是以弟子礼向张载问学。吕大钧考中进士后，朝廷多次任命其官职，但他都没有去赴任，认为自己"道未明，学未优"，于是一直留在关中，或从张载学习，或居家讲学，以教育人才，变化风俗。张载去世后，吕大钧又到洛阳向"二程"问学。直到晚年，经朝中大臣推

---

① 冯从吾：《关学编（附续编）》，第8页。
② 冯从吾：《关学编（附续编）》，第8页。
③ 程颢、程颐：《二程集》，第38页。
④ 程颢、程颐：《二程集》，第1195页。

荐，他才出任诸王宫教授，后来监陕西凤翔府船务，制改宣议郎。遇宋攻西夏，调为鄜延路（治所在今陕西延安）转运司从事，并在任上去世。

吕大钧的著作主要有《四书注》《诚德集》《吕氏乡约》《乡仪》等，但大多已散佚不存，现仅存《乡约》《乡仪》《蓝田吕氏祭说》等。

吕大钧年少时注重博学多闻、躬行实践，曾说："始学必先行其所知而已，若夫道德性命之际，惟躬行久则至焉。"这就是说，吕大钧不太讲求理学经常讲的道德性命等形而上的东西，而是比较重视下学工夫，认为躬行久自然会懂得道德性命之理。对此，张载则告知以"学不造约，虽劳而艰于进德"，亦即说如果不能从博返约，认识和把握性命之理，就会用力虽多而进德缓慢。听了张载的话后，吕大钧于是"涣然冰释矣，故比他人功敏而得之尤多"。[①]

除强调躬行实践，从事于修身为己之学外，吕大钧对于张载的以礼为教更是能守其说而践行之。张载刚开始在关中提倡礼教时，"后进蔽于习尚，其才俊者急于进取，昏塞者难于领解，寂寥无有和者"，唯有吕大钧信之不疑，也不在意别人的非议和看法，日用躬行，必以礼来规范自己，"居父丧，衰麻、敛、奠、比、虞、祔，一襄之于礼。己又推之冠、婚、饮酒、相见、庆吊之事，皆不混习俗"。[②] 吕大钧还作《乡约》《乡仪》，与其兄吕大忠、其弟吕大临一起率乡人行之，《乡约》略云："德业相劝，过失相规，礼俗相交，患难相恤。"在吕氏兄弟的努力下，关中风俗为之一变。张载说："秦俗之化，亦先自和叔有力焉"[③]。二程也说："和叔任道担当，其

---

① 参见冯从吾：《关学编（附续编）》，第10页。
② 冯从吾：《关学编（附续编）》，第9页。
③ 程颢、程颐：《二程集》，第115页。

风力甚劲"①。

另外,吕大钧还喜欢讲求井田、兵制,认为"治道必自此始",并著之于书,以备后世之用。虽然吕大钧对礼教、井田、兵制等的重视都是本之于张载,但他却能笃信力行,故张载经常感叹其"勇为不可及"②。

最后,我们再以与吕大钧同学范育的一段话来认识吕大钧的学行:"君性纯厚易直,强明正亮,所行不二于心,所知不二于行。其学以孔子下学上达之心立其志,以孟子集义之功养其德,以颜子克己复礼之用厉其行,其要归之诚明不息,不为众人沮之而疑,小辨夺之而屈,势利劫之而回,知力穷之而止。其自任以圣贤之重如此。"③

3. 吕大临

吕大临(1040—1093),字与叔,号芸阁,吕大钧之弟,京兆蓝田人。元祐中为太学博士,迁秘书省正字。范祖禹向朝廷举荐其修身好学,行如古人,可为讲官,但还没有来得及起用他便已去世。吕大临师从张载,在张载去世后,大概于元丰二年(1079),又前往洛阳从学于二程,与谢良佐、游酢、杨时号称程门"四先生"。

吕大临在学问上可以说是张载门人中最高的,正如程颐所说:"和叔任道担当,其风力甚劲,然深潜缜密,有所不逮于与叔。"④朱熹也说:"吕与叔惜乎寿不永!如天假之年,必所见又别。程子称其'深潜缜密',可见他资质好,又能涵养。某若只如吕年,亦不见

---

① 程颢、程颐:《二程集》,第44页。
② 冯从吾:《关学编(附续编)》,第10页。
③ 范育:《吕和叔墓表》,见吕大临等:《蓝田吕氏集》,西北大学出版社,2015年,第986页。
④ 程颢、程颐:《二程集》,第44页。

得到此田地矣。"① 可见伊川、朱子对其评价甚高。因吕大临曾从张载、二程问学，故其学兼有关、洛二学的特点，既重经学、礼教，又重心性修养。

张载以礼教关中学者，作为张载弟子，吕大临身上所体现出来的第一个关学特点便是读经重礼。《关学编》称其"学通《六经》，尤邃于《礼》，每欲掇习三代遗文旧制，令可行，不为空言以拂世骇俗"②。从其著作中也可以看出，吕大临对经学与礼教的重视。今天我们可以看到的包括礼学在内的吕大临经学著作就有《礼记解》《蓝田仪礼说》《蓝田礼记说》《易章句》《诗传》等。

吕大临对礼的认识，主要体现在两个方面：一是他所重视的并不只是外在的礼仪规范，而是这些礼仪度数背后所体现出来的"义"，也就是说礼仪度数反映的是义理之所当然，"故礼之所尊，尊其义也"；二是认为"人之所以为人，必在乎礼义也"，③ 礼所蕴含的理义是人与禽兽之间的本质区别。吕大临说："是则所以贵于万物者，盖有理义存焉。圣人因理义之同然而制为之礼，然后父子有亲、君臣有义、男女有别，人道所以立而与天地参也。"④

吕大临思想中的第二个关学特点是严辨儒佛。张载对佛氏之"空"、老氏之"无"等思想都有着严厉的批评，吕大临也继承了张载之学的这一精神，严于儒佛之辨。如名相富弼致仕居家后学佛氏之学，吕大临即上书进行规劝，其曰：

> 今大道未明，人趋异学，不入于庄，则入于释，疑圣人为未尽，轻礼义为不足，学以苟安偷惰为德性，不知养

---

① 黎靖德编：《朱子语类》，第 2560 页。
② 冯从吾：《关学编（附续编）》，第 11 页。
③ 参见吕大临：《礼记解》，吕大临等：《蓝田吕氏集》，第 184、185 页。
④ 吕大临：《礼记解》，吕大临等：《蓝田吕氏集》，第 8 页。

第二章　关学的传承与流变（上）

民教民为先务，致人伦不明，万物憔悴。此老成大人恻隐存心之时，以道自任，动为世法，正国大经，振起敝俗，使人人皆被其泽，在公之力，宜无难矣。……若夫移精变气，务求年长，此山谷辟世之士独善其身者之所好，岂世之所以望于公者哉！①

当然，批评佛老之学，并不是张载关学所独有的，但吕大临的这一思想无疑是受到张载的影响，而且从北宋至明清的关学观点来看，严辨儒佛一直是关学所秉持的一个基本立场。

吕大临思想中所反映出来的洛学特点，主要是在工夫修养上吸收了二程的"主敬"心性涵养工夫。吕大临从二程学后，有一次向程颐请教如何消除"思虑纷扰"，程颐便告诉他要"主敬"，指出思虑纷扰是因为心无主，如果心能主于敬，则思虑自然不会纷扰，并举例说："譬如以一壶水投于水中，壶中既实，虽江湖之水，不能入矣。"② 还有一次，有弟子问程颐："人之燕居，形体怠惰，心不慢，可否？"程颐则说："安有箕踞而心不慢者？昔吕与叔六月中来缑氏，闲居中某常窥之，必见其俨然危坐，可谓敦笃矣。学者须恭敬，但不可令拘迫，拘迫则难久也。"③ 可见，如果闲居时也能做到俨然危坐，反映的其实是内心的一种修养，只不过程颐认为吕大临的工夫过于拘迫，还不够自然。而程颢则针对吕大临以"防检穷索为学"的特点，告诉他要"识仁"，并以"不须防检，不须穷索"进行开导，吕大临则"默识心契豁如也"，并作《克己铭》以表达自己的学习体会。

---

① 吕大临：《上富丞相书》，吕大临等：《蓝田吕氏集》，第763页。
② 程颢、程颐：《二程集》，第191页。
③ 朱熹：《遗事十一条》，见朱傑人、严佐之、刘永翔主编：《朱子全书》（修订本）第12册，第1035—1036页。

以上是吕大临思想中所体现出来的关、洛之学的一些特点。另外，吕大临对义理之学也很重视，不仅曾与二程论"中"，而且还有《论语解》《孟子解》《中庸解》《大学解》等阐释"四书"的著述。吕大临思想中所体现出来的读经重礼与强调义理的两个特点，可以看作张载之后北宋关学发展的两个方向。

二、苏昞与范育

1. 苏昞

苏昞（约1054—？），字季明，京兆府武功人。朱熹说："横渠声动关中，关中尊信如夫子，苏季明从横渠最久，以其文厘为十七篇"[1]。宋神宗熙宁元年（1068），张载受武功县主簿张山甫之邀前往武功讲学于绿野亭，武功弟子多从张载游，苏昞可能就在此时从学于张载。张载去世后，苏昞又前往洛阳从"二程"学习。元祐八年（1093），吕大忠向朝廷举荐苏昞，他在《奏状》中说："京兆府处士苏昞，德性纯茂，强学笃志，行年四十，不求仕进。从故崇文校书张载之学，为门人之秀，秦之贤士大夫亦多称之。如蒙朝廷擢用，俾充学官之选，必能尽其素学，以副朝廷乐育之意。"[2] 经吕大忠的推荐，苏昞由布衣被召为太常博士。

宋徽宗崇宁元年（1102），苏昞因元符三年（1100）上书一事被贬饶州（今江西鄱阳）。在赴饶州途中，经过洛阳，住在程颐弟子尹焞的家里，程颐前来看望他。程、尹二人都看出苏昞对于被贬之事甚为在意。伊川说："季明殊以迁贬为意。"尹焞则回答说："然也。焞尝问季明：'当初上书，为国家计邪？为身计邪？若为国家

---

[1] 朱熹：《遗事三条》，见朱杰人、严佐之、刘永翔主编：《朱子全书》（修订本）第12册，第1038页。

[2] 朱熹：《奏状》，见朱杰人、严佐之、刘永翔主编：《朱子全书》（修订本）第12册，第1037页。

计,自当忻然赴饶州;若为进取计,则饶州之贬犹为轻典。'季明以焞言为然。"①

在学问上,苏昞从张载学习近十载,深得《正蒙》之旨。张载著《正蒙》时并未分篇章,后来,苏昞根据《正蒙》之旨,仿效《论语》《孟子》,"篇次章句,以类相从",将《正蒙》一书分为十七篇。对于苏昞的划分,其他同门诸子未见有不同意见,范育还予以肯定,曰:"今也离而为书,以推明夫子(指张载)之道,质万世之传,予无加损焉尔。"②

苏昞未见有著作传世。

2. 范育

范育,生卒不祥,字巽之,邠州三水(今陕西旬邑)人。其父范祥,进士及第,累官转运副使,有边功。范育也考中进士,授泾阳县令。后来以养亲归乡。范育也就是在这个时候开始从学于张载的。张载去世后,范育又前往洛阳从学于二程。后来,范育受他人举荐,任职崇文校书、监察御史里行。范育曾向神宗谏言以《大学》"诚意""正心"来治理天下国家,并向朝廷举荐张载等人,官至户部侍郎而卒。

对范育,张载曾说:"某唱此绝学亦辄欲成一次第,但患学者寡少,故贪于学者。今之学者大率为应举坏之,入仕则事官业,无暇及此(指道学)。由此观之,则吕范过人远矣。"③

不过,范育没有文集传世,目前只见其为张载《正蒙》所作序

---

① 朱熹:《遗事三条》,见朱傑人、严佐之、刘永翔主编:《朱子全书》(修订本)第12册,第1038页。
② 《范育序》,见张载:《张载集》,第4页。
③ 张载:《张载集》,第329页。

言和张载与他的三封论学书信。① 在为《正蒙》所作序言中，范育推阐、发明张载之旨，被冯从吾称道"其笃信师说而善发其蕴如此"②。

三、张载的其他关中弟子

1. 游师雄

游师雄（1038—1097），字景叔，京兆武功人，宋英宗治平二年（1065）进士。大约在宋仁宗至和元年（1054），张载受文彦博聘请讲学于京兆府学宫，而游师雄当时在京兆府学读书，可能也就在此时从学于张载。

游师雄考中进士后，历任多种官职，官至朝奉郎直龙图阁陕州知州。游师雄志气豪迈，一生功绩主要是在经世安邦、边事防御上，《宋元学案》说其"以经世安攘为主，非琐琐章句，蒙瞳其精神，以自列于儒者之比也。故其志气豪迈，于事功多所建立"③。也许正因为如此，冯从吾在《关学编》中并未记录游师雄，后来李元春在续编《关学编》时，则将游师雄收入进去，并说："如游师雄，受业横渠，载之《宋史》，学术几为事功掩，然事功孰不自学术来，此疑少墟所遗也。"④

2. 李复

李复（1052—?），字履中，人称潏水先生。原是河南开封祥符县（今河南开封市祥符区）人，宋英宗治平元年（1064），因其父出任陕西夏阳（今陕西韩城）县令，于是迁居于陕，后来则定居于

---

① 张载与范育在信中所讨论问题与思想，可参见林乐昌：《张载答范育书三通与关学学风之特质》，载《中国哲学史》2002年第1期。
② 冯从吾：《关学编（附续编）》，第14页。
③ 黄宗羲原著，全祖望补修：《宋元学案》，第1114—1115页。
④ 《李元春关学续编序》，见冯从吾：《关学编（附续编）》，第67页。

长安。治平四年（1067），李复16岁便乡试中举，他感觉自己还年少，故此后十年间不再参加科举考试，而是一直刻苦学习。大约在神宗熙宁三年（1070）至熙宁十年（1077）之间从学于张载。

元丰二年（1079），李复进士及第，但他并没有立即出仕。直到元丰五年（1082）时才出来做官，大约于宋徽宗政和七年（1117）辞官回乡，官至中大夫、集贤殿修撰。南宋高宗建炎元年（1127），复起为秦凤路经略使，守秦州，第二年（1128），金人攻陷秦州，李复死于难。

李复著有《潏水集》四十卷，南宋间刊刻丁世，后来其刻本散佚无存，清修《四库全书》时，从《永乐大典》中辑出一些来，编为十六卷。从现存《潏水集》来看，李复虽有论"元气""太极"和德性修养的思想，但更多的是讲治道、礼乐、兵制、井田等，可见其学重在经世致用。

3. 张舜民

张舜民，生卒不祥，字芸叟，号浮休居士，陕西邠州（今陕西彬州）人。宋英宗治平二年（1065）进士，官至吏部侍郎。宋徽宗崇宁元年（1102）被列入元祐党籍，谪楚州（治今江苏淮安）团练副使，商州（今陕西商洛）安置。五年后，官复集贤殿修撰，后致仕。回乡后，张舜民闭门读书著述，不见宾客，有时外出游览山寺，于徽宗政和年间去世。

张舜民著有《画墁集》一百卷，但在明代时佚失，清代四库馆臣从《永乐大典》中辑出八卷（后又有《补遗》一卷）。另外，张舜民还著有《画墁录》一卷，今也是从《永乐大典》中辑出。至于其他著作，大多已佚失不见。

张舜民作为张载弟子，《关学编》中不见记载。直到清初全祖望补订黄宗羲的《宋元学案》时才从他人文集中发现张舜民。全祖望说:"先生之从横渠学,见于《晁景迂集》中,他书无所考也。考横渠之卒,先生为之乞赠于朝,以为孟轲、杨雄之流。且景迂及与先生游者,必不妄。惜乎《画墁集》今世无是本。予虽曾从《永乐大典》中见之,而未得抄其论学之绪言耳。"①

4. 潘拯

潘拯,生卒不详,字康仲,关中人,具体地方不详。冯从吾《关学编》无记载,清初全祖望从《胡文定公语录》(胡文定即胡安国)中得知其人,并补入《宋元学案》中,但关于潘拯的具体事迹则无从得知,只是记录了他向程颐问学的一段对话。

> 尝问:"人之学,非愿有差,只为不知之故,遂流于不同。不知如何持守?"程子言"且未说到持守。持守甚事?须先在致知。致知,尽知也,穷理格物便是致知。"②

从这段对话中我们大概也可以看到关、洛之学的不同。潘拯认为,人之学之所以不同,是因为不知如何持守,并向程颐请教如何持守。程颐则认为,持守是在格物穷理之后,所谓"涵养须用敬,进学则在致知",为学先要格物致知。这就与张载说的"仁守之者在学礼也"③ 和"凡未成性,须礼以持之,能守礼已不畔道矣"④ 不同,显示出双方在为学入手工夫上的差异。程颐在此的回答是先要格物穷理,认为"学莫先于致知",同时又辅之以主敬涵养。

5. 种师道

种师道,(字彝叔,1051—1126),原是洛阳人,后来迁居陕西长安。种师道是北宋初年隐士种放从的曾孙、名将种世衡之孙。他

---

① 黄宗羲原著,全祖望补修:《宋元学案》,第1121页。
② 黄宗羲原著,全祖望补修:《宋元学案》,第1116页。
③ 张载:《张载集》,第265页。
④ 张载:《张载集》,第264页。

年少时从张载学，不过其一生成就主要是在军事上，为北宋徽、钦时期的名将。

由于史料记载的缺乏，我们现在所知的张载的关中弟子只有以上诸人，但这显然是不够的。另外，据南宋李心传的《道命录》记载，当时胡安国曾向朝廷谈到吕大忠之子吕锡山亦师事张载，并请朝廷让知成都府的席益寻访流落在川蜀一带的张载门人及其著作。[1]

而张载关中以外的弟子，现在所知也不多。据记载，主要有山东安丘的田腴（字诚伯）、山东诸城的刘公彦（1050—1079）、福建古田的邵清（字彦明）、薛昌朝（字景庸，籍贯不详）。

总之，通过以上张载的这些关中弟子的生平与思想可以看到，张载之后，北宋关学大致是沿着以下几个方向发展：一是重视经学，特别是礼学，注重以礼教人和移风易俗；二是朝着理学义理方面发展，但这一方面相对比较薄弱；三是重视事功和经世致用。

随着吕大临、李复等人的相继离世，作为学派性质的关学也逐渐式微，对于关学何以会衰落，"再传何其寥寥"的原因，实际上，宋明清时期就不断有学者进行过讨论。

如二程弟子谢良佐指出，张载教人以礼为先，但其弟子却陷溺于烦琐的礼仪度数之中，虽能力行实践，却不见大本大原，时间长了就像吃木头一样没"滋味"，便产生厌倦之心，故其学最后没有传人。他说："横渠教人以礼为先，大要欲得正容谨节。其意谓世人汗漫无守，便当以礼为地，教他就上面做工夫。然其门人下稍头溺于刑名度数之间，行得来困，无所见处，如喫木札相似，更没滋味，遂生厌倦，故其学无传之者。明道先生则不然，先使学者有知识，

---

[1] 李心传辑：《道命录》，上海古籍出版社，2016年，第32页。

却从敬入。"①

明末清初"三大儒"之一的王夫之（学者称船山先生，1619—1692）则认为有两个原因使得张载之学逐渐衰微无传：一是张载不像二程那样，有一批出类拔萃、名声显著的门人弟子传播其学，如二程门下有杨时、游酢、吕大临和谢良佐四大弟子。杨时后来又将二程之学传入福建，开创了理学的"道南一脉"，成为闽学的鼻祖，而被称为"理学之集大成者"的朱熹就是杨时的三传弟子。二是因为张载"素位隐居"，一生大部分时间都是在横渠著书讲学，很少与富弼、文彦博、司马光等当时的"巨公耆儒"相往来，故其学缺少朝廷的支持，是以"世之信从者寡，故道之诚然者不著"②。

另外，清初学者全祖望认为是北方战乱造成了张载关学的衰落，他说："关学之盛，不下洛学，而再传何其寥寥也？亦由完颜之乱，儒术并为之中绝乎？"③

除上述原因之外，也有人认为张载《正蒙》一书义理深奥，难以理解，有时书中思想甚至互相矛盾，或者与程朱之说不同，从而使学者不是中途放弃，就是不知所从，遂造成后世很少有人传其学。如明代"前七子"之一、曾任陕西提学副使的何景明（号大复山人，1483—1521）就说："《正蒙》书多难解，学者读之，或不卒业而废。"④ 清代四库馆臣也说："《正蒙》一书，张子以精思而成，故义博词奥，注者多不得其涯涘。又章句既繁，不免偶有出入，或与

---

① 谢良佐：《上蔡语录》卷上，见朱傑人、严佐之、刘永翔主编：《朱子全书外编》第3册，华东师范大学出版社，2010年，第4页。
② 王夫之：《张子正蒙注·序论》，岳麓书社，2011年，第12页。
③ 黄宗羲原著，全祖望补修：《宋元学案》，第6页。
④ 何景明：《何大复集》，中州古籍出版社，1989年，第600页。

程朱之说相抵牾，注者亦莫知所从，不敢置议。"①

以上关于张载之学后继无人的说法可谓见仁见智，都有一定道理。但不管怎么说，虽然元明清以来的关学更多的是指地域理学性质的关学，但此时的关学仍与张载学脉相承、精神相连，张载所开创的读经重礼、躬行实践、下学上达和学贵有用的学风被一代代关学学者继承。

第二节　金元关学

一、金代关学

从北宋徽宗政和五年（1115）至南宋理宗端平元年（1234），北方大多数时间处于金朝的统治之下。与南宋相比，整个北方儒学显得有些凋零，这一时期关中比较有名的学者是高陵（今属陕西）的杨天德（字君美，1180—1258）。

杨天德为金宣宗兴定二年（1218）的进士，先后出任陕西行台掾、大理寺丞、庆阳和安化主簿、隆德令、安化令、尚书都省掾、转运司支度判官等。金朝灭亡后，杨天德辗转流寓于河南、山东一带十余年，最后回到长安。

冯从吾在《关学编》中说，杨天德从读书到为官，再到晚年流寓各地，风节矫矫，始终不少变，对于权势名利视为浮云。在学问上，杨天德早年从事科举之学，晚年回到关中后，才从读《大学解》进而又读程朱理学书，由举业之学转到性理之学上来。后来因为眼疾而不能再看书，就让儿子朝夕讲诵而听之，其好学如此。元代大

---

① 李光地：《注解正蒙·提要》，见《景印文渊阁四库全书》第697册，第335页。

儒许衡（号鲁斋，1209—1281）在为其所撰墓志铭中说："出也有为，死生以之。处也有守，不变于时。日临桑榆，学喜有得，其知益精，其行益力。吾道之公，异端之私，瞭然胸中，洞析毫厘。外私内公，息邪距诐，俯仰古今，可以无愧。"①

杨天德虽然没有留下什么著作，但其子杨恭懿却能发扬其学，成为有元一代关中名儒。

二、元代关学

元代时，随着赵复、姚枢、窦默、许衡、刘因等名儒在北方大力提倡程朱之学，北方理学开始逐渐兴起。其中，许衡在元宪宗四年（1254）任京兆（今陕西西安）教授，第二年又为京兆提学。他在陕西各地兴建学校，并亲自为诸生讲授程朱之学，从而有力地推动了程朱理学在关中的传播。后来，元仁宗延祐元年（1314），元朝政府在许衡讲学之地创建鲁斋书院，崇祀张载、许衡和杨恭懿三人，并赐给书籍、学田等。明代关中著名的正学书院，就是在元代鲁斋书院的遗址上建立起来的。

随着北方理学的兴起，关中也涌现出一批有较大影响力的学者，如奉天（今陕西乾县）的杨奂、高陵的杨恭懿、奉元（今陕西西安）的萧䢀和同恕等人，他们以程朱之学为宗，重视礼教，强调明经修行，主张经世之实学，从而构成了元代关学的特色。

1. 杨奂之学

杨奂（1186—1255），字焕然，号紫阳，元代乾州奉天人。曾师从乡人吴荣叔，出类拔萃，崇尚程朱理学而不喜科举。金哀宗正大元年（1224），杨奂时年39岁，作《万言策》，指陈时弊，言人所不敢言者，赴京城打算上呈于朝廷，为执政者所阻止。第二年，杨

---

① 冯从吾：《关学编（附续编）》，第16—17页。

奂前往鄠县，隐居于鄠县终南山下的柳塘，讲道授徒，前后共四年多的时间，远近从学者百余人，在柳塘创紫阳阁（即清风阁），人称紫阳先生。

元太宗十年（1238），诏试东平（今属山东），经耶律楚材推荐，杨奂被任命为河南路征收课税所长官兼廉访使，此后他一直在洛阳为官，直到元宪宗元年（1251）致仕返回奉天，时年66岁。67岁时，被召为参议京兆宣抚司事，多次上书请归。回乡后，筑"归来堂"，居家著述和教授子弟。

杨奂著有《还山前集》《还山后集》《天兴近鉴》《韩子》《概言》《砚纂》《北见记》《正统书》等书，但大部分已佚失，今只有明人所辑的《还山遗稿》二卷和杨奂的一些生平资料。

杨奂之学，有以下三个主要特征：

一是博学强记，从孔孟到程朱，从经学到史学，无不穷究。赵秉文便称杨奂"高才博学，留心经学"[1]。元好问说："秦中百年以来号称多士，较其声闻赫奕，耸动一世，盖未有出其右者。前世'关西夫子'之目，今以归君矣。"[2]

二是重视"学贵有用"，注重实用之学。元儒郝经在《上紫阳先生论学书》中说："夫道贵乎用，非用无以见道也。天地之覆载、日月之照临，皆有用也。'六经'之垂训、圣人之立教，亦皆有用也。……伏睹先生《韩子辨》《正统例》《还山教学志》，洋洋灏灏，若括元气而禽辟之，其事其辞其理皆有用者也，非世之逐末之

---

[1] 赵秉文：《与杨焕然先生》，见萧斛、同恕、杨奂：《元代关学三家集》，西北大学出版社，2015年，第463页。
[2] 元好问：《杨公神道之碑》，见萧斛、同恕、杨奂：《元代关学三家集》，第458页。

文也。"①

三是重视礼教。《还山遗稿》中有杨奂与他人论祠堂之礼的书信，从中可以看到他对礼制的重视。他认为礼代表了制度名数，因此，今人用礼，一定要有依据，即使是《朱子家礼》所言，也不能盲目信从。

由于杨奂著作多已不存，故难以了解其具体思想，只能依据现存资料略述如上。

2. 杨恭懿之学

杨恭懿（1225—1294），字元甫，号潜斋，高陵人。其父即为金代关中名儒杨天德。杨恭懿年少时随父逃乱于河南、山东，17岁时才回到家乡。由于贫困，只能借室以居，乡人有时接济他们，但杨恭懿全都予以推辞。空闲时则读书力学，于书无不究心，尤精于《易》《礼》《春秋》。又有志于经世致用，故对史学比较留心，以古今兴亡之事为鉴。24岁时，杨恭懿得读朱子《四书章句集注》《太极图说解》《小学》《近思录》等书，从此有志于程朱之学，以"主敬穷理"为学，注重躬行实践。

杨恭懿很快就因其学问而名动一时，陕西宣抚司、陕西行省曾以掌书记召他前往任职，但杨恭懿都没有去。元宪宗五年（1255），大儒许衡为京兆府提学，两人经常切磋学问，其间，杨恭懿笃信好学、操履不苟的品格得到许衡的极力称赞。杨恭懿在父亲去世后，丧礼只遵《朱子家礼》，而不用民间之俗礼，不请僧人来做法事。后治母丧，仍然是用《朱子家礼》。杨恭懿对礼制的遵行，对当时的关中礼俗产生了很大影响，"三辅士大夫知由礼制自致其亲者，皆本之

---

① 郝经：《上紫阳先生论学书》，见萧㪍、同恕、杨奂：《元代关学三家集》，第462—463页。

先生云"①。许衡也称杨恭懿在关中提倡礼教，特立独行，其功可谓肇修人纪。可见，关学礼教的传统正是通过一代代关中学者的自觉践行而形成的。

元世祖至元七年（1270），征召杨恭懿与许衡，但他没有去。许衡后由国子祭酒拜中书左丞，经常在右丞相安童面前称赞杨恭懿的学行，安童于是又上奏朝廷。至元十年（1273），又召，杨恭懿却称病推辞。第二年，朝廷又来召，不得已，他才前往京师。觐见时，元世祖亲自询问其乡里、族氏、师承、子孙，无不周悉。元世祖让杨恭懿与翰林侍讲学士徒单公履（字云甫）商定科举之法，打算开科取士。杨恭懿虽然不反对科举考试，但他反对像过去那样只考空泛的诗文和辞章记诵，而主张以"五经""四书"之义理和史论、时务来取士，也就是用实际有用的学问来代替空疏的学风。杨恭懿认为，朝廷若能如此提倡施行，将使士风还醇，民俗趋厚，国家可得经世之人才。

不久，元朝准备要北征，杨恭懿于是辞官回乡。至元十六年（1279），杨恭懿再次奉诏入京，与太史王恂、郭守敬等人一起修改历法。第二年，新历法《授时历》完成，授为集贤馆学士兼太史院事。至元十八年（1281），杨恭懿辞病归乡。至元二十年（1283）、二十二年（1285）、二十九年（1292），元朝又三次征召，但杨恭懿都以病辞。至元三十一年（1294），杨恭懿去世，终年70岁。其著有《潜斋遗稿》，但可惜已佚失。

杨恭懿去世后，关中奉元学者萧𣂏志其墓，给予其很高的评价，曰："朱文公集周、程夫子之大成，其学盛于江左。北方之士闻而知者，固有其人；求能究圣贤精微之蕴、笃志于学、真知实践、主乎

---

① 冯从吾：《关学编（附续编）》，第20页。

敬义、表里一致，以躬行心得之余私淑诸人、继前修而开后觉、粹然一出乎正者，维司徒（指许衡）暨公。"① 集贤大学士姚燧为杨恭懿撰神道碑，称其为"西土山斗"。

可以说，杨恭懿注重经学、礼教，强调经世致用，代表了元代关学的特点。

3. 萧𣕚之学

杨恭懿之后，其子杨寅（字敬伯）继续在高陵传承其学，同时奉元又有萧𣕚（1241—1318）和同恕（1254—1331）在关中传播程朱理学，成为元代关学名儒。

萧𣕚，字维斗，号勤斋，曾在终南山读书，力学三十年不求仕进。他博极群书，于天文、地理、律历、算数无不研究，学者及门受业者甚多，称其曰"萧先生"。《元史》记载了萧维斗的两件轶事：一是，有一次萧维斗出门，在路上遇到一个妇人丢了金钗，由于当时没有别人经过，于是这个妇人就怀疑是萧维斗捡到了，说："殊无他人，独翁居后耳。"萧维斗也没有辩解，只是让妇人随他到家，拿出自家的金钗给她。后来这个妇人找到了丢失的金钗，感到很惭愧。二是，一天傍晚，萧维斗村里的一个人从城中回家，在路上遇到强盗，强盗想杀他，这个乡人急中生智，骗强盗说："我萧先生也"，强盗非常惊讶，就释放了他。

元世祖时，曾授萧维斗为陕西儒学提举，但他辞不赴任。当时省宪大臣还专门去萧家祝贺，并派了一个小吏先前往其家。这个小吏正好在路上遇到萧维斗在菜园里浇水，但他并不认识萧维斗，于是就让萧维斗给他的马喂水，萧维斗则"应之不拒"。等到萧维斗穿好冠带出门迎接宾客时，这个小吏看到之前给他的马饮水的人就是

---

① 冯从吾：《关学编（附续编）》，第20—21页。

萧本人时，感到很害怕，但萧维斗却一点也不在意，什么也没有说。

后来朝廷又多次征召萧维斗，先后授其集贤直学士、国子司业和集贤侍读学士，但他都没有去。元大德十一年（1307）冬，又拜太子右谕德，不得已，萧维斗带病前往京师。第二年至京城，拜觐太子，书《酒诰》一文献之。因为当时朝廷喜欢饮酒，故他以此文进行劝诫。未几，他就称病辞官回乡。不久，朝廷又授予其集贤学士、国子祭酒，为右谕德如故，但萧维斗仍旧"固辞而归"。

萧维斗著有《三礼说》《小学标题驳论》《九州志》《勤斋文集》。今只有《勤斋文集》传世，但并非原本。元代的刻本明代时即已佚失不存，今本《勤斋文集》（又名《勤斋集》）是清代四库馆臣从《永乐大典》中辑出的一部分。

萧维斗之学以程朱为宗，力行实践，重视《小学》之教，"关辅之士，翕然宗之，称为一代醇儒"（《元史·儒学一》）。

4. 同恕之学

同恕，字宽甫，号榘庵，奉元人，与萧维斗同时，时人将二人并称为"萧同"，生于儒学世家。同恕家族二百余人住在一起，却能和睦相处。同恕年少时学习经学，熟通《书经》。元世祖至元间，朝廷选名士为六部属吏，陕西举荐同恕为礼部官员，但他推辞不去。至大四年（1311），拜国子司业、儒林郎，遣使三次召而不赴。延祐元年（1314），陕西行台侍御史赵世延奏请在奉元建鲁斋书院，朝廷让同恕主讲书院，先后来学者众多。延祐六年（1319），朝廷以奉议大夫、太子左赞善召，同恕前往京师，入见东宫，向太子讲涵养之道。第二年三月，元英宗继位，同恕因病请归。致和元年（1328），拜集贤侍读学士，同恕以老病辞，居家教授子弟。

同恕平日对人处事，虽然和易近人，无亲疏厚薄之分，但其内心是有尺度、标准的，而且取与由义。例如，有一次同里之人向他借骡子,后来骡子死了,里人想赔偿给他,同恕推辞不受,并说:"物之数也,何以偿为!"意思是骡子死了是它的气数已尽,为什么还要赔偿呢!这件事遂被当地传为佳话。

同恕著有《榘庵集》,亦非元代的刻本,而是清代四库馆臣从《永乐大典》中辑录出来的,卷数与内容与原刻本相比缺少很多。

同恕的学问特点主要体现在以下三个方面:

一是尊崇朱子。同恕之学以朱子为宗,他认为朱子使尧舜周孔之道由晦复明,尧舜周孔之学绝而复续,其功之大,可比孟子。他说:"考亭夫子,邹孟氏复生也。发洙泗之宗传,振关洛之坠绪,疏瀹'六经',辅翼'五典',使尧、舜、周、孔之道已晦而复明,尧、舜、周、孔之学已绝而复续,天下后世不迷所趋。厥功之大,比于孟氏,为有光焉。"①

二是重礼教。《关学编》称其"平居虽大暑,不去冠带。母张卒,事继母如事所生"②。《同公行状》亦称其"温粹安静,小心畏慎,非礼不动","非其道,一介弗取。义所当与,虽在窘迫,无丝发吝"。③

三是重视实学,力行实践。《同公行状》曰:"轨辙程朱,履真践实,不为浮靡习。"④

除上述杨奂、杨恭懿、萧㪺和同恕等人,元代关学学者还有高陵杨寅、奉元韩择、奉先(治今陕西蒲城)侯均、泾阳第五居仁、

---

① 同恕:《榘庵集》卷二《送彭元亮序》,见萧㪺、同恕、杨奂:《元代关学三家集》,第137页。
② 冯从吾:《关学编(附续编)》,第23—24页。
③ 贾仁:《榘庵先生同公行状》,见萧㪺、同恕、杨奂:《元代关学三家集》,第369页。
④ 贾仁:《榘庵先生同公行状》,见萧㪺、同恕、杨奂:《元代关学三家集》,第369页。

泾阳程瑁以及长安宋规、吕域等人。但这些学者或没有著述，或著述已佚失，难以了解其具体思想。不过，综合现有的一些记载，我们可大概了解元代关学的特点：一是理学之风不浓厚，虽讲程朱之学，但缺少对理学义理的讨论；二是重视经学、礼教；三是反对空疏的学风，强调经世致用之实学和力行实践，元代关学学者多有经济之才；四是主张博学多闻。元代关学的这些学风特点，后来又多被明清关学继承，不过相较于金元时期，明清关学的理学特点更为突出。

第三章

关学的传承与流变(下)

与金元时期相比，关学在明代比较兴盛，名儒辈出，如高陵的吕柟、三原的马理、朝邑（今属陕西大荔）的韩邦奇、渭南的南大吉、富平的杨爵和晚明长安的冯从吾等人，他们与关中之外各地学者的交流互动较多，具有全国性的影响。与此同时，随着中晚明时期阳明学的兴起和气学的出现，明代关学在思想上也呈现出多元化的发展。然而，除发展理学思想之外，明代关学学者还继承张载之学强调礼教，重视经学，主张躬行实践和学贵有用的学风。

清初，在盩厔李颙（李二曲）和鄠县王心敬的提倡与弘扬下，关学迎来了复兴的局面。之后，蒲城的刘鸣珂、澄城的张秉直、武功的孙景烈、临潼的王巡泰和清代后期朝邑的李元春、三原的贺瑞麟、朝邑的杨树椿、长安的柏景伟、咸阳的刘光蕡继踵接武，从以王学为主融会程朱，到朱子学独盛，再到转向经史之学和西方近代科学技术，传统关学最终在清末走向新的学术发展道路。清代关学不仅在思想上，同时在关学史撰述和关学著述的刊刻上，都有了较大的发展，为今天关学的传承和研究做出了重要贡献。

第一节　明代关学

根据时间和特点，明代关学大体上可以分为四个不同的发展时期。以下我们便分别对明代不同时期的关学主要代表人物及思想和阶段性特征进行概述。

一、明初的关陇之学

1. 河东之学在关中地区的传播

明代关学发展的第一个时期是以张杰、段坚和周蕙为代表的明初关学。这一时期关学的主要思想资源是来自山西河津的薛瑄（号敬轩，1389—1464）之学。因为在明初的北方，理学整体氛围不高，讲学者比较少，而薛瑄则是继河南曹端（号月川，1376—1434）之后北方又一位朱子学大儒，在当时名望颇高。再加上山西的河津与陕西的韩城仅一水（黄河）之隔，地理位置接近，交通比较便利，因此薛瑄的讲学吸引了不少关中士子特别是韩城的学者前往听讲。

韩城人王盛（薛瑄的弟子）在《薛文清公书院记》一文中记录了74名薛瑄门人的姓名，其中有明确籍贯的：山西39人，陕西17人，河南6人，山东4人，湖北1人，其他7人。① 这些人中来自陕西的有：长安2人（张鼎、赵寿），潼关2人（江湖、张泽），韩城13人（孙铚、郭震、张聪、高辅、贾琰、段盛、史华、刘琛、冯纮、梁博、贾刚、吉节、张敏）。

再加上王盛，薛瑄在关中的弟子便有18人，而韩城一地则有14人。当然，王盛记录的并非全部的名单，但由此即可以看到明初关学与河东薛瑄之学之间的密切关系。

在薛瑄的这些关中弟子中，以咸宁（今属陕西西安）的张鼎（字大器，1431—1495）和韩城的王盛最为著名。张鼎的理学造诣比较高，三原王恕（号介庵，1416—1508）称其"理学传自文清公，高名可并太华峰"②。另外，薛瑄去世时，其文集还没有刻本，文集的手稿也流落江南二十多年，直到弘治二年（1489），张鼎偶然得到一部抄本，但其中错误非常多，于是他就对薛瑄文集重新进行了校正编辑，分为二十四卷，并刊刻成书，这是薛瑄文集的最早刻本。可见，在保存和传播薛瑄著作方面，张鼎功不可没。

---

① 参见薛瑄：《薛瑄全集》，山西人民出版社，1990年，第1656—1658页。

② 冯从吾：《关学编（附续编）》，第33页。

与张鼎一样，王盛也对河东之学的发展做出了重要贡献。这主要体现在他于弘治元年（1488）捐俸将薛瑄原来的讲学旧宅改建为文清书院，书院于弘治五年（1492）春建成。不过，由于张鼎与王盛仕途比较顺利，大部分时间都在外为官，因此他们对薛瑄之学在关中地区的传播所起作用较之凤翔的张杰，则略显薄弱。

张杰（号默斋，1421—1472）是明初关学比较重要的一位学者。他曾担任山西赵城县的儒学训导，一次薛瑄路过赵城，与张杰讲论身心性命之学，薛瑄很佩服张杰的学问造诣，而张杰也在这次论学中得到薛瑄的许多指点，由此学问益深。在赵城当了六年的儒学训导之后，因其父于景泰二年（1451）去世，张杰于是辞官回乡，并从此不再出来做官。他对前来规劝的人说道：我年轻时力学以明道，从事科举以养亲，如今我的父母都去世了，学问却无所得，我还出来做官干什么？并写诗自责说："年几四十四，此理未真知。昼夜不勤勉，迁延到几时？"① 张杰在家日夜勤奋读书，造诣日深，前来问学的人也逐渐增多，他以"五经"教授学生，名重一时，被学者称为"五经先生"。

成化七年（1471），主事者欲聘其为城固县教谕，张杰也以有志于圣人之学，恐虚此生，和乡里子弟从游者甚多，不能远及他方而拒绝。他说：

> 天地生人，无不与之以善，圣贤教人，亦无不欲其同归于善。是知善者，人所自有而自为之。先觉之觉后觉，如呼寐者而使之寤耳。但古之学者从事于性情，而文辞所以达其意。今之学者专务文词，反有以累其性情。某今年五十有一矣，方知求之于此，以寻古人向上之学，虽得其

---

① 冯从吾：《关学编（附续编）》，第29页。

门,未造其域,汲汲皇皇,恐虚此生。尝自念僻处一方,独学无友,每欲远游质正高明,奈有寒疾不可以出,况乡党小子相从颇众,岂能远及他方邪?①

在教授诸生之余,张杰还与兰州的段坚(号容思,1419—1484)、安邑(今属山西运城)的李昶、秦州的周蕙(号小泉)等往来论学,从而对河东之学在关陇一带的传播及明初关中讲学之风的兴起起到了重要的推动作用。

兰州的段坚是明初关中地区又一位重要学者,有"文清之统,惟公是廓"②之誉,可见他在传播薛瑄之学方面所起的重要作用。段坚与张杰一样,都不是薛瑄的及门弟子,属于私淑而有得者。③段坚年轻时曾游学四方,在洛阳结识了薛瑄的两位弟子阎禹锡与白良辅,并在学问上得益于二人。后来段坚考中进士后,先后出任山东福山(今属山东烟台)知县、莱州知府及河南南阳知府,化民成俗,卓有声名,特别是在南阳任上,创建志学书院,亲自为诸生讲说程朱之学,并以《小学》《孝经》《朱子家礼》教授童子,还刊刻《二程全书》和《崇正辨》等书,使当地士习得到很大改观。段坚致仕回乡后,结庐于兰山之麓,扁其居曰"南村""东园",授徒讲学。在前来问学的人中,秦州的周蕙是最为重要的一个。

周蕙原是兰州的戍卒,他听说段坚在家中集诸儒讲理学,于是就时常前去听讲。一开始,周蕙只是个站着的听众,时间长了,大家就让他坐着听,之后又让他参与讨论,再后来有什么疑惑都向他

---

① 冯从吾:《关学编(附续编)》,第29—30页。
② 黄宗羲:《明儒学案》(修订本),中华书局,2008年第2版,第127页。
③ 新加坡学者许齐雄先生则认为段坚很可能曾师事薛瑄。(参见许齐雄:《北辙:薛瑄与河东学派》,叶诗诗译,浙江大学出版社,2015年,第102—103页)但不管怎么说,都可以看到薛瑄对明初关学的影响很大,并不仅仅局限于及门弟子。

请教。除向段坚问学之外，周蕙还师从时为秦州清水县教谕的薛瑄弟子李昶，从而得薛瑄之传，学问也越来越精纯，为远近学者所宗。

周蕙对关中学者的影响很大，渭南的薛敬之（号思庵，1435—1508）在听说周蕙及其学问后，便远赴兰州从其问学，"每晨候门躬扫坐榻，跽而请教，事之唯谨，卒得其传，为一时醇儒"①。周蕙之后，河东之学的传播中心由甘肃的兰州、天水一带又重新回到了陕西关中地区。

薛敬之从小就喜欢读书，11岁便能作文赋诗。有一次，他看见画像上的圣贤深衣幅巾，便模仿穿戴，虽然受到家人笑话，但仍坚持不肯换。景泰七年（1456），薛敬之进入县学学习。由于他言行举止都以古人为法，不同于流俗，所以学宫中的师生及乡人都感到惊异，认为他迂腐、奇怪，常常讥笑他，但薛敬之却不为所动，因而被称为"薛道学"。成化二年（1466），薛敬之由岁贡而进入太学读书。太学生见其言行，听其议论，都惊叹"关西复生横渠"，遂名动京师。

成化二十二年（1486），薛敬之被任命为山西应州（今山西应县）知州。他在应州多有德政，并重视儒学教育，曾数至应州学宫，为诸生讲授心性之学。弘治九年（1496），升浙江金华府同知，在金华两年而致仕。

薛敬之一生手不释卷，虽70多岁，亦好学如初。所著有《思庵野录》《道学基统》《洙泗言学录》《尔雅便音》《田畴集》《百咏集》《归来稿》《礼记通考》《金华乡贤祠志》等书，但大多都已佚失。今所见仅有《思庵野录》一书，共三卷，此书为薛敬之的读书心得，包含了他对宇宙天地、太极阴阳、理气心性与治道等问题的

---

① 李颙：《二曲集》，中华书局，1996年，第286页。

思考，以及对孔孟之学、汉儒和程朱理学的评论等。

薛敬之的一个著名弟子就是高陵的吕柟。在吕柟这里，明代关学进入了一个高峰时期，冯从吾说："吾关中理学自横渠后，必推重高陵吕文简公，而文简公之学又得之先生，关学渊源，良有所自。"[1]

另外，周蕙游学西安时，长安士子李锦（号介庵，1436—1486）亦从其学习程朱之学。李锦时常与薛敬之，以及咸阳的姚显、长安的雍泰一起讲学，其践履醇茂，关中学者皆以"横渠"称之。

2. 明初关学的思想特点

从张杰与段坚、周蕙等人的学问来看，其思想特点主要有以下几点：

一是恪守程朱的"主敬穷理"。例如，张杰"最爱'涵养须用敬'，'进学在致知'二语"。段坚"近宗程朱，远溯孔孟，而其功一本于敬"。周蕙的秦州弟子王爵在教授后学时，"切切以诚敬为本"。李锦从周蕙那里得闻周、程、张、朱之学后，遂放弃记诵辞章之习，"专以主敬穷理为事"。[2] 薛敬之则认为，"正学者，格物穷理之学也"[3]。

二是读经重礼。"以礼为教"是张载以来关学的一个传统学风。晚明的刘宗周说："关学世有渊源，皆以躬行礼教为本"[4]。清初的张履祥（号杨园，1611—1674）也说："关中之教，以知礼成性为先。学者从事于此，极有依据，所谓'上之可至圣人，下亦得以寡过'也。"[5] 除礼教之外，张载对经学也很重视。在张载看来，圣人

---

[1] 冯从吾：《冯从吾集》，西北大学出版社，2015年，第233页。
[2] 参见冯从吾：《关学编（附续编）》，第29、28、32、34页。
[3] 薛敬之、张舜典：《薛敬之张舜典集》，西北大学出版社，2015年，第55页。
[4] 黄宗羲：《明儒学案》（修订本），第11页。
[5] 张履祥：《杨园先生全集》，中华书局，2002年，第765页。

之经本是明道之书,学习圣人经典并不只是为了科举考试,也是为了明道、行道。故他认为,对于学者来说,《诗》《书》《礼》《易》《春秋》少一不得。

明初的关学学者也继承了张载"读经重礼"的学风,如张杰既以"五经"教授乡里,又以礼来率行子弟,被时人称为"以《五经》教授,明心学于狂澜既倒之余;以四礼率人,挽风化于颓靡不振之秋"。段坚在主敬穷理的同时,又尊崇礼教,"凛然为乡邦典型"。周蕙既究通'五经',笃信力行,又"正冠婚、丧祭之礼以示学者,秦人至今遵之"。① 总之,对明初的关学来说,程朱之主敬穷理与张载之读经重礼是相得益彰的。

三是重视心性涵养。如段坚说:"知吾之心即天地之心,吾心之理即天地之理,吾身可以参天地、赞化育者在于此"②,表现出对心体的重视。薛敬之更是以心为理,认为心是气之主,而不是朱子所说的气之灵。他说:"心者,理之天,善之渊也。养心者,则天明渊澄而理与善莫不浑然发外也。""一身皆是气,惟心无气。随气而为浮沉出入者,是心也。""心乘气以管摄万物而自为气之主,犹天地乘气以生养万物而亦自为气之主。"③

在强调心为理的基础上,薛敬之主张学问要先在心上做工夫,不能离开心性泛然去格物穷理。他说:"为学不从心地做工夫,则却无领要,纵然力研强记,不过卤莽灭裂,成甚气质,况可望德业之过人。"④ 又说:"学者第一要心存,心一有不存便与道畔。"⑤ 薛敬之认为,学者应该先"存心""养心",如此才能做到以心驭气,使

---

① 参见冯从吾:《关学编(附续编)》,第30、28、31页。
② 冯从吾:《关学编(附续编)》,第28页。
③ 薛敬之、张舜典:《薛敬之张舜典集》,第16、15、14页。
④ 薛敬之、张舜典:《薛敬之张舜典集》,第44页。
⑤ 薛敬之、张舜典:《薛敬之张舜典集》,第19页。

理与善成为气的主宰，否则就会被自己的情感、欲望、气习等支配，变成以气驭心，而读书穷理也是为了服务心性涵养。

四是强调躬行实践。明初的关学依然继承了北宋以来关学重实践的学风，正如薛敬之说："学不难，力行惟难。行之不力，则学亦不坚。""读书不在多，贵在知要；知要不在言，要在力行。"① 更何况从理气关系来说，"理必须气而后著"。薛敬之说："性离却气不得，犹水离却土不得。水非土无以为，性非气无以著，一而已矣。""凡有物则有气，有气则有理，理必须气而后著。若无气则无物，却说个甚么理。"② 这就是说，理与气是一种相互依存、相辅相成的关系，理虽然是气的主宰，但理却离不开气，"理必须气而后著""性非气无以著"，天理、性善只有通过气，亦即具体的道德实践才能显现出来，才能对这个世界发生作用，否则就只是一种形而上的抽象思辨。

总的来说，由于明初关学学者的著作现在保存下来的不多，例如段坚的《容思集》和《柏轩语录》等已佚失不存，故我们今天只能通过一些零星的记载和个别学者的著述来了解明初关学的发展状况，而不能见其思想全貌，这确实是一大遗憾。

二、王承裕与三原弘道书院

1. 三原弘道书院的建立

在经过明初的关陇讲学之后，关学进入了其在明代发展的第二个时期。这一时期主要以三原王承裕（号平川，1465—1538）在弘道书院（清代乾隆时因避讳改名为"宏道书院"）的讲学为主。

王承裕是三原王恕之子。王恕是明代前期的名臣，官至太子太保、吏部尚书，赠太师，谥端毅。由于王恕一生功绩主要是在经济和事功上，直到晚年致仕后才开始从事学问研究，因此没有被冯从

---

① 薛敬之、张舜典：《薛敬之张舜典集》，第14、30页。
② 薛敬之、张舜典：《薛敬之张舜典集》，第53、54页。

吾收进以"理学"为基本原则的《关学编》里①。不过,黄宗羲在《明儒学案》收入王恕并将其视为是三原学派的开创者之一,清代四库馆臣也说:"明世关西讲学,其初皆本于薛瑄。王恕又别立一宗,学者称为三原支派。"②

"三原学派"之名,是因为王恕、王承裕及其弟子主要来自三原而得名。不过,除三原本地的学者之外,黄宗羲还将朝邑的韩邦奇(号苑洛,1479—1555)及其富平的弟子杨爵(号斛山,1493—1549)以及蓝田的王之士(号秦关,1528—1590)列入其中,但实际上,三人既不是三原人,亦非王恕、王承裕的弟子,也没有在弘道书院学习过,不知黄宗羲为何将他们列入"三原学派"之列。

王承裕之学主要来自庭训,即其父王恕的教导,而王恕的学问则是出于他晚年对儒家经典的体认与思考。冯从吾说:"端毅公林居日,著《五经四书意见》,独摅心得,自成一家,学者宗之。"③王恕自己也说:

> 恕自蚤岁读书,窃取传注之糟粕为文辞取科第。及入仕,亦尝执此措诸行事。今老矣,致仕回家,复理于学,其于传注发挥明白,人所易知易行者,不敢重复演绎,徒为无益之虚文。至于颇有疑滞,再三体认行不去者,乃敢以己意推之,与诸生言之,评论其可否。④

不过,与王恕对经学的重视相比,王承裕则对理学义理有较多

---

① 冯从吾在编撰《关学编》时,曾有人指出王承裕之学实际上是来自其父王恕,冯从吾则回答道:"《石渠意见》有裨经学。"(参见冯从吾:《冯从吾集》,第294页)故其只在《关学编》中提及王恕,而没有单独为之作传。
② 永瑢、纪昀主编:《四库全书总目提要》卷六十三"《关学编》五卷"条,海南出版社,1999年,第356页。
③ 冯从吾:《关学编(附续编)》,第39页。
④ 王恕:《王恕集》,西北大学出版社,2015年,第26页。

的讨论与发挥，从其《进修笔录》和《太极动静图说》中都可以看到这一点。王承裕后来官至南京户部尚书，致仕后居家十年，每日唯以读书讲学为事。卒后，谥曰康僖。

三原学派的主要讲学之地是三原的弘道书院。弘道书院创建于弘治八年（1495），是明清两代关中地区最著名的讲学书院之一，在明清关学史上具有非常重要的意义，它的创立开启了明代关中地区书院讲学之风，并培养了大量的理学人才。

弘治六年（1493），王恕从吏部尚书任上致仕，其子王承裕也在这一年考中进士，但王承裕并没有立即出仕为官，而是陪同父亲一起返回家乡。回到三原后，王承裕先是借当地一座寺庙的僧舍讲学，取名为"学道书堂"，三原士子秦伟（号西涧）、马理（号溪田，1474—1555）、张原（字士元，1473—1524）、雒昂（号三谷）等人前来问学。弘治八年，王承裕离开三原前往京城任职，但仅过了数月，他就因病辞官回乡。回到家乡后，王承裕仍继续在佛寺中讲学，这一次前来问学的人越来越多，以至于僧舍容纳不下，于是在这年，秦伟与众同门谋划建立书院，地点选在三原县永清坊的普照寺旧址，而书院的建设资金则来自当地商贾士绅的捐助。据曾任陕西提学副使的王云凤（号虎谷，1465—1517）的《建弘道书院记》一文记载，弘道书院的主要建筑有弘道堂和考经堂。其中，弘道堂是讲学之堂，考经堂则兼具讲学、藏书之用，弘道书院建成之后，王承裕拿出数千卷书藏于考经堂，以供书院诸生阅读，他自己则"日处其中，群弟子辰至酉归，执经受业，罔敢或懈"[1]。

弘道书院的管理较为严格。王承裕为弘道书院立有学规二十条，分别是：明德、学道、诵读、讲解、察理、学礼、作古文、作诗文、

---

[1] 来时熙：《弘道书院志》，明弘治十八年（1505）刻本。

博观、明治、考德、改过、作字、游艺、会食、夜课、考试、遵守、归宁、给假。又立小学规十四条。书院对于来学者也进行区别,根据学业勤惰、优劣,诸生有堂上与堂外之分,童子也有堂外、堂下之别。正是归于王承裕的有效管理,弘道书院的讲学在当时尤为兴盛。弘治十三年(1500),陕西提学副使王云凤慕名来访,见到"冠者数十人,童子数十人,进退周旋惟谨"①的情景,甚为叹服。

王承裕及弘道书院的建立对明代关学的发展以及当时关中地区书院讲学之风的兴起具有重要意义。在这之前,明代关中学者的讲学并无专门的书院,如段坚是在其家讲学,张杰则扩家塾以讲学,而周蕙、李锦、薛敬之等人或是在所居之地或是随所到之处讲学,都无专门固定的讲学场所。这不仅限制了士子对理学的学习和探讨,也限制了从学人数和效果等。王承裕的弘道书院讲学不仅有力地推动了当时关中地区的书院讲学之风,而且为关学的发展提供了新的思想资源。

除弘道书院之外,当时三原还有学古书院。学古书院始建于元代延祐七年(1320),由三原人李子敬捐资创建,延泾阳学者程瑁(号悦古)讲学其中,后逐渐废弃。明弘治元年(1488),在王恕的建议下学古书院得以重建,但重建后的书院影响不大。到了清代,学古书院则成为传播关学的著名场所。

弘道书院创立后不久,时任陕西提学副使的杨一清(号邃庵,1454—1530)于弘治九年(1496)在西安重建正学书院。西安正学书院原是张载讲学倡道之地,元代大儒许衡曾在此讲学,后来元朝政府在此地建立书院,取名"鲁斋书院"。明初时,书院已成为兵民所居之地。弘治九年,杨一清在原来书院的旧址上加以重建,并改

---

① 来时熙:《弘道书院志》,明弘治十八年(1505)刻本。

名为"正学书院",崇祀张载、许衡和杨恭懿三人。正学书院建立之后,得到历任陕西提学使的支持,从而成为明代陕西最著名的官办讲学书院,为关中地区培养了大量人才,许多著名学者如康海、李梦阳、吕柟、韩邦奇、冯从吾等人都曾在正学书院读过书。晚明万历三十七年(1609),关中书院建立,正学书院的地位逐渐被关中书院取代。清康熙六十一年(1722),正学书院并入关中书院。

除正学书院外,杨一清还在凤翔陇州(今陕西陇县)创建岍山书院,在武功建立绿野书院等。这些书院的创立,与三原弘道书院一起为明代关学的传播与发展起了极大的促进作用,同时也为关中培养了各种各样的人才。

2. 弘道书院的讲学特点

王承裕在弘道书院的讲学,具有如下几个特点:

一是重视经学。王恕说:

> 吾儿承裕以《诗经》登弘治癸丑进士。……近则即前普照院之故址建为弘道书院以自居,自名其后堂曰"考经"。其意以为从游之士有治《易经》者,有治《书经》《诗经》者焉,亦有治《春秋》《礼记》者焉。[①]

可见,王承裕的弟子中有不少治经学者,而弘道书院中的考经堂即是专门讲授"五经"的场所。另外,王承裕要求书院诸生每日都要读经书,并在"五经"之中选择一经来进行专门研究,其余四经则需通读。《弘道书院出身题名》一文记录了从弘治五年(1492)至嘉靖十六年(1537)间书院考取进士、举人和成为贡生的士子一共42人。其中,习《易》者16人,习《诗》者11人,习《礼记》者7人,习《书》者4人,习《春秋》者4人。治《易》与《诗》

---

① 王恕:《王恕集》,第11页。

之人比较多，共27人，这可能与王恕和王承裕分别以《易》《诗》中进士有关。

二是强调礼教。"以礼为先"是关学的传统学风，王承裕在弘道书院的讲学也继承了这一点，他为弘道书院所定学规中就有"学礼"一项，要求诸生先读《朱子家礼》，次读《仪礼》《周礼》，躬行实践，以化风俗，而小学规的第一条也是"学礼"。不仅要学礼，王承裕还要求书院诸生在日常生活中去践行礼，"凡弟子家冠婚丧祭，必令率礼而行"①。他还刊布《吕氏乡约》和《乡仪》等书，以此来教化乡人，而王承裕自己也是身体力行，终身依礼而行。王承裕对礼教的重视对弘道书院诸生影响很大，如马理"特好古仪礼，时自习其节度。至冠婚、丧祭礼，则取司马温公、朱文公与《大明集礼》折衷用之。处父丧与嫡生母之丧，关中传以为训"②，并著有《周易赞义》《尚书疏义》《诗经删义》《周礼注解》《春秋修义》等经学著作。总之，在王承裕和弘道书院诸生的率行与影响下，三原的士风民俗得到很大改观。

三是重视理学教育。王承裕在弘道书院的讲学并非只以科举为目的，更重要的是"弘道"。王云凤在《建弘道书院记》一文中即指出：

> 嗟乎！作书院而名以"弘道"，学者其有惕然于心者乎？嗟乎！是道也，君子之所以治身，先王之所以治天下者也，而今学者乃讳言之。……君以"弘道"名书院，非挺然有独见之智不及此。嗟乎！凡学于此者，其有惕然于心者乎？吾有是身，固有天命于我者之性，学者亦惟尽吾性焉。尔尽性之大目，则君所谓为学大道理，所以尽之，

---

① 冯从吾：《关学编（附续编）》，第39页。
② 冯从吾：《关学编（附续编）》，第47页。

所谓正功者也。夫能此之谓弘道,持此不懈在主敬,以察此惟恐以坏之在谨独。吾性既尽,然必尽人物之性,至于赞化育、参天地,乃为弘道之极功,而亦非吾性外事也。嗟乎!凡学于此者,其有惕然于心者乎?若徒以举业为务,以科目为念,以功名显达自期,待毁方瓦合以求避世俗之笑,则安用此书院,抑岂所谓弘道者哉?

王云凤指出,王承裕以"弘道"作为书院之名,表明其讲学并非只是为了科举功名,而是为了弘扬儒家之道,亦即以"尽性"为学问大道理,不仅要尽己之性,还要尽人之性、尽物之性,以至于参天地、育万物,这才是"弘道"之意。故王承裕在给弘道书院诸生讲学时,常常"教以宗程、朱以为阶梯,祖孔、颜以为标准"[1]。后来,其弟子马理在三原接续王承裕讲学时,亦教学者"以主敬穷理为主,士无问少长与及门不及门,无不闻风倾慕者"[2]。

四是崇尚气节。黄宗羲说:"关学大概宗薛氏,三原又其别派也。其门下多以气节著,风土之厚,而又加之学问者也。"[3] 王承裕讲学崇尚气节,不为空谈,故其门下亦多重气节,如马理、雒昂与张原等都人曾因上疏劝谏而遭受廷杖,雒、张二人因此而丧生。

总之,王承裕的弘道书院讲学对明代关学的发展产生了重要影响,其对经学、礼教和气节的重视不仅凸显了关学的特点,而且也增强了张载之学对关中士子的影响力。

三、正德、嘉靖年间的关学

在王承裕三原弘道讲学之后,关学进入了它在明代发展的第三个时期,这是关学发展的一个鼎盛时期,其主要代表有高陵的吕柟、

---

[1] 冯从吾:《关学编(附续编)》,第38页。
[2] 冯从吾:《关学编(附续编)》,第47页。
[3] 黄宗羲:《明儒学案》(修订本),第158页。

三原的马理、渭南的南大吉和朝邑的韩邦奇、富平的杨爵。在思想上，则有阳明心学的传入和"重气"思想的出现。同时，以吕柟、马理为代表的关中朱子学者对阳明学采取拒绝和批评的态度，从此拉开了延续数百年的关中"朱王之辨"。

1. 吕柟的"尚行"之学

吕柟（1479—1542），字仲木，号泾野，陕西高陵人，正德三年（1508）的状元，也是明代中期的关学大儒。他在南京讲学时，风动江南，"几与阳明氏中分其盛，一时笃行自好之士，多出先生之门"①。晚明江右王门学者邹元标（号南皋，1551—1624）说："华岳崒嵂造天，黄河澒洞无涯，代有巨儒，横渠之后，明有仲木，今有仲好（指冯从吾），可称鼎足，可以张秦，亦可以张明。"② 清初山西学者范鄗鼎（字彪西，1626—1705）也说："前有横渠，后有泾野，今见先生（指冯从吾），太华三峰，真关中大观哉！"③ 这都把吕柟与晚明长安的冯从吾看作明代关学发展的两座高峰。

吕柟的祖先自南宋理宗时就定居高陵，此后世代都居住于此。吕柟年少时曾随乡人周尚礼学《小学》之教，后进入高陵县学，随教谕高俦与邑人孙昂学习《尚书》。他经常在一矮屋中端坐读书，即使是盛夏酷暑，也不迈出屋外一步。冬天时，如果脚太冷了，就在鞋子里垫上麦草，仍旧读书不倦。弘治十一年（1498），吕柟进入西安正学书院读书，当时的陕西提学副使杨一清说："康（康海）之文辞，马（马理）、吕（吕柟）之经学，皆天下士也。"不久，吕柟又在长安的开元寺遇到前来省城办事的渭南人薛敬之并拜其为师，学习程朱之学。在这之后，吕柟开始在高陵的后土宫建云槐精舍讲

---

① 黄宗羲：《明儒学案》（修订本），第11页。
② 邹元标：《少墟冯先生集序》，见冯从吾：《冯从吾集》，第12页。
③ 范鄗鼎：《冯先生集前识言》，见冯从吾：《冯从吾集》，第702页。

学，并逐渐形成其重经学、礼教、气节及尚行的为学特色。

弘治十四年（1501），吕柟乡试中举，时年23岁。但在第二年的会试中不幸落第，于是进入北京国子监读书。读书之余，他常与三原的马理、秦伟等人在宝邛寺讲学习礼，并互相约定："文必载道，行必顾言，毋徒举业以要利禄，毋徒任重弗克有终。"弘治十八年（1505），吕柟与好友马理一同回乡省亲。回到高陵后，他继续在云槐精舍讲学，从游者日众，一直到正德三年考中进士之前。正德三年，吕柟进士第一，授翰林院修撰兼经筵讲官。当时权宦刘瑾（陕西兴平人）想以同乡身份前来祝贺，但被吕柟拒绝，此后也不与其往来，刘瑾遂怀恨在心。正德五年（1510），吕柟因上疏劝谏而触怒刘瑾，于是辞官回乡。回去后才几个月，刘瑾就被朝廷诛杀，受其牵累的陕西籍官员有很多，但吕柟因其气节而免受牵连。正德七年（1512），吕柟官复原职，两年后又因病辞官，此后便一直居家讲学，直到嘉靖元年（1522）再次被起用。

嘉靖三年（1524），吕柟因议"大礼"而入狱，后被贬为山西解州（今属山西运城）判官。在解州，他受到知州林元叙的礼待和重用，在林氏因病卒官后，还曾一度代行州政。在此期间，吕柟在当地实行了一系列的惠民措施，如给予贫苦无依者一定的粮食和棉花、减轻丁役、筑堤保护盐池、兴修水利、劝桑养蚕等等。此外，他还创建了解梁书院，选拔民间优秀子弟进入书院读书，并让各乡里的年长者讲行明太祖的"圣谕六言"（孝顺父母、尊敬长上、和睦乡里、教训子孙、各安生理、毋作非为），推行《吕氏乡约》与《朱子家礼》，表彰孝子、义士、节妇等。吕柟有感于北方士子获取书籍的不易，于是又在解梁书院刊刻书籍。他的这些举措为当地的民生和教育文化事业做出了很大贡献，因而受到解州士民的拥护和爱戴，在其离任之后，解州之民还经常派人去看望他，更有一些士子远赴南京继续跟随其学习。

嘉靖六年（1527）冬，吕柟从解州判官转任南京吏部考功司郎中，与湛若水、邹守益一起讲学南都，风动江南，从学者众多。嘉靖十四年（1535），升任北京国子监祭酒。在国子监任上，他整肃监规、严肃学风，提倡礼乐之教，让国子监生每月习礼二次，每日歌《诗》一次，从而使国子监学风得到很大改善，"弦歌之声，礼让之俗，洋洋于京师首善之地矣"。第二年，吕柟又转升为南京礼部右侍郎，继续在南京讲学。嘉靖十八年（1539），致仕回乡，在家乡建北泉精舍讲学。嘉靖二十一年（1542），吕柟因病去世，享年64岁。隆庆元年（1567），朝廷追赠其为礼部尚书，谥文简。

吕柟前后为官二十多年，在朝清廉正直，不依附权势，敢于上疏直言，居家时又曾多次拒绝当地官员的馈赠。其一生致力于讲学，以"尚行"为主，强调"真知实践，甘贫改过"，并继承张载关学读经重礼、崇尚气节的学风，故一时笃行自好之士多出其门。吕柟虽然学宗程朱，对阳明学多有批评，也曾与王阳明弟子邹守益就"知行先后""格物穷理""修己以敬"等问题展开过辩论，但他十分反对喜同恶异和门户之争。

吕柟著述比较丰富，主要有《泾野子内篇》、《四书因问》、《泾野先生文集》、《泾野先生五经说》（即《周易说翼》《尚书说要》《毛诗说序》《春秋说志》《礼问》）、《泾野先生别集》、《（嘉靖）高陵县志》、《解州志》、《监规发明》、《诗乐图谱》、《谕俗恒言》等，并编有《宋四子抄释》《义勇武安王集》等。

（1）甘贫改过

吕柟之学以程朱为宗，真知实践，"重躬行，不事口耳""不为玄虚高远之论"。吕柟对理气、心性、已发未发等形而上的问题讨论很少，即使有所讨论，也往往偏重于气，强调气对于理的实现、落实作用，如他说："天命只是个气，非气则理无所寻着，言气则理自在其中，如形色天性也即是，如耳目手足是气，则有聪明持行之性。"① 因此，我们需要在人伦日用之中去认识和把握天理，吕柟说："性、命、理、气固要讲明，必措诸躬行，方是亲切，性命自在其中，庶不为徒讲也。"② 强调圣人之道极平易近人情，就在日用行事中见，并非只是抽象地谈论大道理。

吕柟对工夫实践的论述有很多，其中一个重要特色便是强调"甘贫改过"。冯从吾就指出，吕柟"教人因材造就，总之以安贫改过为言"③。晚清关中学者贺瑞麟也说："先生（吕柟）虽不欲显立门户，而确然程朱是守，真知实践，其教人以安贫改过为主"④。可见，"甘贫改过"是吕柟思想中的一个重要内容。

吕柟之所以重视"甘贫改过"，是因为他认为当时学者的一个最大问题就是无论读书还是做官，多是追求富贵名利，正因为不能甘贫，所以经常会犯错误。他说：

> 吾人只是贫富二字打搅，故胸中常不快活。试尝验之，自朝至暮，自夜达旦，其所戚戚者此贫此富也；自少至壮，自壮至老，其所戚戚者此贫此富也。君臣之相要，贫富二字要之也；父子之相欺，贫富二字欺之也；兄弟之相戕，贫富二字戕之也。纵使求而得之，尚不可为，况求之未必得耶！⑤

因此，吕柟在讲学中常常以"甘贫改过"为教，如他在给好友马理的信中曾说："某只说学只是'甘贫改过'四字，虽三五翻应

---

① 吕柟：《泾野经学文集》，西北大学出版社，2015年，第306页。
② 吕柟：《泾野子内篇》，中华书局，1992年，第99页。
③ 冯从吾：《关学编（附续编）》，第46页。
④ 吕柟：《泾野子内篇》，第313页。
⑤ 吕柟：《泾野子内篇》，第232页。

对，百十遍发挥，不过如此。"① 在吕柟看来，颜回是孔门弟子中"安贫乐道"的典型，孔子说："贤哉，回也！一箪食，一瓢饮，在陋巷，人不堪其忧，回也不改其乐。"（《论语·雍也》）虽然生活贫困，但颜回仍然好学不倦，并且能够做到"其心三月不违仁"（《论语·雍也》）。故吕柟在讲学时，常常以颜子为例，要求学者能够甘贫，不为浮华所累，一心向学，并指出学者若能甘贫，就能不为名利所动，自然无往而非义。他说："昔舜'饭糗茹草，若将终身'，正见义不见利之大节。学者能甘贫俭约，不为利所动，自无往而非义。"② 吕柟认为，汉儒之所以多气节，也是由于能够"甘贫"，如管宁终身戴一破帽，信贯金石，故他常常告诉弟子为学应当从"甘贫"做起。

"甘贫"与"改过"相连。吕柟说："大抵过失亦多生于不能安贫中来。贫而能安，过亦可少，观于颜子可见矣。"③ 颜子"安贫乐道"，故能"不迁怒，不贰过"（《论语·雍也》）。吕柟说：

> 人之生，不幸不闻过，夫子亦以闻过为幸。圣人心地平易，有过随人去说，人亦争去说他的过，是以得知，真以为幸。今人所以不闻过，如何只是诡诡声音颜色，拒人于千里之外，有过人亦不肯说与他，是以成其过。学者贵乎使人肯言己的过，便是学问长进。④

吕柟指出，人生在世，不幸的一个方面就是不能闻其过，如果能以闻过为幸，并且能闻过而改，就可以日新而进于善，学问便会有长进。当然，过不能频繁太多，而且贵于速改。

---

① 吕柟：《泾野先生文集》，西北大学出版社，2015年，第717页。
② 吕柟：《泾野子内篇》，第111页。
③ 吕柟：《泾野子内篇》，第88页。
④ 吕柟：《泾野子内篇》，第131页。

尽管"甘贫改过"只是生活中一种很平常的道理，但吕柟却把它作为学问的重点，反复讲给前来问学的人，由此可以看到其学朴实无华和重躬行实践的特点。晚明东林学者高攀龙说："薛文清、吕泾野语录中，无甚透悟语，后人或浅视之，岂知其大正在此。他自幼未尝一毫有染，只平平常常，脚踏实地做去，彻始彻终，无一差错，既不迷，何必言悟？"[1] 高攀龙所言，对我们深入理解吕柟的思想无疑具有重要的意义。

（2）学仁学天

如果说"甘贫改过"是吕柟的为学工夫，那么"学仁学天"便是为学的终极目标。吕柟说："凡尽力于学，须要学仁学天，方是无有不足处。孔颜之所为乐处者，盖得于此。"（《四书因问》卷三）那么，何为"学仁学天"？其具体含义指的是什么？对此，吕柟做了明确的说明：

> 若天地之所以为天地，只是一个至公至仁。如深山穷谷中，草木未尝不生，如虎、豹、犀、象也生，麟、凤、龟、龙也生。圣人与之为一，如有一夫不得其所，与天地不相似。观夫舜欲并生，虽顽谗之人也要化他，并生与两间，要与我一般，此其心何如也！[2]

> 盖天地以生物为心，元气一动，盈天地间，麒麟、凤凰生之，昆虫、蜂蛇亦生之；松柏、灵芝生之，菌蓬、荆棘亦生之，熙熙然，都是这生意所到。吾人之心，元与天地这个心一般大，再无远近、彼此之别。大舜能全得这个心，故于庶顽谗说也要引他入于忠直，并生天地之间。范

---

[1] 黄宗羲：《明儒学案》（修订本），第1433页。
[2] 吕柟：《泾野子内篇》，第190页。

文正公"先天下之忧而忧,后天下之乐而乐",他亦有这襟怀。①

吕柟指出,天地之所以为天地,只是一个至公至仁。天地的这个"公"和"仁"就表现在即使是深山穷谷,也有草木生长;表现在世间既有麒麟、凤凰之类的灵兽,也有老虎、豹子之类的猛兽;既有松柏、灵芝,也有菌蓬、荆棘。凡此种种,都是天之至公至仁的体现。圣人与天为一,天的至公至仁就是圣人的"并生之心",亦即"仁心",也就是要使天下之民各得其所,天下之物各遂其生。可见,"学天"与"学仁"是统一的,"学天"即是"学仁",也就是以圣人为学。"学仁学天"、以圣人为学就是要"见那鳏寡孤独无告穷民,皆要使之各得其所"②,"圣人视四海九州之人,鳏寡孤独不得其所,皆与我相通,只要去救他"③,"天下之人疾痛疴痒与我相关,一民饥曰我饥之也,一民寒曰我寒之也"④。

使天下之民各得其所,使天下之物各遂其生,这就是吕柟的为学目标和理想追求。吕柟的"以仁为学"除源自于先秦孔孟思想之外,同时也是对宋儒张载"民胞物与"和程颢"万物一体"精神的继承与发展,如张载在《西铭》中说:"尊高年,所以长其长;慈孤弱,所以幼其幼。圣其合德,贤其秀也。凡天下疲癃残疾、茕独鳏寡,皆吾兄弟之颠连而无告者也。"程颢说:"仁者,以天地万物为一体,莫非己也。""仁者,浑然与物同体。"

那么,如何才能做到"学仁学天"呢?

第一,吕柟指出,"圣人之学,只是一个仁","仁是圣门教人

---

① 吕柟:《泾野经学文集》,第345页。
② 吕柟:《泾野子内篇》,第292页。
③ 吕柟:《泾野子内篇》,第293页。
④ 吕柟:《泾野子内篇》,第294页。

第一义,故今之学者必先学仁",① 强调学者要以仁为学。

第二,吕柟强调,每个人都有仁心,每个人的心都和天地之心一样大,关键在于能不能全得这个心,这个心有没有被遮蔽。他说:"仁者,人也。凡万物生生之理,即是天地生生之理,元非有两个。故人生天地间,须是把己私克去,务使万物各得其所,略无人己间隔,才能复得天地的本体。"② 又说:"人只为私欲,起了藩篱,生了物我,有了亲疏,立了异同,胸中皆是一团私意,故不能为君子。若能随事精察,渐渐克去,撤了这藩篱,忘了这物我,知了这亲疏,合了这异同,视天下之民毛发骨爪、疾痛疴痒与我相关,便可以为君子。"③

可见,"仁"是人的本质或本性所在,只是由于"私"的影响,从而有了人与我、亲与疏之间的区别与间隔,使我们的心不能再像天地之心一样,这就需要"克己",去除私欲私意,才能恢复原有的仁心,才会以万物各得其所、与天地同体为学问目标和人生追求,否则,只能做到一时一事之仁。在吕柟看来,"克己"一是要密察此心,一有偏处即力制之。二是要"斩去世间一切可爱、可惜、可喜、可慕的心",使心一于天理,如此才能使此心如日月之明一般,故学者要努力去除富贵功名之心,而这也是吕柟提倡"甘贫改过"的一个重要原因所在。

第三,"学仁""为仁"应该从孝弟做起。吕柟说:"然学仁从那里起?只于孝弟上起。……孝弟便是个根,因而仁民爱物之枝叶花萼油然而生,不能已也。"④ 孝弟犹如大树之根,仁民爱物则是枝

---

① 吕柟:《泾野子内篇》,第 67、202 页。
② 吕柟:《泾野子内篇》,第 145 页。
③ 吕柟:《泾野子内篇》,第 273 页。
④ 吕柟:《泾野子内篇》,第 216 页。

叶花萼，所谓"君子务本，本立而道生"，根本培养好了，枝叶花萼自然繁茂，故能做到孝弟，仁民爱物便自不容已，而且孝弟属于人伦日用之常，对于学者来说，也是最切近可行的工夫。

第四，"学仁"需要"集义"。吕柟指出，"学仁""为仁"需要不断地进行工夫积累，就像孟子说的"必有事焉"而心勿忘，不断地进行为善去恶的道德实践，也就是要"集义"，能集义，便能体会仁。

第五，"学仁学天"必须从日用常行做起，要随处见道理，切切实实去做，不能只是口头说过便了事。吕柟说："孔子说'好仁者无以尚之'，……若不是经历过，如何实见得这样滋味！……可见事必经历过，然后知之真也。须在此处用力。"①

第六，"仁"与"智"要相结合。吕柟指出，"学仁学天"还必须借助"智"来实现达成，否则，虽有仁心又有何益。也就是说，仁与智是互相为用的，要像舜之好问好察、孔子好古敏求、颜子之好学一样，去致力于学，"好仁不好学，其蔽也愚"（《论语·阳货》）。

当然，对于一般学者来说，要做到百姓各得其所、万物各遂其生并不容易，但吕柟仍然强调"人虽或力量不逮，却不可无是心"②。

（3）读经重礼

重视经学，强调礼教是张载之学的重要特点，也是关学的传统学风。同样，吕柟也继承了关学的这一传统。冯从吾说："盖先生之学，以立志为先，慎独为要，忠信为本，格致为功，而一准之以

---

① 吕柟：《泾野子内篇》，第282页。
② 吕柟：《泾野子内篇》，第92页。

礼。"① 在吕柟看来,礼的重要性体现在:

一是礼可以检束身心,减少私意。吕柟认为,学礼犹如堤防之于水,能够检束自己的身心,人若无礼以堤防其身,私意就会纵横四出,所以"衣服、饮食,皆要见道理在。故无时非礼,则非僻之心无自而入"②。可见,学礼、执礼即遵从于义。

二是礼能够经世。除强调礼对于个人修身的重要性之外,吕柟还继承了汉儒"通经致用"的观点,把《周礼》《仪礼》看作经世之书。他说:"夫周礼行,天下无穷民。""此(《仪礼》)先王经世之书,废于后世久矣,学者不可不讲而习之,如《冠》《婚》《祭》《射》等篇,既讲究之,尤当习演其事,非惟检束身心,宛然可复见先王时景象。故尝语学者当先学礼。"③

吕柟虽然重视学礼、执礼,但他并不认为在任何时候、任何情况下都必须按照礼书上说的去做,"夫礼因人情时事而为之节文者也,不可只按著旧本"④,强调对于礼,重在适宜,而不是泥其迹,《周易》说"穷则变,变则通,通则久",故礼有时也需要变通。

对于儒家经典,张载曾认为学者于《诗》《书》《礼》《易》《春秋》少一不得。吕柟也很重视经学的学习,并著有相关的著作。

首先,对于"五经",吕柟有着自己独特的理解,他认为"五经"所说之"道"是专就人事来说的。其中,《礼》最切于日用,《诗》则有"三教","读《风》而知俗之美恶,取舍之教立矣;读《雅》而知政之正变,兴废之教立矣;读《颂》而知德之浅深,几微之教立矣",由此可知《诗》的意义。《尚书》则是治国的根本,

---

① 冯从吾:《关学编(附续编)》,第46页。
② 吕柟:《泾野子内篇》,第60页。
③ 吕柟:《泾野子内篇》,第6、91页。
④ 吕柟:《泾野子内篇》,第135页。

"天下之大经大法皆具于此,圣人之气象皆见于此"。至于《易》,也并非专讲吉凶祸福,而是圣人借助易象来说明天地间的道理。吕柟说:"《易》专言正心、修身、齐家、治国道理。后世以吉凶祸福言,便小看了《易》。《易》,变易以从道也。"① 认为《易》本来讲的是日用之事,只是后人把《易》看得太高远了。故吕柟强调要在言、象之外去了解《易》的道理。《春秋》也是如此,《春秋》所记载的日蚀、雨雹、水旱、霜雪等,都是为了说明人间的道理,离开人事而求之于渺茫、高远的天道,并不是圣人的本意。因此,"五经"都是切近时务之书,只是学者不知道而已,才会被人讥笑为不懂时务、只好谈经的腐儒。如果人们一旦懂得经书中所说的人事道理,就一定不敢轻视或者背叛经书。由此可以看到,吕柟经学思想的重心是在人事上,他反对离开人伦日用而谈论抽象玄远的天道,认为"求道于人事之外非道"。

其次,针对当时学者常常议论经书的不是,以及另创新奇之说但却言不顾行的现象,吕柟主张学者应"以明经为重""以守经为贵"。他说:

> 夫士之治经,凡以为学也,为学凡以求道也,求道凡以修身也,周汉之士大抵然耳。故曰:"经明则行修,士醇则政良。"乃若后世之士则弗然,议论新奇,或出先儒之上,顾其躬行反不逮于前修。是故君子以行为先,以言为后,以明经为重,议经为轻。……虽然,学以守经为贵,而博取之功亦不可缺;道以砥行为先,而与比之义亦不可废。②

受阳明心学的影响,当时有不少学者主张"以心解经",把

---

① 吕柟:《泾野子内篇》,第68页。
② 吕柟:《泾野先生文集》,第981—982页。

"五经"视为是"吾心之记籍"和"致吾心之良知",这显然与吕柟强调的圣人经书讲的都是人事间道理明显不同。吕柟还认为,经中所记载的圣贤前言往行,"固有后学心思所不及,躬行所不到者"[1],因而学习经典,有助于增长知识,增益其所不能,这就是说读经有助于扩充知识,增长才能,这与把"五经"看作发明本心或印证吾心之良知的陆王之学有着根本不同。故吕柟强调读经是为了求道、修身、致用,学者对待经典应以"明经为重,议经为轻",不能在还没有真正理解经中道理的情况下就随随便便发议论,另立新说。不过,吕柟也指出,明经、守经并不意味着固守经说,而是"博取之功亦不可缺""与比之义亦不可废",也就是说还要博学多闻和懂得变通。

第三,吕柟指出,经学也是治当时学者之病的一种"良药"。他说:"高者耽玄,卑者溺俗,治词者忘物,荣名者废实,喻利者损义。此五者,多士之病也,其药石皆具于'六经'。是故经学者,士子之堤坊也。"[2]

最后,读经是为了躬行。吕柟强调,读经不是口耳记诵,也不只是为了科举功名,更重要的是要见之于行,把经中的道理付诸实践,用之于身心修养。他说:"看经要体认玩索,得之于心,见之于行才是。若只读了,却是记诵之学,虽多亦奚以为!"[3] 总之,"道以砥行为先",义理的探究不比力行更具优先性。

2. 马理的"主敬""克己"之学

马理(1474—1555),字伯循,号溪田,陕西三原人。14岁时,为县学生,即称先王,则古昔。20岁时,入弘道书院读书,从王恕、

---

[1] 吕柟:《泾野子内篇》,第93页。
[2] 吕柟:《泾野先生文集》,第258页。
[3] 吕柟:《泾野子内篇》,第295页。

王承裕父子那里得以习闻国朝典故与诸儒之学。马理在弘道书院学习期间，与同门好友秦伟一起以曾子"三省"（为人谋而不忠乎？与朋友交而不信乎？传不习乎？）和颜子"四勿"（非礼勿视，非礼勿听，非礼勿言，非礼勿动）为约，进退容止，力追古道，深得王承裕器重。

弘治十一年，马理以《春秋》中举，时年25岁。第二年，会试不第，遂入国子监读书，与吕柟、秦伟等人一起讲学于京师宝邛寺。吕柟还让其弟吕栖师事马理，其入学仪式，京师传以为法。30岁时，作《送康太史奉母还关中序》，该文后传入朝鲜，成为朝鲜文人士子的范文。由于先后遇母丧和父丧，马理没有参加正德三年与正德六年（1511）的会试。其间，越南使者至京城，曾向礼部主事黄清询问："关中马理先生何尚未登仕籍？"黄清回答道："乃先生不仕进耳，非遴选之有失也。"① 可见马理之名重一时。

正德九年（1514），马理进士及第，时年41岁，授吏部稽勋司主事，历官至南京光禄寺卿。任职期间曾多次辞官回乡，在家乡三原讲学。正德十四年（1519），明武宗打算南下巡游，时为吏部考功司主事的马理两次上疏劝谏，并与众人伏阙力谏，被杖于廷，但武宗南巡的计划也因此停止。嘉靖三年（1524），"大礼议"事起，马理又与百官伏阙进谏，明世宗震怒，将马理等人逮系诏狱，并杖于廷。

不久，马理升为吏部考功司郎中，奉命考察地方官员，他博访详审，以定去留。当时主政者因私忿打算罢免广东魏校、河南萧鸣凤、陕西唐龙三人提学副使之职，马理却直言说，魏、萧、唐三人为正人，"若欲去此三人，请先去理"。唐龙于是留任陕西，魏校调

---

① 薛应旂：《黻田马公墓志铭》，见薛应旂：《方山薛先生全集》卷三十二，见《续修四库全书》第1343册，上海古籍出版社，2002年。

河南，萧鸣凤调广东，仍各为提学副使。随后考察京官，马理力罢不称职和趋炎附势者数人。从马理的为官经历中可见他"爱道甚于爱官"的人格操守。

嘉靖三十四年（1555）十二月，关中大地震，马理与朝邑的韩邦奇同在地震中遇难。明穆宗即位后追赠其为右副都御史。天启元年（1621），追谥忠宪。

马理一生著述丰富，著有《谿田文集》《四书注疏》《周易赞义》《尚书疏义》《诗经删义》《周礼注解》《春秋修义》《陕西通志》等，但大多已佚失。今只有《谿田文集》《周易赞义》和《陕西通志》传世。

马理与吕柟同为正德、嘉靖年间关学的主要代表，《（光绪）三原县新志》说："关学自横渠后，在明惟高陵吕泾野为最著，而溪田则媲美泾野。"马理之学以程朱为宗，并与吕柟一样，很少对理气、心性等形而上的问题展开讨论，而更多的是强调工夫修养。具体来说，马理的工夫修养主要表现为以下几个方面：

一是主敬。主敬是程朱之学主导的工夫，主要包含两层意思：一是外在的整齐严肃，二是内在的主一无适。马理认为，"方寸中常要整齐，整齐便干得事。人有周章者，只为方寸不整齐故也"①。这就是说，要时常保持内心的敬，像有定盘针一样，遇事自然不会仓皇失措。除了内心的谨严之外，马理还强调外在容貌的整齐严肃，例如：

> 先生坐，诸子侍，乃教其敛容居敬。项曰："如此心中乐否？"曰："然。"曰："此邪念销矣。"先生又曰："必如此，方有进步。"②

---

① 马理：《马理集》，西北大学出版社，2015年，第603页。
② 马理：《马理集》，第603页。

可见，在马理看来，外在容貌的敬有助于内心的修养，去除邪念。另外，马理还特别指出，敬绝对不是闭门静坐，而是要在事上磨炼，要落实到具体的事上，"若只闭门静坐，即是禅学，有体无用"①。最后，马理强调"敬"还需要"义"来扶持，要"敬义夹持""敬义交修"，"主敬"与"集义"二者不可或缺，通过"主敬"来保持此心常常凝聚在理上，通过"集义"来不断积累善行，提高德性修养，二者是相辅相成、交相并用的。

二是克己。"克己"就是要在视、听、言、动各方面严格要求自己，使之符合礼的规范。《论语·颜渊》记载道："颜渊问仁，子曰：'克己复礼为仁。一日克己复礼，天下归仁焉。为仁由己，而由人乎哉？'颜渊曰：'请问其目。'子曰：'非礼勿视，非礼勿听，非礼勿言，非礼勿动。'"

马理也非常强调"克己""治己"。他说："治天下国家易，治一己之私难。己治而不及于天下国家者有矣，己不治而能治天下国家者未之有也。"②马理认为，治国平天下并不难，难的是克除一己之私，尤其是"治国"与"治己"密切相关，治己而不去治国平天下的有，但不治己而能治理天下国家的却没有，这也就是说，不能治己就不能治天下国家，从而凸显了自我修养的重要性。

三是存心。孟子曾提出一系列关于"心"的修养工夫，如"存心""求放心"。孟子曰："君子所以异于人者，以其存心也。君子以仁存心，以礼存心。仁者爱人，有礼者敬人。"（《孟子·离娄下》）又说："仁，人心也；义，人路也。舍其路而弗由，放其心而不知求，哀哉！人有鸡犬放，则知求之；有放心而不知求。学问之道无他，求其放心而已矣。"（《孟子·告子上》）"存心"是从正

---

① 马理：《马理集》，第604页。
② 马理：《马理集》，第604页。

面来说的,"求放心"则是从反面来讲的,侧重点虽不一样,但其根本都是要恢复、保持内心本有之善。马理亦非常重视"存心",他说:"存心如持权衡,常在定盘星上,稍错,便不低则昂,把捉不定。"① 马理认为,存心就像手里拿着一杆秤一样,秤砣一定要常在不失,否则称量东西便不准,因此,要常存此心,不能丝毫放失。

四是,与吕柟以"甘贫改过"为学相近,马理也强调学者要淡泊富贵功名。他说:"今人常将势利在口头,动说某人得某官却能使人畏,某人得某职有钱,说得口津津。"② 马理指出,人们经常将"势"和"利"二字挂在嘴上,动辄便说别人获得高官厚禄等等,羡慕、嫉妒之心跃然可见,对此,马理强调人切不可追名逐利,因为富贵功名是求之在外者,是可遇而不可求的,它的获得、实现需要各种条件才能达到,而仁心、善性则相反,它是求之在我者,是自己本来就有的,经过努力就能恢复和保持。

当然,马理并不是对富贵功名一概否定,而是秉承孔子"不义而富且贵,于我如浮云"的精神,主张对待富贵功名,一定要取之有道,符合道义,否则既称不上荣耀,甚至还会带来祸患。

对马理来说,以上所说绝非只是口耳之学,他身体力行,不眷恋官位,不依附权贵,敢于直言,勇于担当,数次辞官,正所谓"身可绌,道不可绌"。

继王承裕之后,马理亦在三原讲学,不过,他讲学的地方并不是弘道书院,而是先在三原的武安王祠中讲学,后来陕西提学副使唐龙又为其建嵯峨精舍,供其讲学。嵯峨精舍建成之后,唐龙曾再次来此,看见精舍中"弟子进颙颙尔,立肃肃尔,退襜襜尔,志而

---

① 马理:《马理集》,第 603 页。
② 马理:《马理集》,第 604 页。

确然，文而蔚然"① 的场景，甚为赞叹。

马理晚年时又在商州（今属陕西商洛）的商山书院讲学，《关学编》说："年七十，归隐商山书院，名益重，来学者远近踵集，缙绅过访与海内求诗文者无虚日。先生亹亹应之不倦，山巾野服，鹤发童颜，飘然望之若仙"②。

3. 南大吉与关中王学

明代关中有王学之始，是从渭南的南大吉（1487—1541）与其弟南逢吉（1494—1574）开始的。晚清关学学者柏景伟说："明则段容思起于皋兰，吕泾野振于高陵，先后王平川、韩苑洛，其学又微别，而阳明崛起东南，渭南南元善传其说以归，是为关中有王学之始。"③ 冯从吾说："昔王文成公讲学东南，从游者几半天下，而吾关中则有南元善、元贞二先生云。"④ 虽然在南氏兄弟之前或同时，关中还有三原人张元相和同州（今陕西大荔）人尚班爵（字宗周）曾师从王阳明，但二人似乎并没有怎么在关中宣传良知学，因此，真正第一个自觉在关中传播良知学的是南大吉兄弟。

南大吉，字元善，号瑞泉，陕西渭南人。正德六年进士。嘉靖二年（1523）二月，南大吉升任浙江绍兴府知府，是年六月到任。此时正值王阳明倡道东南，讲良知之学，南大吉遂师事之。南大吉之弟南逢吉也因会试不第，于是年陪同母亲一起来到绍兴，并于当年十二月亦师从王阳明。

嘉靖三年四月，南大吉重修稽山书院，并建明德堂、尊经阁，

---

① 唐龙：《唐渔石集》卷二《嵯峨精舍记》，见沈乃文主编：《明别集丛刊》第 2 辑第 3 册，黄山书社，2016 年，第 270 页。
② 冯从吾：《关学编（附续编）》，第 48 页。
③ 冯从吾：《关学编（附续编）》，第 69 页。
④ 冯从吾：《冯从吾集》，第 251 页。

选诸生优秀者入书院读书，又延请王阳明及其弟子讲学其中，《（万历）绍兴府志》说："文成振绝学于一时，四方云集，庖廪相继，皆大吉左右之。"十月，南大吉又续刻《传习录》（相当于今本《传习录》上、中两卷）于绍兴并作序。南大吉的这些举措为当时阳明学的传播与发展做出了很大贡献。嘉靖五年（1526）正月，因在先前的施政中得罪地方大族，南大吉在当年的考绩中被罢官。七月，南大吉回到家乡渭南。在返乡途中，他曾寄书于王阳明，而王阳明复书不仅称赞其为"庶几于有道之士"，而且还说：

> 关中自古多豪杰，其忠信沉毅之质，明达英伟之器，四方之士，吾见亦多矣，未有如关中之盛者也。然自横渠之后，此学不讲，或亦与四方无异矣。自此关中之士有所振发兴起，进其文艺于道德之归，变其气节为圣贤之学，将必自吾元善昆季始也。今日之归，谓天为无意乎？谓天为无意乎？[1]

从王阳明的答书中可以看到，他寄望南大吉与南逢吉兄弟此次回到家乡后能在关中传播良知学，使关中之士振发兴起，"进其文艺于道德之归，变其气节为圣贤之学"。故不久之后，王阳明又复书询问南大吉"里中英俊相从论学者几人？学绝道丧且几百年，居今之时，而苟知趋向于是，正所谓空谷之足音，皆今之豪杰矣。便中示知之"[2]。而南大吉在《示弟及诸门人》一诗中云："归来三秦地，坠绪何茫茫。前访周公迹，后窃横渠芳。愿言偕数子，教学此相将。"[3] 这也表明他愿意在家乡传播良知学。带着王阳明的厚望，南大吉回到渭南后，便在所居之地秦村与诸生讲良知学。嘉靖八年

---

[1] 王守仁：《王阳明全集》，上海古籍出版社，2014年，第235—236页。
[2] 王守仁：《王阳明全集》，第236页。
[3] 王美凤整理编校：《关学史文献辑校》，第301页。

（1529）四月，又建湭西书院（或称湭西草堂）讲学，前来问学者众多。南大吉的讲学活动一直持续到嘉靖二十年（1541），这一年八月，南大吉去世。

南大吉著有《瑞泉南伯子集》二十二卷，明嘉靖四十四年南轩刻本，现仅存卷十六至卷二十二，以及《附录》一卷，《后记》一卷。另外，南大吉还编有《（嘉靖）渭南县志》。

南逢吉字元贞，号姜泉，与其兄南大吉一起师事王阳明，王阳明曾为其阐发"博约"说和"尊德性""道问学"的关系。后来南逢吉又随其兄一同在家乡讲良知学，直到嘉靖十七年（1538）考中进士。南大吉从山西按察司副使任上致仕后，又在渭南建姜泉书院，"收训子侄门人，接引后学"[1]，继续在关中传播阳明学。

南逢吉著有《姜泉集》《越中述传》等书，但二书今已佚失，因而无法了解其良知学思想。对于南逢吉，《明儒学案》和《关学编》均无记载，其原因不知。

在南氏兄弟的门人中，较为著名者有薛腾蛟（字时化，号南冈山人）、王麟（字季灵，称石鼓先生）、裴贞（字一卿，号灵阴）等。另外，南大吉有三子，也颇有声名，能得良知之旨，"鼎峙诸生间，时人目为三凤"（《（雍正）渭南县志》），但可惜皆不幸早卒，不能继其父辈在关中继续传播良知学，而南氏兄弟的弟子在关中的影响力也并不大，在南逢吉之后未见有较大的讲学活动。

虽然南大吉与南逢吉对阳明学的传播主要是在渭南一带，并且在他们之后关中的阳明学很快便衰落下去，但王学对关学的影响却仍然存在。晚明万历时期长安学者冯从吾就以"本体与工夫合一"来融合程朱、陆王之学，使关中阳明学开始迎来了新的发展局面，

---

[1] 马自强《山西按察司副使南公逢吉志铭》，见焦竑：《国朝献征录》卷九七，《续修四库全书》第530册，上海古籍出版社，2002年，第493页。

并最终在清初李二曲和王心敬那里达到鼎盛。

(1) 改过与慎独

南大吉对其师的学问，首先是"笃信"。他在嘉靖五年（1526）写给王阳明的信中说道：

> 大吉兄弟资不敏，其幼而学也，窃尝有志于圣贤之道，乃为近世格物之说所困，终焉莫得其门。比其长也，乃遂驰骛于词翰之场，争奇而斗胜者，然且十数年矣。既乃以守越获登尊师之门，而领致知之教，始信人皆可以为尧舜，而七十子之所以服孔子者非伪也。……今而后愚兄弟可以勉强惕厉以求自存其心，自成其身，而不至不仁不孝之大者，皆尊师之赐也，故曰孔子于诸子有罔极之恩焉。①

在信中，南大吉提到早年他与其弟受困于程朱的"格物穷理"之说，对于圣贤之道不得其门而入，成年以后又驰骛于古文诗词，争奇斗胜，直到从王阳明那里得闻"致良知"之说，才相信人人皆可以为尧舜，从而转向良知学的学习。对王阳明在为学道路上的引领，南大吉视之为"罔极之恩"，即如同父母的养育之恩一样。

正是由于对"良知"说的笃信诚服，南大吉在绍兴知府任上不仅重建稽山书院，延请王阳明及其弟子前来讲学，还刊刻《传习录》传播海内，并且在离任后又在家乡渭南建湭西书院传播良知学，从而为关学增添了新的思想元素和发展动力。

不过，与其他阳明后学侧重对"良知"之义、"见在（现成）良知""无善无恶"，以及"良知"的寂感、未发已发等命题和概念进行理论上的阐发不同，南大吉更注重对"良知"的躬行实践，亦即"致良知"。冯从吾即说："先生之学以致良知为宗旨，以慎独改

---

① 南大吉：《南大吉集》，西北大学出版社，2015年，第81页。

过为致知工夫,饬躬励行,惇伦叙理,非世儒矜解悟而略检押者可比。"①

南大吉对良知学的躬行实践主要体现在两个方面:一是日常生活中的"改过"和"慎独",二是为政方面的"政学合一""仕学一事"。

关于"改过",《王阳明年谱》中曾记载这么一件事:

> 郡守南大吉以座主称门生,然性豪旷不拘小节,先生与论学有悟,乃告先生曰:"大吉临政多过,先生何无一言?"先生曰:"何过?"大吉历数其事。先生曰:"吾言之矣。"大吉曰:"何?"曰:"吾不言,何以知之?"曰:"良知。"先生曰:"良知非我常言而何?"大吉笑谢而去。居数日,复自数过加密,且曰:"与其过后悔改,曷若预言不犯为佳也。"先生曰:"人言不如自悔之真。"大吉笑谢而去。居数日,复自数过益密,且曰:"身过可免,心过奈何?"先生曰:"昔镜未开,可得藏垢。今镜明矣,一尘之落,自难住脚。此正入圣之机也,勉之!"②

从中可以看到,南大吉对"改过"的重视是来自对平时为政中所犯错误的反省。王阳明则指出,知过、改过就是良知的呈现,而从知身过到知心过,从视听言动到意念之微,则说明良知已渐渐恢复其本明之体,故"一尘之落,自难住脚",而这正是"入圣之机"。得益于王阳明的教导,南大吉此后一直把"改过"作为致良知的一个重要工夫,如在嘉靖十五年(1536)他在写给友人的信中就说道:

---

① 冯从吾:《关学编(附续编)》,第 52 页。
② 王守仁:《王阳明全集》,第 1423 页。

  是故恶非君子之肯为，过则虽圣人不能免也。是故古之君子其过也，非闻之为难而悔之为难，非掩之为贵而改之为贵。故曰："吾未见能见其过而内自讼者也。"又曰："过而不改，是谓过矣。"……是故闻贵悔，悔贵改，改斯善而可与圣贤同归矣。①

  南大吉强调，即使是圣人也不免有过，因而学者对于过错，不必去遮掩，而是要贵于"悔"，并且更要勇于"改"，"过而不改，是谓过矣"，改则可与圣贤同归。

  南大吉所说的"过"包括两个方面：一是"身过"，二是"心过"。"身过"即指言行上的过错，是已经发生了的。"心过"则是指意念上的不善。南大吉后来认识到，仅仅去纠正"身过"还不够，与其过后悔改，不如事先预防以减少甚至不犯过，这就需要改正"心过"，而纠正"心过"的工夫便是"慎独"。南大吉强调，一念之动，是非善恶、当与不当，良知自然知道，如果能依此良知去做，惩忿窒欲，不使一毫私意掺杂其中，就是"慎独"，亦即"致良知"。当然，"慎独"并不只是在意念上去做为善去恶的工夫。"独"还有"独知"之意，"独知"即良知，故"慎独"的另一层意思就是要保持良知本心的虚明。南大吉认为，如果能做到良知虚明，像明镜一样，便能够减少或避免"心过"及"身过"。

（2）政学合一

  除"改过""慎独"之外，南大吉对"良知"的践行还体现在他将"致良知"与为政统一起来，提出"政学合一""学仕一事"的思想。

  南大吉在跟随王阳明学习时，正担任着浙江绍兴府的知府，因

---

① 南大吉：《南大吉集》，第83页。

此他时常向王阳明请教如何为政的事情。对此,王阳明专门为其阐发了"明德"(良知)与"亲民"一体之学,南大吉听后深受感动,于是将听政之堂取名为"亲民堂",王阳明为其作《亲民堂记》。在《亲民堂记》中,王阳明向南大吉指出,"政在亲民",即为政的根本在于亲民。接着,王阳明指出,要做到亲民则需要"明明德",但"明明德"不是离开亲民去"明",也就是说,"明明德"不能离开各种具体的亲民措施而空明其德,就像"致良知"不能离开君臣、父子、兄弟、夫妇、朋友这些具体的人伦事物而空致其良知一样。所谓"人之欲明其孝之德也,则必亲于其父,而后孝之德明矣",兄弟、君臣、夫妇、朋友都是如此,所以说"明明德必在于亲民,而亲民乃所以明其明德","明德"与"亲民"是体用一原、不可分离的。①

在王阳明的启发下,南大吉又提出"政学合一""学仕一事"的思想。他说:

> 心之良知本一也。以其运于天而言谓之命,以其赋于人而言谓之性,以其率而行之谓之道,以其修而诚之谓之教,以其推而及之于四海谓之治,以其成而重之于万世谓之功,皆是心也,天下之所同也,学所以明此也,仕所以行此也。故吾心于事苟无欺蔽,行之而自觉其是;于物苟无私累,处之而自得其安;则必自以为快矣。吾心既快,求之天下而同然,人心亦未有不快之者,是故毁誉不能摇,祸福不能怵,无入而不自得也。夫然后知学与仕本一事,而非两途也。夫然后知学固学也,仕亦学也。②

南大吉强调,"心之良知本一",从天命之性到治国平天下,都

---

① 参见王守仁:《王阳明全集》,第279—280页。
② 南大吉:《南大吉集》,第78页。

是吾心之良知的发用流行，所以学是明此良知，行亦是行此良知，故为学与为官只是一事，而非两途。学是为了使此心之良知恢复其本明之体，而仕则是将此良知施之于政，推之于民。因此，为学与为政、为人与为官是浑然一体的，而不是截然分开的。与其他王门诸子较少谈及"良知"与为政的关系相比，南大吉的"政学合一""学仕一事"思想可以说是其良知学的一个重要特色。

总而言之，南大吉在明代关学史上具有重要的地位，对关学思想的发展产生了重要影响。他是明代第一个真正自觉在关中传播阳明学的学者，从此改变了过去关学只以程朱为学、强调"主敬穷理"的现状，为关学的发展增添了新的思想资源和思想动力。此外，南大吉还一改阳明后学对良知学的思辨性发展，而强调"良知"的实践品格，从而从心学的立场上凸显了关学重下学而上达的特点。

4. 关学学者对阳明学的批评

随着阳明学在正德、嘉靖年间的兴起，以吕柟、马理等人为代表的关中朱子学对阳明学也进行了回应，总的来说，他们对阳明学采取的是拒绝或排斥的态度。

首先，在吕柟看来，王阳明提倡"良知"学并非全无是处，"致良知"说有助于纠正当时士子以辞章记诵、举业功名为学的风气，使学者懂得在自己身心上用功。但问题是，王阳明在讲"良知"学的时候，不管前来问学之人的资质、才能如何，只是一味说"致良知"，从而使初学者无从下手做工夫。圣人却不是这样的，圣人教人是"因人变化"。吕柟说：

> 圣人教人，每因人变化。如颜渊问仁，夫子告以"克己复礼"；仲弓，则告以敬、恕；樊迟，则告以"居处恭，执事敬，与人忠"。盖随人之资质学力所到而进之，未尝规规于一方也。世之儒者诲人，往往不论其资禀造诣，刻数

字以必人之从，不亦偏乎！①

吕柟指出，人的资质有高下，学问有浅深，缺点、不足之处也各不相同，故圣人在教育学生时，重视的是因材施教，"或因人病处说，或因人不足处说，或因人学术有偏处说"②，而未尝规于一方、执定一言。例如，对于什么是"仁"，孔子告诉颜回"克己复礼为仁"，但对仲弓却说"敬""恕"是"仁"，而当樊迟来问"仁"的时候，又说"居处恭，执事敬，与人忠"，等等。又如孟子说"求放心"，要把自己失去的本心、良知找回来，但问题是每个人所放失之处都不同，"或放心于货利，或放心于饮食，或放心于衣服，或放心于宫室，或放心于势位"③，只有随其所放之处加以收敛、克治，才会有效果，才是为仁。如果只是笼统地说"求放心"，就会使学者无从下手。

如今王阳明只是告诉学者去"致良知"，从而使学者对"良知"的认识多停留在语言文字上，而自己的德性和学业则无所长进。

不过，对吕柟的"因人变化"说，清初的黄宗羲有不同看法。他说："夫因人变化者，言从入之工夫也。良知是言本体，本体无人不同，岂得而变化耶？非惟不知阳明，并不知圣人矣。"④ 黄宗羲认为，"因人变化"说的是工夫，"良知"则是指本体，作为道德本体的"良知"无人不同，无人不有，不能以"变化"来说，故王阳明以"良知"或"致良知"教人并没有什么不对。黄宗羲的说法虽然有其道理，但吕柟强调"因人变化"本来就不是针对"良知"本体而言的，而是强调应该如何具体去做工夫，故晚明刘宗周说："异时

---

① 吕柟：《泾野子内篇》，第87—88页。
② 吕柟：《泾野子内篇》，第121页。
③ 吕柟：《泾野子内篇》，第223页。
④ 黄宗羲：《明儒学案》（修订本），第138页。

阳明先生讲良知之学，本以重躬行，而学者误之，反遗行而言知。得先生尚行之旨以救之，可谓一发千钧。"①

其次，吕柟对王阳明的"知行合一"说进行了批评。

在知行关系上，朱子学比较重视"知"对于"行"的意义，强调"格物穷理"在道德实践中的作用，但将知与行分属于两个不同的领域却容易导致知而不行的弊端，故后来王阳明又提出"知行合一"说，曰："'知行合一'之说，专为近世学者分知行为两事，必欲先用知之之功而后行，遂致终身不行，故不得已而为此补偏救弊之言。"② 在王阳明看来，知与行在本来的意义上是相互包含的，所谓"知是行的主意，行是知的功夫；知是行之始，行是知之成"（《传习录》卷上）。

再次，王阳明又指出，由于学者把知与行分成两件事，故在"一念发动"时只是把它看作"知"，此时即使有不善之念，也知道其为不善，但因为还没有表现为实际的行动，故不加以禁止。对此，王阳明说："我今说个知行合一，正要人晓得一念发动处，便即是行了。发动处有不善，就将这不善的念克倒了。须要彻根彻底，不使那一念不善潜伏在胸中。此是我立言宗旨。"（《传习录》卷下）"一念发动处，便即是行"，这一说法强调在意念上做去恶的工夫，也就是说当念虑发动时若有不善，"就将这不善的念克倒了"，必须彻根彻底，不使那不善之念潜伏在心中。从这里可以看出，无论是强调知与行在本体意义上合一，还是主张在意念上做工夫，王阳明的"知行合一"说的重心是在"行"。但这样一来，便会在无意中淡化"知"的意义，而使学者只专注于对良知心体的涵养与体悟，从而使"博学""审问""慎思""明辨"这些儒家传统变得不再那么重要，

---

① 黄宗羲：《明儒学案》（修订本），第11页。
② 王守仁：《王阳明全集》，第1207页。

故吕柟说："致良知之说，以行为知之论，由此其发也。……故天下之士，是阳明之学者半，不是阳明之学者亦半。"①

吕柟则坚持朱子学的"知先行后"说，强调"知"对于"行"的重要性。他认为，知是为了行，但不能说知是行，知与行在为学次序上自有先后之分，知是行之始，行是知之随，二者就好像形体与影子、目视与足移一样。人的良知也是如此，良知虽然本来清明至善，但由于受到欲望、情感、习染的影响，就像明镜沾染了灰尘，不能时时呈现发用，所以还必须先格物穷理、慎思明辨，知道什么是天理，什么是人欲，然后才能"是天理便做将去，是人欲即便斩断"，"不然，戒慎恐惧个甚么"，②故知是为了行，而不知则不能行，所以吕柟的结论是："圣门'知'字工夫是第一件要紧的，虽欲不先，不可得矣。"③

最后，吕柟对王阳明弟子邹守益（号东廓，1491—1562）的"修己以敬"之学提出了批评。

邹东廓是吕柟的讲学好友，二人曾一同在南京为官，并常在一起讨论学问。邹东廓之学以"敬"为主，但他所说的"敬"并不是程、朱讲的"主敬"之"敬"，不是指身心的收敛、敬畏、主一、整齐严肃等，而是指"此心之纯乎天理而不杂以人欲也"④，也就是说，"敬"以良知作主宰。邹东廓说：

> 圣门之教，祗在修己以敬。敬也者，良知之精明而不杂以私欲也。故出门使民，造次颠沛，参前倚衡，无往非戒惧之流行，方是须臾不离。圣学之篇，以一者无欲为要，

---

① 吕柟：《泾野先生文集》，第588页。
② 吕柟：《泾野子内篇》，第163、146页。
③ 吕柟：《泾野子内篇》，第163页。
④ 邹守益：《邹守益集》（上），凤凰出版社，2007年，第529页。

而定性之教，直以大公顺应，学圣人之常。濂洛所以上接洙泗，一洗支离缠绕之习，正在于此。①

可见，对邹东廓来说，"敬"指的是良知处于一种虚灵明觉的状态，也就是心有主宰，"心有主宰，便是敬，便是礼；心无主宰，便是不敬，便是非礼"②，而戒慎恐惧则是保持良知虚灵明觉的工夫，能戒慎恐惧便是良知之发用流行。但吕柟对邹东廓的"修己以敬"之学却不认同。

吕柟认为，孔子讲的"修己以敬"（《论语·宪问》）的"敬"并不是良知明觉、心有主宰之意，而是说用"敬"来修己、以"敬"来修己，例如用"敬"去格物致知，用"敬"去诚意正心等，所以吕柟说"修字中却有工夫"，不能用"修己以敬"来取代其他各种学问工夫，就好像不能用"戒慎恐惧"来代替"格物致知"一样。

虽然吕柟与邹东廓的为学宗旨不同，论学也多有不同，但二人却都能做到不"喜同恶异"，无门户之见，这是难能可贵的。

与吕柟相对温和的态度不同，马理对阳明学的批评则显得比较严厉，他在《上罗整庵先生书》中说：

> 夫良知者，即孩提之童良心所发，不虑而知者也，与夫隐微之独知异矣，与夫格致之后至知则又异矣。其师曰：此知则彼知也。又以中途有悟如梦斯觉为言，此真曹溪余裔！其师如此，徒可知矣。乃又以其所见非程朱之学。夫程朱释经之言，自今观之，千百言中似亦有一二误处。然语其体认宗旨之真，持守斯道之正，续孔孟既坠之绪，辟佛老似是之非，则千古不可泯灭，可遽轻议之哉？……於

---

① 邹守益：《邹守益集》（上），第515页。
② 邹守益：《邹守益集》（上），第506页。

戏，辨苗莠而锄之，以粒食后人，良亦劳矣！今乃复拾锄去之莠，播而种之，以乱我苗，其亦不知唐虞之政、孔孟之教、斯人之功矣？夫其亦不知斯害之大矣。①

在马理看来，王阳明说的"良知"并不是先天的道德本体，不是《中庸》说的"独知"，也不是《大学》中通过格物穷理后对"至善"的认识，而是孩童自然生发出来的一种表现为善的知觉，说到底王阳明就是以禅宗的"作用是性"为良知。什么是"作用是性"？即以知觉运动为性，但这种知觉并不可靠，因为就其本然和内容来说，知觉并无善恶可言，即使有时知觉也会表现出善来，但这种"善"是时有时无的，并不能作为人永恒的本性。不仅如此，马理还认为，王阳明在工夫上主张"悟"，以为"中途有悟，如梦斯觉"，一"悟"就能够证入圣域，从而忽略实际的道德实践，故他批评王阳明之学是禅学，对儒家危害极大。

除批评王阳明之学为禅学之外，马理还对王学末流"糠尘经籍"和"空谈良知"的现象进行了严厉批评。他说："吾见有糠尘经籍者矣，见有专事良知废诸学问思辨笃行者矣，此达摩、慧能之徒也。率是而行，则将弃儒焚典，聋瞽天下，孟子所谓'邪说之言甚于洪水猛兽'者正谓是耳，可不惧哉？"② 马理批评阳明后学末流专注于良知的体悟，而废学问思辨笃行不讲，其说堪比孟子所讲的"洪水猛兽"。可见，马理对阳明学的批评相当严厉。当然，这种批评有些过当，但从中也可以看到阳明学在其传播发展过程中所出现的一些弊端。

总的来说，正德、嘉靖年间关学出现了朱子学、阳明学和气学等多元化的发展，极大地丰富了关学的思想内容，为关学的发展增

---

① 马理：《马理集》，第322页。
② 马理：《马理集》，第553页。

添了思想动力,并且这一时期的关学学者仍继承了明初关学读经重礼、躬行实践之风,关学的主流仍然是朱子学,而南氏兄弟对阳明学的传播主要局限于渭南一带,总体来说影响不大。总之,正德、嘉靖年间的关学处于一个各种学术思想互相碰撞并逐渐融合的时期。

四、冯从吾与晚明关学

随着吕柟、马理、南大吉等人的相继离世,关学也逐渐走向衰落,人才凋零,且此后三四十年间没有再出现较大的讲学活动。万历初年的关中学者马自强(号乾庵,1513—1578)就感叹道:"关中成、弘间人才济济称盛。自嘉靖来渐衰,至于今日,则寥落而孤弱极矣。"[①] 据冯从吾的《关学编》记载,当时关中主要有泾阳的吕潜(号愧轩,1517—1578)、郭郛(号蒙泉,1518—1605)、张节(号石谷,1503—1582)和蓝田的王之士等。吕潜和张节都是吕柟的弟子,二人与郭郛经常在一起讲学。王之士则以吕柟为学,在许孚远(号敬庵,1535—1604)提学陕西时,受邀主讲于西安的正学书院。但可惜的是,这些学者的著作今天都已佚失不存,我们只能通过《关学编》和《关学宗传》等一些文献来大致了解其思想特点。

总的来说,这段时期关学的主流仍是朱子学,以"主敬穷理"为学,重视礼教与躬行。如吕潜力行实践,远声色,慎取予,一毫不苟,尤其严于礼,冠、婚、丧、祭皆以《朱子家礼》为准,别人笑他迂腐,他也毫不在意。张节则每日坐在南园草屋中读书穷理,涵养心性,至老不倦,即使衣食粗劣,也淡然处之。郭郛则笃于人伦物理而兢兢持敬,自少至老,一步不肯逾越,并认为"学道全凭敬作箴,须臾离敬道难寻"。[②] 王之士在家乡蓝田率行《吕氏乡约》

---

① 马自强:《马文庄公文集选》卷十《与孙侍御》,见四库禁毁书丛刊编纂委员会:《四库禁毁书丛刊补编》第66册,北京出版社,2005年。

② 参见冯从吾:《关学编(附续编)》,第55—59页。

和敦行礼教,"于是,蓝田美俗复兴"①。

不过,与此前的关学相比,这一时期的关学学者在修养方法上更加重视"静坐"体验,这明显是受到陈白沙和王阳明之学的影响,例如,张节尝语学者曰:"先儒有云:'默坐澄心、体认天理',又云:'静中养出端倪',吾辈须理会得此,方知一贯真境。不尔纵事事求合于道,终难凑泊,不成片段矣。"②郭郛则认为:"闭门只静坐,自是出风尘。"③

到了晚明万历二十年(1592),冯从吾与友人萧辉之等人开始在西安城南的宝庆寺讲学,不久又建关中书院讲学,从此开启了明代关学发展的第四个时期,同时也迎来了关学在明代发展的第二次高峰。

冯从吾,字仲好,号少墟,晚明长安(今陕西西安)人。冯从吾小的时候,其父便以王阳明的"个个人心有仲尼"诗句命其习字,又命其学为人。20岁时,冯从吾入国子监读书。后受业于陕西提学副使许孚远门下,在西安正学书院与蓝田王之士讲切关、洛之学。万历十七年(1589),冯从吾考中进士,被选为翰林院庶吉士,授御史。万历二十年,冯从吾上《请修朝政疏》,疏中言帝失德,神宗大怒,欲廷杖之,幸得辅臣赵志皋力救得免。随后,冯从吾便病辞归乡,与友人萧辉之一起讲学于西安城南的宝庆寺。

万历二十三年(1595),冯从吾又被朝廷起用为河南道御史,巡按长芦盐政,力除积弊。但不久神宗大黜两京言官,冯从吾亦因先前上疏一事被削籍归里,从此居家二十六年,"一字不干公府,绝口不谈时事"。其中有九年时间完全是杜门谢客,养病读书,专心"探

---

① 冯从吾:《关学编(附续编)》,第60页。
② 冯从吾:《关学编(附续编)》,第57页。
③ 冯从吾:《关学编(附续编)》,第59页。

讨学术源流异同",其余时间则仍与周传诵等人在宝庆寺讲学。由于前来从学听讲的人越来越多,以至宝庆寺容纳不下,于是西安府的官员于万历三十七年(1609)在宝庆寺东面为冯从吾创建关中书院,冯从吾也被时人誉为"关西夫子",而关学也迎来了其在明代发展的又一高峰。关中书院很快就发展成为与无锡顾宪成、高攀龙主讲的东林书院,吉水邹元标主讲的江右书院,南直余懋衡主讲的徽州书院齐名的书院。除了在关中书院讲学外,冯从吾还多次前往周边地区如华阴、三原等地讲学。

天启元年(1621)秋,冯从吾应召赴京,任左副都御史。第二年,与邹元标在京师建首善书院讲学。由于受人诋毁反对,当年十一月,冯从吾即辞官归里,途中讲学于伊洛之间。回到家乡后,便杜门著书,教授弟子。期间,朝廷曾多次征召起用冯从吾,但他都以疾力辞。天启六年(1626),关中书院被毁,明代关中讲学也随之陷入低潮。这一年,适逢冯从吾七十寿辰,他赋诗言志,曰:"万事纵灰冷,一念毋陵夷。太华有青松,商山有紫芝。物且耐岁寒,人肯为时移。点检生平事,一步未敢亏。"天启七年(1627)二月,冯从吾卒,谥恭定。

冯从吾有《冯恭定公全书》《关学编》和《元儒考略》等多部著作流传于世。

1. 心性之学的转向

与明初以来关学对"主敬穷理"、经学与礼教的重视不同,在冯从吾这里,关学出现了一种心性化的转向,即更强调心性作为价值的根源和道德实践的依据,其突出的一个表现就是把圣人之学看作"心学",亦即关于心性的学问。冯从吾说:

> 圣贤之学，心学也。①
>
> 窃谓圣贤之学，心学也，心之不养，而徒事于枝叶间，抑末矣。②
>
> 夫心学之传肇自虞廷，而孔子一生学问只在"从心所欲不逾矩"，至孟子而发明心性，更无余蕴，此万世学者之准也。……心学不讲，而曰我能学，是后世枝叶之学，岂孔门根本之学哉？③

冯从吾所说的"心学"并不是王阳明说的"心即理"之心学，而是指心性之学。尽管如此，他对儒家之学的这一说明对明代关学来说意义重大。因为在冯从吾之前，关学大体上是以程朱为宗，主张主敬、穷理，强调经学、礼教和下学而上达，而到了冯从吾这里，学问的重点开始变为对价值根源和道德本体的认识与把握。冯从吾说："学问之道全要在本原处透彻，未发处得力。本原处一透，未发处得力，则发皆中节，取之左右自逢其原，诸凡事为自是停当。不然，纵事事点检，终有不凑泊处。"④

既然学问之道重在"本原处透彻""未发处得力"，那么道德修养的根本也就在于恢复本心之明，这样一来，修养工夫也从过去强调的格物穷理和对礼仪规范的遵行及事事点检，转向在"一念未起"和"一念方动"时来做工夫。冯从吾说：

> 夫喜怒哀乐中节固也，若必待已发而后求中节；子臣弟友尽道固也，若必待既感而后求尽道，则晚矣。故必当一念方动之时而慎之，而后能中节尽道也，此慎独之说也，

---

① 冯从吾：《冯从吾集》，第32页。
② 冯从吾：《冯从吾集》，第237页。
③ 冯从吾：《冯从吾集》，第233页。
④ 冯从吾：《冯从吾集》，第225页。

故曰"其要只在谨独"。虽然,又必待念起而后慎之,则亦晚矣。故必当一念未起之时而慎之,而后能中节尽道也,此戒慎不睹、恐惧不闻之说也,故曰"静中看喜怒哀乐未发气象"。一念未起,则涵养此心;一念方动,则点检此心,于此惟精,于此惟一,庶乎有不发,发皆中节;有不感,感皆尽道矣!①

冯从吾强调,工夫应该在静时与方动时去做,即在"一念未起"时涵养此心,"一念方动"时点检此心,如此才能在动时发用处停当,一切合于道。冯从吾说的"一念未起"时的工夫是指"戒慎恐惧"和"静中体验未发气象",也就是通过戒慎恐惧使心常惺惺,以保持此心的湛然虚明,通过静坐来体认心体的广大虚明气象。冯从吾说:"戒慎不睹,恐惧不闻,只在性体上做工夫,使心常惺惺,念常亹亹,时时讨得湛然虚明气象,便是未发用力处,亦便是未发得力处,如此有不发,发皆中节矣。"② 又说:"静坐原是吾儒养心要诀。"③ 冯从吾自己也时常以静坐来体认此心,如他说:"自每旬会讲外,日惟闭关静坐,每静极则此心湛然,如皓月当空,了无一物,似乎少有所窥。"④ 而"一念方动"时的工夫则主要是"慎独",即在意念上做去恶的工夫,自觉克治不好的念头。

总之,在冯从吾看来,如果能直接从念头初起时提醒此心,时时察识,时时体认,等到心体澄澈时,则纲常伦理自然尽道,喜怒哀乐自然中节,视听言动自然合于礼,而不必凡事都要点检,陷于支离繁琐之中。

---

① 冯从吾:《冯从吾集》,第 272 页。
② 冯从吾:《冯从吾集》,第 186 页。
③ 冯从吾:《冯从吾集》,第 289 页。
④ 冯从吾:《冯从吾集》,第 282 页。

2. 本体与工夫合一

晚明之时，思想界关于程朱与阳明何者为儒家"正学"争论不休。学程朱者又往往陷于支离，纠结于细枝末叶；学阳明者则不是空谈良知而忽略工夫，就是以知觉为良知而陷于猖狂无忌惮。针对这种学风现象，冯从吾认为必须要融合会通朱王之学，打通本体与工夫，使二者合一。他说：

> 近世学术多歧，议论不一，起于本体、工夫辨之不甚清楚。……若论工夫不合本体，则泛然用功，必失之支离缠绕；论本体而不用工夫，则悬空谈体，必失之捷径猖狂，其于圣学终隔燕、越矣。①

> 学者往往舍工夫而专谈赤子之心，则失之玄虚；舍赤子之心而专谈工夫，则失之支离，心学几为晦蚀。②

冯从吾指出，由于人们常常离开本体而泛然用工夫，即工夫不是为了恢复和保持此心湛然虚明，从而在道德实践中陷入支离的境地；又或者脱略工夫而空谈良知，以至把知觉、情识当作良知，从而陷入玄虚和猖狂之中。冯从吾认为，要避免出现这些弊端，就必须厘清本体与工夫的关系，使学者认识到本体与工夫是相即不离的。他说：

> 识得本体，然后可做工夫；做得工夫，然后可复本体，此圣学所以为妙。③

"识得本体，然后可做工夫"，就是说工夫与本体必须相应一致，亦即工夫不离本体，例如"主敬"，如果说"敬"是"心之本体"，亦即心体本然如此，那么，"主敬"便是以工夫合本体。可见，工夫

---

① 冯从吾：《冯从吾集》，第288页。
② 冯从吾：《冯从吾集》，第241页。
③ 冯从吾：《冯从吾集》，第71页。

是为了恢复人心中本有的善性和呈现这一善性，如此，工夫才是切合道德修养的关键性工夫。

"做得工夫，然后可复本体"，这是说"识得本体"还只是工夫修养的起点和依据，对于一般人来说，由于受气质、欲望、情感和环境的影响，不可能使自己的良知本心时时呈现出来，这就需要通过修养工夫来认识和把握本体，以恢复本心之明。如果没有工夫的渐进积累，良知就不可能时时显现，也不可能被认识，所以王阳明说："合着本体的，是工夫；做得工夫的，方识本体。"① 本体与工夫正是在这种动态辩证发展过程中，其意义才得以全部展现，但现在学者却往往在本体与工夫之间各执一端，相互辩难。因此，冯从吾用"本体与工夫合一"的方法来融会朱王之学，可以说代表了晚明学术思想发展的一个新方向。

3. 批评"无善无恶"说

对于阳明学，冯从吾虽然认为王阳明的"致良知"说是"直指圣学真脉，且大撤晚宋以来学术支离之障"②，但他对王阳明的"无善无恶心之体"的说法却表示不满，认为"近世学者，病支离者什一，病猖狂者什九，皆起于为无善无恶之说所误"③。

"无善无恶"是中晚明思想界中的一个非常重要的议题，围绕这一说法，学者曾展开广泛而持久的讨论。其中，在万历时期就发生过三次比较集中的辩论：一是许孚远与周汝登（号海门，1547—1629）的"九谛""九解"之辩，二是顾宪成（号泾阳，1550—1612）与管志道（号东溟，1536—1608）的辩论，三是刘宗周、黄宗羲师徒与陶奭龄（号石梁，1571—1640）之间的辩论。

---

① 王守仁：《王阳明全集》，第1167页。
② 冯从吾：《冯从吾集》，第304页。
③ 冯从吾：《冯从吾集》，第290页。

第三章 关学的传承与流变（下） | 121

根据阳明后学对"无善无恶"的理解，该说主要包含两层含义：一是指超越善恶相对而言的"至善"；二是指对于善恶无执无著，亦即不能有意为善。一般来说，反对"无善无恶"的学者大多坚持孟子的"性善"论立场，认为孟子说的"性善"之"善"并不是与"恶"相对待的"善"，而本来就是天命之善，因此，主张"无善无恶"就是认为人性中既无善也无恶，若以"无善无恶"为宗，还会与"为善去恶"的儒家传统发生矛盾。

冯从吾对"无善无恶"说也相当警惕，他认为提倡"无善无恶"说，就是翻孟子"性善"之案，堕于告子的"无善无不善"和佛氏的"无净无垢"之中，使佞佛者借为口实。因此，他从不同角度对"无善无恶"说进行了批评。

第一，从良知之"知"字的含义分析，冯从吾指出，良知之"知"就是道德之知，同时意味着心体灵明，而心体灵明处就是善，"其所以能知善知恶处就是善，则心体之有善无恶可知也"。

第二，从"为善去恶"的道德实践来看，必须说"有善无恶者心之体"才行，因为只有这样才是"为善者为其心体所本有，去恶者去其心体所本无"，而如果说"无善无恶心之体"，就成了"去恶固去心体所本无，而为善非为其心体所本有"，这样，工夫与本体便会不相合，从而出现有意为善的情况。

第三，从"未发之中"来看，冯从吾指出，"中"就是天命之性，就是无过与不及，如果说"无善无恶心之体"，那么同样也可以说"无中无不中者心之体"，这显然是毫无道理的，也说不通，故冯从吾认为"无善无恶"之说的错误，又可以从《中庸》讲的"未发之中"得到证明。

第四，以明镜为喻，针对镜体是无妍无媸的，而照妍照媸则是镜之明的说法，冯从吾指出，言性善就是指其能知善知恶，就像一说镜子,即能照妍媸一样,并不是专以妍为镜,或专以善为善,所谓"镜之能照妍媸处就是明镜之明处,就是善,非专以妍为善也",故"无善无恶"的说法是错误的。

第五,从自身的体验来说,冯从吾在讲学之余经常闭关静坐,并从中多次体验到心体湛然的景象,他认为这就是心体有善无恶的验证,故"无善无恶"说的错误又可以从静坐体认"未发气象"中得到证明。

第六,冯从吾从孟子的人禽之辨出发,指出"善"是人之所以异于禽兽的本质所在。人能够知善知恶,能够致良知,但禽兽则不能知,更不能致,这是因为"人之心体有善无恶,而物之心体无善无恶","故人率人之性,便能知爱知敬,便谓之道;物率物之性,止能知饮知食,便不知饮食之道矣",如今主张"无善无恶",就是将人性等同于物性,抹杀人与禽兽的本质区别。①

从冯从吾的论证中可以看到,他对阳明学的"无善无恶"的理解,就是指绝对的"无",因而认为提倡"无善无恶"就是对儒家传统性善论的否定,同时也是导致有意为善的病根所在,所以冯从吾一再强调,论本体则"全说不得无"②,只能是"有善无恶",孟子的"四端之心"已证明了这一点。

冯从吾对"无善无恶"说的批评对纠正晚明学风之弊具有积极的意义。东林学者钱一本(号启新,1546—1617)说:"无善无恶之说,近时为顾叔时(顾宪成)、顾季时(顾允成)、冯仲好明白排决不已,不至曼延为害。"③ 高攀龙也说:"知学者甚难,知正学者更难,知学而能通达世务不至以学害世者尤难。非老年丈(指冯从

---

① 参见冯从吾:《冯从吾集》,第302—303页。
② 冯从吾:《冯从吾集》,第36页。
③ 黄宗羲:《明儒学案》(修订本),第1379页。

第三章 关学的传承与流变(下) | 123

吾），吾谁与归？"① 并称冯从吾之学"极正、极透"，"砥柱狂澜，此道不坠，赖有此也"②。而冯从吾对心性之学的强调以及融合朱王之学，提倡"本体与工夫合一"，也深刻地影响了清初关学的发展。

最后，需要提及的是，当时与冯从吾同在关中讲学的还有凤翔的张舜典（字心虞，号鸡山）。张舜典著有《致曲言》和《明德集》，二者篇幅都不大，从具体内容来看，他的学问思想与冯从吾比较接近，重视心性修养，主张以"明德"（即良知）为宗，以"致曲"为工夫，强调修悟兼至、顿渐齐有，具有会通程朱、陆王的倾向。

对于张舜典在晚明关学中的地位和影响，清初的李二曲说："凤翔张鸡山先生，明季理学真儒也。深造自得，洞彻大原，与长安冯少墟先生同时倡道，同为远迩学者所宗，横渠、泾野而后，关学为之一振。"③ 另外，清初陕西提学使许孙荃（字生洲，1640—1688）也说："有明关学，继文简公（吕柟）而起者，长安则有冯少墟先生，岐阳则有张鸡山先生。二公生同时，东西相望，相与往复辩论，倡明斯道。学者景从，一时称极盛焉。"④ 可见与冯从吾一样，张舜典对晚明关学的复兴与发展也起了重要的推动作用。

第二节　清代关学

在冯从吾关中书院讲学和张舜典的凤翔讲学之后，关学再一次

---

① 高攀龙：《高子遗书》卷八上《答少墟四》，凤凰出版社，2011年，第162页。
② 高攀龙：《高子遗书》卷八下《答方本庵二》，第191页。
③ 李颙：《二曲集》，中华书局，1996年，第222页。
④ 许孙荃：《鸡山语要序》，见薛敬之、张舜典：《薛敬之张舜典集》，第109页。

走向衰落,"两先生没而讲会绝响,六十年来,提倡无人,士自辞章记诵之外,不复知理学为何事,两先生为何人"①。明末清初关学的这种衰微直到康熙年间盩厔李二曲的出现才得以较大改观。全祖望(号谢山,1705—1755)说:"关学自横渠而后,三原、泾野、少墟,累作累替,至先生(李二曲)而复盛。"② 也正是从李二曲开始,关学进入了其在清代发展的新阶段。根据关学在整个清代的发展情况,我们可以把清代关学划分为四个时期。

一、顺治、康熙年间的关学

(一)李二曲的"明体适用"之学

李颙(1627—1705),字中孚,号二曲,陕西盩厔(今陕西周至)人,与河北容城的孙奇逢(号钟元,1584—1675)和浙江余姚的黄宗羲(字太冲,1610—1695)并称为清初"三大儒",又与富平的李因笃(号天生,1632—1692)、郿县的李柏(字雪木,1630—1700)合称"关中三李"。李二曲少时家境非常贫寒,无力求学,但他凭着自己的勤奋刻苦,四处借书来读,遍览经史子集以及佛老之书,坚苦力学,无师自通,逐渐声名远播,前来问学者日众,曾先后受邀在蒲城、同州、华阴、高陵等地讲学。

康熙九年(1670)十二月,李二曲应常州府知府骆钟麟的邀请至江南,先后在江苏武进、无锡、江阴、宜兴、靖江、毗陵等县讲学,历时三个多月,听者众多,被誉为"江左百年来未有之盛事"③。康熙十二年(1673),其又受聘主讲于关中书院。清政府曾多次征召李二曲,但他都以疾力辞,后来康熙帝亲书"志操高洁"赐之。

---

① 李颙:《二曲集》,第222页。
② 全祖望:《二曲先生窆石文》,见李颙:《二曲集》,第612页。
③ 李颙:《二曲集》,第75页。

李二曲著有《二曲集》和《四书反身录》等书，今存。

在学问上，李二曲继承了晚明冯从吾以心性为学的宗旨且融合朱王之学的特点，并提出"悔过自新""明体适用"的思想，反映了清初关学的发展变化。

1. 悔过自新

"悔过自新"是李二曲最早阐发自己思想的一个命题，也是他强调的日常道德实践的入门工夫，在二曲思想中具有重要的地位。

首先，我们先来了解一下二曲提出"悔过自新"说的原因。在二曲看来，人禀天地之气而有形体，人得天地之理而有至善之性。但现实之中却存在着寡廉鲜耻、卑鄙乖谬等现象，这似乎与人人生来就具有至善之性的说法相违背，为什么会出现这种现象？二曲指出，其原因并不在于人性本身，而是由于"气质所蔽，情欲所牵，习俗所囿，时势所移，知诱物化"。这些使得人本有的善性被遮蔽了，就像明镜沾染了灰尘一样，无法显现出原有的光明来。

不过，换句话说，虽然善性的发用会受到各种因素的影响，但性体之善却未曾不在，这就像尘垢虽然会遮盖镜子的光明，但镜体之明却始终存在。正是基于这一认识，二曲认为，古往今来大儒虽多，也都提出了各种不同的倡道救世的宗旨，如"主敬穷理""先立乎大""心之精神为圣""自然""致良知""随处体认""正修""知止"和"明德"等等，但却都可以归结为一点，即"总不出'悔过自新'四字"[①]，因此，二曲认为可以用"悔过自新"来代替以往前贤的各种宗旨之说，这样既简易明白，又能使学者当下便有依据，从而做到心不妄用，功不杂施。在这里也可以看到，二曲提出"悔过自新"，并不是认为以往之学不足为据，而是认为这一说法

---

① 李颙：《二曲集》，第3页。

更加简易直截,所谓"学问须从肯綮处着力","悔过自新"便是学问"肯綮"之处,由"悔过自新"来逐渐优入圣域。

其次,何谓"悔过自新"?二曲指出,所谓"新",不是从无到有,也不是对原有的进行损益或者以新换旧,而是指"复其故之谓也",也就是恢复人本有的善性。而所谓"过",则包括"身过"与"心过"两种。身过,指的是各种行为过失和错误,此即二曲所说的"众见之过"。心过,则指"独处之过",也就是人心意念之过,"苟有一念未纯于理,即是过"①。二曲强调,心过是最容易阻碍天理、大道的,因为心过是还没有实际发生的过错,只有自己一人知道,所以人在此时就容易忽略而不去改正,甚至认为自己只是想想而已,从而越发放纵自己的心过。

但二曲指出,对于身过和心过都要进行悔改。身过不必多言,心过虽然潜而未彰、隐而未显,但却是事之微,亦即"几",而"吉凶之所由以肇端者也"②,所以《周易》说:"知几其神乎。"又说:"颜氏之子,其殆庶几乎。有不善未尝不知,知之未尝复行也。""有不善未尝不知",即是"知几";"知之未尝复行",故无祗悔。可见,改正心过非常重要,甚至身过也大多是由心过而来,二曲说:"上根之人,悟一切诸过皆起于一心,直下便划却根源"③。

最后,如何"悔过自新"?二曲指出,一是要先检查身过,悔而改之。二是"慎独",在起心动念之处潜心体会验证,只要有一念不合乎理,即当悔而去之。三是"静坐"。"静坐"并不是独处一室什么都不去想,而是指暂时排除各种思虑纷扰和外在干扰,将心思收归于一处,在静极之时,既能分辨剖析一切心过而归于善,又能对

---

① 李颙:《二曲集》,第5页。
② 李颙:《二曲集》,第6页。
③ 李颙:《二曲集》,第6页。

本性良知有所体悟，即所谓"静极生明"。

为说明自己的"悔过自新"之学是"千圣进修要诀"，李二曲在讲完"悔过自新"的内容之后，又以张载、谢良佐、朱熹、吴澄、薛瑄、王阳明、罗汝芳、南大吉、董沄等"改过"之事为例，进一步证明要在学问上取得成功，要诀就是常常"悔过自新"。

总之，李二曲强调，对于"过"，必须"悔而又悔，以至于无过之可悔；新而又新，以极于日新之不已"，如此才能做到"仰不愧天，俯不怍人；昼不愧影，夜不愧衾"①，在乾坤则为孝子，在宇宙则为完人。

2. 明体适用

"明体适用"是李二曲思想中的另一个非常具有特色的内容，它既反映了李二曲的学问宗旨，又代表了清代关学的一个发展方向。关于二曲的"明体适用"之学，我们可以从以下两个方面来理解。

第一，以良知本心为根本，以默坐澄心为工夫。

要理解李二曲的"明体"之学，首先要知道其学问问题意识。在二曲看来，当时学者"所习惟在于词章，所志惟在于名利"，"士自词章记诵外，茫不知学问为何事"，②他认为这种士风、士习造成了儒学的晦暗，而儒学不明不仅关系到正人君子的盛衰，更关系到生民休戚、世运否泰，因此李二曲认为，当今之急务既不是分辨儒佛异同，也不是朱王门户之争，而是要讲明学术，提醒人心。他说：

世道隆污，由正人盛衰；而正人盛衰，由学术明晦。故学术明则正人盛，正人盛则世道隆，此明学术所以为匡时救世第一务也。③

---

① 李颙：《二曲集》，第6页。
② 李颙：《二曲集》，第105、153页。
③ 李颙：《二曲集》，第172页。

> 治乱生于人心，人心不正，则天下不治；学术不明，则人心不正。故今日急务，莫先于讲明学术，以提醒天下之人心。①

在这里，李二曲把"明学术"看作匡时救世第一务，通过"明学术"来正人心和纠正学风。他所讲的学术，主要是指王阳明的良知学，因为在二曲看来，阳明学对提醒人心具有根本性的作用，所谓：

> 千圣相传，只是此知，吾人之所以博学审问、慎思明辨者，惟求此知。此知未明，终是冥行；此知既明，才得到家。此知未明，学问无主；此知既明，学有主人。此知未明，藉闻见以求入门；此知既明，则开门即是闭门人。此知未明，终日帮补凑合于外，七八月之间雨集，沟浍非不皆盈，然而无本，终是易涸；此知既明，犹水之有本，源泉混混，"逝者如斯夫，不舍昼夜"！②

二曲认为，"良知"是人的"本来面目"，故学问必须先要洞本彻原，做到良知虚明寂定、湛然莹然，如此则像水有源、树有根、人有脉一样。如果只是一味说格物穷理、工夫实践，便是学无所本或有意为善，因而学问应当"先立乎其大"，以良知为主宰，故二曲强调要"时时唤醒此心，务要虚明寂定，湛然莹然，内不著一物，外不随物转，方是敦大原、立大本"③。

若离开良知本心而做工夫，所成就者也只是一"德业名儒，醇正好人"，而不能超凡入圣，优入圣域。显然，李二曲虽然继承了晚明关学的心性化之路，但与冯从吾侧重心性涵养，主张在"一念"

---

① 李颙：《二曲集》，第456页。
② 李颙：《二曲集》，第437页。
③ 李颙：《二曲集》，第527页。

前后做工夫相比，二曲更强调先"立大本"和"识得良知"，确立良知在道德实践中的主体性作用。

既然学问要先"立大本"，故在工夫上李二曲主张通过默坐澄心来体认良知。他说："夫天良之为天良，非他，即各人心中一念独知之微；天之所以与我者，与之以此也。……而体认下手之实，惟在默坐澄心。盖心一澄，而虚明洞彻，无复尘情客气，意见识神，为之障蔽，固有之良，自时时呈露而不昧矣。"①

第二，提倡经世致用。

在强调洞本彻原、默坐澄心的同时，有鉴于晚明王学的"空谈良知"之风，李二曲又积极提倡经世致用。他说："儒者之学，明体适用之学也。"②二曲所说的"明体"包括上述的本体与工夫，"适用"则是指经世致用。在他看来，"明体"与"适用"是相辅相成的。

> 问：何为"明体适用"？曰："穷理致知，反之于内，则识心悟性，实修实证；达之于外，则开物成务，康济群生。夫是之谓'明体适用'。……明体而不适于用，便是腐儒；适用而不本于明体，便是霸儒；既不明体，又不适用，徒灭裂于口耳伎俩之末，便是异端。"③

这就是说，真正的儒家之学是既"明体"又"适用"的，任何割裂二者的做法都是不对的，否则，不是腐儒，就是霸儒，或者是只会口耳记诵的俗儒。因此，二曲主张学者内要识心悟性、实修实证，外能开物成务、康济群生，既要"明体"，又要"适用"，只有体用兼备，才不愧须眉。

---

① 李颙：《二曲集》，第144页。
② 李颙：《二曲集》，第120页。
③ 李颙：《二曲集》，第120页。

尽管中年以后李二曲治学的重心发生了较大变化，更注重对"良知"本体的体认和把握，但他并没有放弃之前的为学主张，只不过对内外、本末有了新的认识，强调要先本而后末，由内而及外，也就是先要治心、治己，然后才能治人、治天下。他说："然明体方能适用，未有体未立而可以骤及于用；若体未立而骤及用世之业，犹未立而先学走，鲜有不仆。故必先自治而后治人，盖能治心，方能治天下国家。"①

李二曲提出的这条"明体适用"的为学之路，特别是对经世致用的强调，不仅反映了明清之际关学的发展变迁，而且也被其弟子王心敬和后来的关学学者继承，成为有清一代关学的一个显著特点。

3. 会通朱王

明清鼎革给清初思想界带来的一个重大变化就是程朱之学重新兴盛起来，陆王心学则逐渐走向衰微，与此同时，"尊朱辟王"之风盛行。当时的理学名臣如陆陇其（字稼书，1630—1692）、熊赐履（字敬修，1635—1709）、张伯行（字孝先，1651—1725），以及民间的理学名儒如张履祥（号杨园，1611—1674）和吕留良（号晚村，1629—1683）等，无不尊崇程朱之学，批评王学，如陆陇其说："自阳明王氏倡为良知之说，以禅之实而托儒之名，……而古先圣贤下学上达之遗法，灭裂无余，学术坏而风俗随之，其弊也至于荡轶礼法，蔑视伦常，天下之人恣睢横肆，不复自安于规矩绳墨之内，而百病交作。"②

对清初盛行的这种"尊朱辟王"之风，李二曲的态度很明确：

首先，他认为这只是口舌之争，仅仅靠语言文字来争胜。在二曲看来，朱子的"主敬穷理"之学即孔子的"博文约礼"之旨，内

---

① 李颙：《二曲集》，第480页。
② 陆陇其：《陆陇其集》，浙江古籍出版社，2018年，第25页。

外本末,一齐俱到,可以说是儒家的"正学",故尊朱即尊孔,但今日学者所谓的"尊朱",只是以辞章训诂、口耳记诵为学,并不能实学朱子的"主敬穷理"。而陆象山、王阳明之学,虽然在工夫上有所疏略,但却能够发明人的良知本心,专注于心性修养,远非今日"尊朱"者所能相比,故不能只在语言文字上来尊一辟一,而是要实修实证。

其次,李二曲指出阳明学对于救正朱子学末流支离蔽锢的流弊具有积极的作用。他说:

> 晦庵教不躐等,固深得洙泗家法,而其末流之弊:高者徇迹执象,比拟摹仿,畔援歆羡之私,已不胜其憧憧;卑者桎梏于文义,纠画于句读,疲精役虑,茫昧一生而已。阳明出而横发直指,一洗相沿之陋。士始知鞭辟著里,日用之间,炯然涣然,如静中雷霆,冥外朗日,无不爽然自以为得。向也求之于千万里之远,至是反之己而裕如矣。①

二曲强调,朱子固然深得孔孟之旨,但其后学末流不是以博学多闻自夸,浮于表面,就是沉溺于辞章记诵之中,茫昧一生。幸亏后来有王阳明的出现,直指人的良知本心,使学者知道鞭辟向里,用力于身心修养。显然,阳明学对于学者来说不是可有可无的,更不是禅学。

最后,李二曲分析了朱子学与阳明学各自的得失,并在此基础上提出会通朱王的为学旨趣。

> 人之所以为人,止是一心,七篇之书反复开导,无非欲人求心。孟氏而后,学知求心,若象山之"先立乎其大"、阳明之"致良知",简易直截,令人当下直得心要,

————————
① 李颙:《二曲集》,第139页。

可为千古一快。而末流承传不能无弊,往往略工夫而谈本体,舍下学而务上达,不失之空疏杜撰鲜实用,则失之恍忽虚寂杂于禅。程子言"涵养须用敬,进学在致知",朱子约之为"主敬穷理",以轨一学者,使人知行并进,深得孔门"博约"家法。而其末流之弊,高者做工夫而昧本体,事现在而忘源头;卑者没溺于文义,葛藤于论说,辨门户同异而已。①

李二曲指出,朱子学与阳明学都有功于世道人心。陆王的"立大本"和"致良知"说,简易直截,令人当下洞悟本性,但其后学末流不免脱略工夫而空谈本体,舍下学而务上达,不是失于空疏,就是流于玄虚。而朱子之"主敬穷理""涵养省察",使人知行并进,深得孔门"博约"之旨,但其后学末流常常不知大本大原所在,或者只以辞章记诵为学,争辩门户同异而已。

针对朱子学与阳明学末流之弊,二曲认为,学者应该取长舍短,以"良知"为本体,以主敬穷理、存养省察为工夫,从"一念之微致慎,从视听言动加修",学问才不至于偏颇,既不失之支离,又不堕于空虚,内外本末、下学上达一以贯之,故朱子与阳明是"两相资则两相成,两相辟则两相病"②,故"学术之有程朱,有陆王,犹车之有左轮,有右轮,缺一不可,尊一辟一皆偏也"③。总之,二曲对朱王之学的认识既是对晚明关学"本体与工夫合一"思想的继承与发展,同时又反映了清初关中王学的发展特点。

(二) 王建常的朱子学思想

清初关中,虽然王学比较兴盛,是这一时期关学发展的主流,

---

① 李颙:《二曲集》,第532页。
② 李颙:《二曲集》,第129页。
③ 李颙:《二曲集》,第532页。

第三章 关学的传承与流变(下) | 133

但仍有一些学者恪守程朱之学，这其中尤以朝邑的王建常为代表。①

王建常（1615—1701），字仲复，号复斋，陕西朝邑人，明末诸生。王建常在入清之后便隐居家乡，不再参加科举考试，每日唯读宋明诸儒之书，一有心得，就记录下来。他很少外出与人交往或讲学，一生中大多时间都是在家中读书著述，弟子也少，有时也与乡人郭肯获和关中俊在一起讨论学问。郭肯获是明末的举人，关中俊是明末诸生，二人与王建常一样，在明清易代之后都隐居家乡，不再出来应试。虽然王建常在当时的声名不及李二曲，但李二曲与富平的李因笃、华阴的王弘撰等关中学者以及江南学者顾炎武都非常认同王建常的学行，王弘撰说："其学一以考亭为师，沉潜刻苦，读书一字不轻放过。持躬处物，悉有矩。……曳迹渭滨，教授生徒。足不入城市，不近名，名亦不著，关西高蹈，当推独步"②。

王建常去世后，其人其学逐渐湮没，少有人知，但他对清代关中朱子学的影响却非常大。康熙五十九年（1720），华阴士子史调（号复斋，1697—1747）中举后偶然得到王建常的著作而读之，恍然曰："读书非为科名也，将以求其在我者。"③ 遂立志以圣贤为师，搜访《近思录》《二程遗书》及薛瑄、胡居仁等明儒著作，日夜读之，最终成为乾隆时期的关中名儒，其曾先后主讲于西安的关中书院和临潼的横渠书院。另外，与史调同时的澄城学者张秉直也对王建常非常推崇，认为"于异学纵横之时，能笃守程朱，不为所惑，真吾道之干城也"④。

---

① 华阴的王弘撰（号山史，1622—1702）也以朱子学为宗，但王弘撰主要是以文学和博闻多识闻名，理学的论述较少。
② 王弘撰：《山志》，中华书局，1999年，第62页。
③ 冯从吾：《关学编（附续编）》，第116页。
④ 张秉直：《开知录》卷四，清光绪元年（1875）三原刘传经堂刻本。

随着嘉庆、道光、同治年间朱子学在关中出现复兴的局面,王建常的声名也越来越高,如当时朝邑学者李元春说:"复斋不如二曲之高才博学,然醇正精密当在二曲之上。"① 三原的贺瑞麟则认为,"朝邑王仲复先生为国朝关中第一大儒"②。贺瑞麟还致书时任陕甘学政的吴大澂(号恒轩,1835—1902),请其向朝廷奏请王建常从祀孔庙。虽然这件事没有得到清政府的许可,但也可见清代关学学者对王建常的推崇。

王建常著有《大学直解》《两论辑说》《诗经会编》《尚书要义》《春秋要义》《太极图集解》《律吕图说》《四礼慎行》《思诚录》《小学句读》《复斋录》《复斋别录》《复斋日记》《复斋余稿》等书。保存至今的则有《大学直解》上下二卷、《尚书要义》六卷、《太极图集解》一卷、《律吕图说》二卷、《小学句读》六卷、《复斋录》六卷和《复斋余稿》二卷,余者已佚。

1."心上做工夫"

王建常之学主要是对程朱之说的继承和恪守,理论创新较少,不过间亦有自己的一些特色,从一个侧面反映了朱子学在清初关中地区的发展变化。

首先,在王建常的思想中,对理气、心性等形而上的问题讨论较少,这也是清初思想界的一个特点。正如台湾学者王汎森指出的:"明末清初思想界出现两种趋势:第一,心性之学的衰微;第二,形上玄远之学的没落。""在程朱方面,一种新的行为理想兴起了,'庸言庸行'成为许多思想家所提倡的标准。"③ 另外,台湾学者杨

---

① 李元春:《李元春集》,西北大学出版社,2015年,第831页。
② 贺瑞麟:《贺瑞麟集》,西北大学出版社,2015年,第679页。
③ 王汎森:《权力的毛细管作用:清代的思想、学术与心态》,北京大学出版社,2015年,第29页。

菁也说:"清初理学在经历明末以来学术空疏的流弊后,在理论上也开始有轻玄虚且重视实用的倾向,他们大多对于理学的抽象观念探讨的较少,反而较重视实用与实践。"① 清初理学的这些特点也可以在王建常的思想中看到。

其次,相对于对理气、心性的抽象讨论,王建常更注重在心上做工夫,这一点可以说是继承了晚明关学的学术路向。他说:"自古圣贤,皆以心地为本。若心地上差错,便是根本不立。"② 又说:"心为一身之主,以提万事之纲,故学者先须就心上做工夫,养得此心清明、专一,能做主宰,以是酬酢万变,方会不差。"③

所谓在心上做工夫,就是要使心来主宰性情。王建常指出,"心主宰性情",需从动、静两个方面入手,即静时使性不昏昧,动时使情不流于不善,从而养得此心清明专一。那么,心为什么能成为性情的主宰?王建常指出,这是由于心具有知觉,如果能保持此心清明,则心之知觉便虚灵,而心中之理也自然炯然不昧,这样,性就不会昏昧了,情也不会流于不善。

但如何才能使心之知觉常常保持虚灵明觉的状态?在王建常看来,这就需要"持敬"。他说:"心之能为性情主宰者,以其虚灵知觉也。此心之理,炯然不昧,亦以其虚灵知觉。……要须是持敬,方能如此。敬便束得这个虚灵知觉住。"④ 可见,心主宰性情的关键就是要保持心的虚灵,工夫则在于"敬"。王建常说:"'格物致知',此心也;'克己复礼',此心也;'齐家治国平天下',此心也;以至'赞化育,参天地',亦只是此心;故为学莫先于存心,而存心

---

① 杨菁:《清初理学思想研究》,里仁书局,2008 年,第 437、440 页。
② 王建常:《王建常集》,西北大学出版社,2014 年,第 230 页。
③ 王建常:《王建常集》,第 230 页。
④ 王建常:《王建常集》,第 230 页。

莫要于主敬。"① 因此,"主敬"以存心就成了王建常思想上的一个重要特点,故曰:"'敬'字工夫,乃圣门第一义,彻头彻尾,不可顷刻间断。"②"主敬"即通过"敬"来提撕此心,使心常惺惺,凝聚在理上,所谓"敬则凝聚得此理常在,若是不敬,则心亡理亡,徒有个躯壳而已"③。

当然,王建常也强调,"主敬"的同时还须"穷理",要内外并进,不可偏废。他说:

> 夫学先存心乃为得其本矣。……然亦还须两路用功:居敬以存心,穷理以致知,内外并进,本末互资,久久不已,当此会通耳。程子曰:"涵养须用敬,进学在致知。"二者固不可偏废也。④

不过,王建常也指出,读书穷理是为了涵养德性,不能离开德性而追求博学多闻,否则,就只是逐物。他说:"学者存养得此心常在这里,方好读书穷理,其所穷底,亦才有个安著处,才是自家底物事。"⑤

总之,王建常对"主敬"以存心的强调,反映了清初关中朱子学对心性涵养的重视,这与李二曲代表的关中王学有一定相似之处。

2."从《小学》习成个敬"

《小学》一书是南宋理学大家朱熹编订的一部有关儒家道德教育的书,自宋元明以来,不断有学者强调该书在修身做人处世方面的重要意义,特别是对于初学者来说,更是初学的入手工夫。到了清

---

① 王建常:《王建常集》,第231页。
② 王建常:《王建常集》,第246页。
③ 王建常:《王建常集》,第233页。
④ 王建常:《王建常集》,第357页。
⑤ 王建常:《王建常集》,第230页。

代，《小学》的地位得到空前的提高，如清初理学名儒张履祥和理学名臣陆陇其、张伯行等人无不重视《小学》。张履祥说："以《小学》、《近思录》为《四书》、《六经》之户牖、阶梯。而吾人立身、为学，苟不从此取途发轫，虽有高才轶节，焜耀当世，揆以圣贤所示之极则，终有偏颇驳杂之嫌，未足与于登堂入室之林者也。"① 张伯行也说："学者不读《大学》之书，无以得其规模之大，而不习之于《小学》，则无以收其放心，养其德性，而为《大学》之基本，二书实相表里，不可缺一。"② 陆陇其也认为，"《小学》一书，乃世道升降之本。《小学》行，而天下人才范围于规矩准绳之中，然后学术一而风俗同"③。

与清初朱子学的这一特点相同，王建常对《小学》也表现出极大的重视。李元春在《关学续编》中说，王建常"生平注意，尤在《小学句读》六卷，以此为入德之门"④。确实如此，当其弟子张柟初来问学的时候，王建常即授之以《小学》，并说："今不学圣人则已，必学圣人，恐舍是别无入门处也。惟有道'敬之''信之'。"⑤ 在王建常看来，《小学》纲领简要、条目精密，切于人伦日用，有助于性情培养，如果说《大学》是为学入德之门，那么《小学》则是入《大学》之门，学不由此，便是入门即差。

王建常强调《小学》，一是认为《小学》是学者涵养心性的入门工夫。他说：

> 《小学》是存心养性之书，《大学》是穷理尽性之书。

---

① 张履祥：《杨园先生全集》，第194页。
② 徐世昌等：《清儒学案》，中华书局，2008年，第566页。
③ 吴光酉、郭麟、周梁等：《陆陇其年谱》，中华书局，1993年，第192页。
④ 冯从吾：《关学编（附续编）》，第104页。
⑤ 王建常：《王建常集》，第358页。

《小学》中涵养本原,既是纯熟。及到《大学》,便从格物致知做起。①

王建常还认为,"敬"也应该从《小学》中习成。他说:"程子言'敬'字,可补《小学》之阙。而今既有其书,还须从《小学》,习成个'敬'字。"②

二是《小学》与儒佛之辨有关。王建常说:

要断绝学者邪路,不入于异端,须先教以小学,使他在"敬身明伦"上做实地工夫,则空虚之说自不能惑矣。③

自《小学》《大学》不明,学者高则入于空虚,卑则流于功利。④

王建常认为,要避免学问流于佛氏之空虚,使学者在入手时就不偏不差,必须先从《小学》工夫做起,培养其儒家道德伦理的观念。

王建常对《小学》的重视,也成为有清一代关中朱子学发展的一个新动态。如乾隆时期的澄城学者张秉直也认为《小学》是学朱子的入门之书,是初学者第一紧要之书,"舍是他求,不入于卑近,则流为空虚","叛吾道而入于异端也"⑤。武功的孙景烈(号酉峰,1706—1782)亦"教人专心《小学》、四子书"⑥。朝邑的李元春说:"予谓当先读朱子《小学》,次读《大学》,次读《中庸》,则功夫道理一一见得纲领条目,然后读《论语》《孟子》乃有法矣。"⑦ 三原

---

① 王建常:《王建常集》,第237页。
② 王建常:《王建常集》,第237页。
③ 王建常:《王建常集》,第269页。
④ 王建常:《王建常集》,第237页。
⑤ 张秉直:《开知录》卷一。
⑥ 冯从吾:《关学编(附续编)》,第110页。
⑦ 李元春:《李元春集》,第832页。

第三章 关学的传承与流变(下) | 139

的贺瑞麟也说:"程朱而后,凡属纯儒,无不于《小学》《近思录》二书笃信而深好之,以为下手工夫。其余偏杂甚或阳儒阴释皆是此处例多忽略,全不做得基址,故到底无救处。"① 由此可见,学者无不重视《小学》之教,特别是其对于初学者的重要性。

二、康熙、雍正时期的关学

在李二曲和王建常等人的提倡下,关学在清初关中地区出现了复兴的局面,同时也形成了王学与朱子学两个并立发展的学问方向。李二曲、王建常之后,清代关学进入了它的第二个发展时期,这一时期的关学主要以鄠县的王心敬、蒲城的刘鸣珂和泾阳的王承烈(号复庵,1666—1730)为代表。其中,王心敬继承和发展了李二曲的"明体适用"思想和"会通朱王"之路,进一步将王学在关中发扬光大,而朱子学则总体上仍处于默默无闻的状态。

(一)王心敬的"全体大用,真体实功"之学

王心敬(1656—1738),字尔缉,号丰川,陕西鄠县(今陕西西安市鄠邑区)人,李二曲之弟子。早年为诸生,25岁时,在母亲的支持下放弃科举考试,前往盩厔师从李二曲问学近十年。王心敬对其师之说是"尊闻而行知",成为二曲门下最出色的弟子,"学业日粹,声闻日章"。康熙四十八年(1709),王心敬应湖广巡抚陈诜之邀,讲学于江汉书院。康熙五十三年(1714),又应江苏巡抚张伯行邀请,至苏州紫阳书院讲学。后来湖广总督额伦特闻知其名,力荐于朝,王心敬则以疾力辞。随后,他又两次辞去朝廷的征召,在家乡终老一生。

王心敬著有《丰川全集》《丰川续集》《江汉书院讲义》《丰川易说》《丰川诗说》《尚书质疑》《春秋原经》《礼记汇编》和《关

---

① 贺瑞麟:《贺瑞麟集》,第195页。

学续编》等。

王心敬在清代关学史上具有重要的地位，晚清学者唐鉴（字镜海，1778—1861）说："关中之学，二曲倡之，丰川继起而振之，与东南学者相应相求，俱不失切近笃实之旨焉。"[1] 关中学者周元鼎（号勉斋，1745—1803）也说："自丰川先生后，吾关中之学其绝响矣，是不能不望于豪杰之士。"[2] 可见，王心敬是继李二曲之后关学的主要代表。

1. 会通朱王

在思想上，王心敬主要继承和发展了李二曲的"明体适用"与"会通朱王"之学，并在此基础上提出了他的"全体大用、真体实功"的思想。但与其师李二曲重在"明学术，醒人心"不同，王心敬则将学问重心放在解决"朱王之争"上。在他看来，当时朱王门户之争已成为阻碍清初理学发展的一个重要因素，导致"斯道几不可言"[3]。王心敬说：

> 但讲程朱即视陆王为门外人，而必诋陆王；但讲陆王即视程朱为门外人，而必讥程朱。……近则主程朱者并不深究程朱是何蕴奥，仍不涉猎陆王，但见陆王立大本、致良知之说，则直诋曰是禅学之虚寂云尔也。……近则主陆王者并不深究陆王之旨是何底里，亦并不看程朱全书，但见程朱居敬穷理之说，则曰是艺之支离云尔也。[4]

因此，会通朱王、破除门户之争就成了王心敬一生的学术使命。

---

[1] 唐鉴：《唐鉴集》，岳麓书社，2010年，第611页。
[2] 冯从吾：《关学编（附续编）》，第96页。
[3] 王心敬：《丰川全集（正编）》卷十五《与张仪封先生论尊朱子之学书》，清康熙五十五年（1716）额伦特刻本。
[4] 王心敬：《丰川续集》卷十四《复逊功弟》，清乾隆十五年（1750）刻本。

他说:"心敬窃不自量,尝以为学术至近世,门户分淆,每欲从家师究探异同离合之根,折衷同归一致之旨,冀随当世大儒先生后稍助廓清之力,使一切纷纷门户之争悉会归皇极,则亦我辈于宇宙千万世内生世一番之职分也。"① 在这种使命担当和问题意识下,王心敬对朱王之学的异同,特别是学者对王学所存有的"偏见"进行了详细的辨析。

首先,对于朱子学,王心敬指出,学者应该要有一个全面、正确的认识。他认为,朱子平日之所以重视"道问学",是为了纠正程门末流的禅学倾向,但朱子晚年又看到学者沉溺于辞章训诂之中,故又时时指示本体,强调存心养性。因此,学者既要知道朱子平时重"道问学"的原因,也要懂得其晚年强调"尊德性"的用意,才不会泥形逐迹,"尊朱"反而"病朱"。②

其次,对陆王之学,王心敬从三个方面对其进行了辨析。

一是说明陆王的"立大本"和"致良知"之说都是本之于孟子。

王心敬指出,陆象山与王阳明的"立大本"和"致良知"之说都是来自于孟子,因此,如果说孟子之学非禅学,那么陆王之学就是禅学吗?今日学者排斥陆王,不就是在排斥孟子吗?更何况,陆象山主张先"立大本",并不是要重本轻末;王阳明强调"致良知",也不是要重内轻外、重本体轻工夫,只不过当时二人是为了纠正学者工夫支离和追求博学多闻的弊端,故不免偏重于心性,但这并不意味着其学本来如此。因此,学者对于陆王之学一定要善守其

---

① 王心敬:《丰川全集(续编)》卷十《答友人求印正所著书》,清康熙五十五年(1716)额伦特刻本。
② 参见王心敬:《丰川全集(续编)》卷二《姑苏论学》。

原说，会通其本旨。①

二是反对以陆王之学为禅学。

针对学者多以陆王为禅的看法，王心敬强调，儒家之学原本就是心性之学，朱子一生孜孜以心性存养为依归，故不能把是否重心性看作儒学与佛学的标志，否则就会认为儒学只是一种辞章训诂、口耳记诵之学。至于儒佛之间的区别，在王心敬看来，不在于心性，而在于一为经世之学，一为出世之学，乃经世与出世之别。他说：

> 吾儒之道原是经世之道，故一切虚者归实；二氏之道原是出世之道，故往往实者归虚。不实不足以经世，故吾儒所尚者，仁义礼智忠孝节烈；不虚不足以出世，故二氏所尚者，虚无空寂清净超脱。②

根据儒家之道是经世之道，佛老之道是出世之道这一划分，可以看到，王阳明之学虽有过当之处，但绝非是出世之学，王学并非教人遗弃人伦物理、超然于世间之外，因而指其为禅，实属诋毁，言过其实。

三是强调陆王之学对儒家之学的重要意义。

王心敬指出，如果把陆王的"立大本"和"致良知"视为禅学，必然会导致学者本末倒置、任情冥行，把儒家尽性至命之学当作口耳闻见之学。他说："不佞更虑以立大本为禅，不善学者将必至于情识口耳，逐末迷本；以致良知为禅，不善学者将必至于支离挠扰，任情冥行，其不至举吾道尽性至命之宗流于见闻标榜、格套假藉之途不止也。"③

最后，王心敬说，朱子与陆王虽然为救学者之弊而有所偏重，

---

① 参见王心敬：《丰川全集（续编）》卷三《姑苏纪略》。
② 王心敬：《丰川全集（正编）》卷九《侍侧纪闻》。
③ 王心敬：《丰川全集（续编）》卷一《姑苏论学》。

但其学并非本来如此，更多的是后学者不善学而导致了种种弊端，朱子、陆象山和王阳明本人则都是以孔孟为宗，其学都是对孔孟之学的继承和发展，绝非像吾儒与佛老那样判然不同，因此对待朱子、象山和阳明的正确态度应该是取长补短，而非党同伐异。①

2. 以《大学》"明新止善"为宗

通过以上对朱王之学的辨析，王心敬提出了自己的为学主张，即回归孔孟，以《大学》"明新止善"为宗，"全体大用、真体实功"一以贯之。王心敬认为，要解决朱王门户之争，除了要对朱子和陆王之学有一个正确的认识之外，还要在学问上兼采其说，融会贯通，但这种兼采、融合不能还像过去那样只是强调本体与工夫的合一，否则会被人视为一种调和、调停之说，不足以使人信服。王心敬认为，必须另外寻找根据来证明会通朱王是合乎儒家圣人之学的，而他找到的根据就是孔孟之学。

在王心敬看来，孔孟之学原本就是全体大用、本体工夫一以贯之的，因此，后世之学或详本体而略工夫作用，或重工夫作用而略本体，都不符合孔孟之旨。如今要融合朱、王为一家，并非漫然为之，而是要使学问合于孔孟，方能不堕于一偏。

对王心敬来说，孔孟之学全体大用、本体工夫一以贯之的具体表现就是《大学》讲的"大学之道，在明明德，在亲民，在止于至善"，所以回归孔孟，就是要以《大学》为宗。他说：

> 千古道脉学脉只以全体大用、真体实功一贯不偏为正宗，故举千圣百王之道、六经四子之言，无一不会归于此，而惟《大学》一书则合下包括，更无渗漏。盖孔子生千圣百王之后，折衷千圣百王之道术学术，而融会贯通以示万

---

① 参见王心敬：《丰川全集（正编）》卷四《语录下》。

世也，故学术必衷于孔子，教宗必准乎《大学》，然后范围天地，曲成万物，无门户意见之流弊得以渍之。①

今日论学术，而欲斟酌圆满，不堕一偏，必如《大学》"明新止善"之旨，全体大用、真体实功一以贯之，然后中正浑全，印合孔孟也。②

王心敬指出，《大学》讲的"明德"与"新民"包含了天德王道、本体工夫、内外本末，因而是"全体大用、真体实功"一贯不偏的。正因为如此，回归孔孟，以《大学》"明新止善"为宗，"全体大用、真体实功"一以贯之就成了王心敬的学术宗旨。同时，王心敬也为晚明以来关学的"朱王会通"思想找到了一个终极依据。

在主张会通朱王、回归孔孟之外，王心敬还对李二曲提出的"明体适用"中的"适用"之学加以继承和发展。在《丰川续集》中，他对礼制、选举、积储、备荒、水利、筹边、军事等众多现实问题进行了大量讨论，这也是其"全体大用、真体实功"学问宗旨中的"大用"之表现。

最后需要提到的是，与王心敬同时期的，还有武功的康吕赐（自称南阿山人，1643—1731）与李二曲的其他弟子如彬州的王吉相（字天如，1645—1689）在传承王学。不过，这些学者在当时关中的影响远不及王心敬。康吕赐一生绝意仕途，里居数十年，绝少与其他关中学者交往，其著作也已佚失。③ 王吉相则仅有《四书心解》流传于今。因此，随着王心敬的去世，关中王学后继乏人，虽不曾断绝，但其影响却远不如李二曲、王心敬生活的时代，程朱理学则

---

① 王心敬：《丰川全集（正编）》卷一《存省稿》。
② 王心敬：《丰川全集（续编）》卷一《姑苏论学》。
③ 参见《儒林传上一》，王钟翰点校：《清史列传》卷六十六，中华书局，1987年，第5302页。

成为关学的主流,直至清末。

(二) 刘鸣珂的朱子学思想

刘鸣珂(1666—1727),字伯容,陕西蒲城人,诸生。与清初许多关学学者一样,刘鸣珂也无意于科举,而是终身从事性理之学的学习和研究,黯然自修,不求人知。其学"大抵以正心诚意为指归,其于天人、理欲、王霸、儒释之分,辨之极精"①。刘鸣珂是王建常之后康熙后期和雍正年间关中朱子学的主要代表。

据《关学编》记载,康熙三十一年(1692),关中大荒,刘鸣珂来到延安谋生,住在当地的一座寺庙中。他每天都背靠着寺中的一棵古柏读书,寺中僧人感觉很奇怪,于是有一天就问他:"这年月,活下去都不容易,你还有心读书?"刘鸣珂则回答道:"该饿死时,不读书也死。不该饿死时,读书也不会死。"一个富人听说刘鸣珂之后,想请他来教自己的儿子,但因为之前已经聘请了一位姓马的老师,于是这个富人就打算辞退先前聘用的老师,刘鸣珂却说:"君延我,我生;辞马,马死,宁我死耳!"于是不肯接受。不久,那位姓马的塾师因病去世,富人又来请刘鸣珂去家中教授其子,刘鸣珂请求富人继续赡养马姓塾师的妻子儿女,并等到年景好时将其送归家乡,否则就不答应,富人遂应之。

刘鸣珂潜心程朱之学,随处体认,有所得便记录下来。著有《砥身集》《大中疏义》《易经疏义》等,如今只有《砥身集》流传下来。

1. "用之至当处便是体之至明处"

与清初的王建常一样,刘鸣珂对理气、心性等形而上的问题也很少讨论,他更重视躬行实践、下学而上达,反对空谈本体、专守

---

① 贺瑞麟:《关学续编》,见冯从吾:《关学编(附续编)》,第112页。

一心。刘鸣珂说：

> 浑言"明德"，虽若无所不贯，然使其行事之间少有差错，动容周旋少有不中礼处，其所谓明者果安在也？故必其见于行事者无一毫之差谬、无纤悉之不到，则其昭明洞彻之体不待言而可知矣。故圣人立教，说致用处多，说本体处少。格物致知正于用处加讲究，诚意正心修身正于用处加工夫，未闻有冥守一心，而便谓之"至善"，便谓之"中"者也。①

刘鸣珂认为，言本体，看似无所不贯，但如果在人伦日用之中不能做到行事无有差错，动容周旋无不中礼，就谈不上本体之明。只有在事上、动处"无一毫之差谬、无纤悉之不到"时，本体之明不待言而可知，故刘鸣珂强调说，"圣人立教，说致用处多，说本体处少"，《大学》之格物、致知、诚意、正心、修身都是要在作用处用工夫，没听说只教人冥守一心，就可以称之为"至善"，称之为"中"了。

对于刘鸣珂的"由用见体"说法，有人怀疑他遗漏本体而只说工夫作用，恐怕"于义不安"，对此，刘鸣珂回答道：

> 不然也。"体用一源，显微无间。"体是谁之体，用是谁之用？用之至当处便是体之至明处，故吾儒看外面事无非里面事，三千三百必不敢有一毫差谬，而后谓之能全本体也。②

刘鸣珂指出，体是用之体，用是体之用，故在这一意义上来说，"用之至当处便是体之至明处"，只要能做到从心所欲不逾矩，人伦日用无不合道，便是本体之明，就像孔子说"克己复礼为仁"一样，

---

① 刘鸣珂：《砭身集》卷一，清光绪二十八年（1902）柏经正堂刊本。
② 刘鸣珂：《砭身集》卷一。

"仁"是抽象的东西，礼则是具体的事物之理，只要能克治自己的私欲，视听言动无不符合礼的规范，则"仁"自然可知，所以孔子只是让人们去"克己复礼"，而不说"仁"是什么，"仁"的境界是怎样的。

然而，又有人认为用自体出，专守本体乃是"向上一机"。对于这一看法，刘鸣珂强调，朱子也讲涵养本原，也有"向上一机"，但朱子重视的是，人的昏浊之气会遮蔽本体之明，而这就需要用格物穷理的工夫来恢复其明，人的私欲私意也需要在事上加以磨炼来克治去除，不能只是一味涵养本原、只守本心。刘鸣珂又进一步以孔子、孟子和《中庸》为例，说"圣贤教人，言体处常略，言用处常详。……盖胜人欲而复天理，吃紧工夫全在用处，非如异氏兀然寂守一心，便为最上乘法门也"①。显然，在刘鸣珂看来，由用见体与重体轻用正是儒学、佛氏和阳明学的根本不同之处。

2. "敬之一字，千圣心法"

尽管刘鸣珂主张"用之至当处便是体之至明处"，但他并不反对在本体上用功，而是也强调涵养本原、存心养心。他说："今学者日在事物上辨道理，全不养其清明之体，叩其故，曰恐其入于虚寂也。不知《大学》之所谓'缉熙'，《中庸》之所谓'致中'，何尝不是言养心，须是内外交进，方不流于一偏。"②

对刘鸣珂来说，涵养本原的具体方法便是"主敬"。他认为，"敬"是千圣心法，学者若学圣人，就必须时时持守"敬"，"吾儒无'敬'字不能圣"③，要由"敬"而渐渐达至圣人的境界。虽然现在学者对程朱讲的"主敬"无不习闻其说，但大多不是流于禅之空

---

① 刘鸣珂：《砭身集》卷二。
② 刘鸣珂：《砭身集》卷四。
③ 刘鸣珂：《砭身集》卷三。

寂，就是为做时文而已，真正能做到"敬"的很少，因此，学问一定要躬行实践。由此可以看到"主敬"在刘鸣珂思想中的重要性。

"主敬"是为了"存心"，使此心时时凝聚在理上，常为一身之主，从而做到日用常行莫非天理之流行。刘鸣珂说："盖心之神妙不测，出入存亡，莫知其所向，惟能敬，则时时保守在此，使常为一身之主，而百体每从令焉，则无适而非天理之流行矣。故必战战兢兢以持之，不敢一毫放松也。"①

尽管强调通过"敬"来存心养心、涵养本原，但刘鸣珂并没有忽略朱子学的"穷理"功夫。他说："主敬者，存心之要；致知者，进学之功。守此二者，终身不变，不患不到圣贤地位也。"② 这是因为如果只注重心性的涵养，而不去格物穷理，就有可能流于佛氏之虚寂。刘鸣珂说：

> 吾儒主敬，要养得明鉴在此，万理毕照；释氏坐禅入定，屏绝思虑，并要却照求明。此其所以大相径庭也。或曰：有镜则自能照，释氏果养得明体足，焉有不能照之理？曰：吾儒一照，万理皆会，释氏一照，万理皆错。其病总是不格物穷理，空空守一心字，故体用皆不足也。③

刘鸣珂指出，儒家与佛氏都重视心性，而区别就在于：儒家之主敬存心是要"养得明鉴在此，万理毕照"；佛氏则是离照求明，空守一心，即使有"照"，也是"万理皆错"，这其中的关键就在于是否"格物穷理"。因此，学问应该"主敬"与"穷理"内外并进，动静交养，才不会流于一偏。

---

① 刘鸣珂：《砭身集》卷三。
② 刘鸣珂：《砭身集》卷四。
③ 刘鸣珂：《砭身集》卷四。

3. "孔孟、程朱未尝不言心"

对程朱理学来说，儒家重性，佛氏重心，是否格物穷理是儒佛之间的重要区别，因为程朱主张"性即理也"，认为佛氏所说的心只是知觉之心而非理。因此在后世许多学者看来，言心即佛老之学，但刘鸣珂却指出，儒家与佛老的差异并不在于是否以心为学。他说：

> 自幼最厌二氏虚寂之学，见专言心者，辄辟之为异端，每在发用处辨别道理。近觉万事万物之理总在一心，心清明则一切毕照，心昏聩则一切皆差。孟子曰"存其心"，《中庸》曰"中也者，天下之大本"，吾儒瞬息存养，正当保此以事天，此吾身之太极也，所谓"吾道一以贯之"者，舍此再无别法，词章记诵家全不解这个妙处，便将一颗宝珠让于二氏也。①

在这里，刘鸣珂通过自己的为学体验指出，是否以心为学并不是儒佛之间的根本差异，不能因佛氏专在心上用功而舍弃人伦物理流于虚寂，就因噎废食而不去讲求心。如孟子便言"存其心""求其放心"，《大学》也说"明明德"，《中庸》亦曰"中也者，天下之大本"，这都是在说心，孔子说"吾道一以贯之"的"一"，也指的是心，因而不能将心这颗"宝珠"让给佛老，而只是在细枝末节或道德伦理上去与佛老争长短。当然，刘鸣珂所说的"心"并不是王阳明的"心即理"之心，而仍是朱子学的心与理不离之心。他说："佛老专在心上用功，孔孟、程朱未尝不言心，但佛老之学以'虚无'为主，则止是气，儒者言心即不离理，所以迥乎不同。"②

刘鸣珂主张儒者要以心为学，其用意之一是反对当时士子只以口耳记诵、举业时文为学，而不知涵养心性、成己成物。正因为如

---

① 刘鸣珂：《砭身集》卷三。
② 刘鸣珂：《砭身集》卷六。

此，学者对于圣人之学虽能熟读成诵，但多是捕风捉影，并无真见，更不曾在人伦日用中认真体会圣贤之言。刘鸣珂认为，正是由于这种功利的学风，使得今日儒家士子在见识和志气上都不如佛老。他说："学者读孔孟之书，究其用心，不过为吃着不尽计，即有粗知圣学者，终是求富贵利达之意多。殊不见此身在天地间能有几个日子，孔孟当年是如何，今日是如何，我辈今日是如何，异日当如何。今天下学者果有学佛老之见识，有学佛老之志气，不患不到孔孟地位也。"[1]

总之，强调心性之学，重视"主敬"以存心与格物穷理并进，反对空谈本体，注重工夫实践，可以说是顺治、康熙、雍正时期关中朱子学的显著特点。

三、乾隆时期的关学

王心敬之后，关中王学逐渐衰落无闻，而朱子学则成为乾隆直至清末关学的主流思想。乾隆时期的关学代表主要有澄城的张秉直、华阴的史调、武功的孙景烈及其弟子临潼的王巡泰。这是清代关学发展的第三个时期。其中，张秉直对程朱之学有较多阐发，而史调、孙景烈等在关中各地书院讲学，制艺与理学并重。总的来说，乾隆时期的关学继承了之前关学重工夫实践的特点，强调主敬穷理，注重《小学》之教和经世致用，这使得关中在"乾嘉汉学"盛行的时候，仍保持着对性理之学（朱子学）的重视，而考据训诂之风则较弱。

下面我们就以张秉直和王巡泰为例，来了解一下乾隆时期关学的发展情况。

（一）张秉直的朱子学思想

张秉直（1695—1761），字含中，号萝谷，陕西澄城人，其学以

---

[1] 刘鸣珂：《砭身集》卷二。

程朱为宗,是王建常、刘鸣珂之后关中朱子学的又一重要代表。

张秉直14岁时从学于韩城的吉儒宗,他在韩城学习期间,曾拜见过李二曲的弟子高世彌、王心敬的弟子强岳立等人,后又师从郃阳的康无疾,并前往鄠县向王心敬问学。张秉直不喜欢科举制艺,30多岁时就不再参加科举考试,一心于濂洛关闽之学的学习。理学名臣陈宏谋(号榕门,1696—1771)任陕西巡抚时,打算向朝廷举荐张秉直,但张秉直坚决不肯。

除程朱之学外,张秉直对经世致用也很重视,其著作中有关立志、尊师、穷理、正心、修身、齐家、简贤、画疆、辨士、任民、定赋、均财、教稼、足兵、立教、明刑、封建、取士、礼乐的内容很多。

张秉直著有《四书集疏》《四书集疏附正》《论语绪言》《治平大略》《开知录》《萝谷文集》《文谈》《征信录》《读书存疑》等,大部分保存至今。

1. 以《小学》《论语》为学问之始

对于张秉直的学问特点,与其同里的连毓太(号雪峰)说:

> 萝谷张先生者博览群籍,……归本"四书",尤重《论语》。以朱子之说为宗,信之最笃,好之最深,谓舍"四子书"外更无可讲之学。以穷理为始,以知命为要,无近名急功之志,所谓学必探其本原者耶!①

张秉直之学以朱子为宗。他对《论语》与《小学》尤其重视,认为这两本书既是学孔子之学与朱子之学的入门书,同时又主要讲的是下学之旨,学者有可持循之处,而要明理尽性、希圣达天,都离不开下学功夫,或者说就在下学之中,故"舍是他求,不入于卑

---

① 连毓太:《四书集疏附正序》,见张秉直:《开知录》。

近，则流为空虚"①。

可见，张秉直主张为学先从《论语》与《小学》入手，主要是由于这两本书讲的都是初学入手工夫和下学而上达之旨。而在张秉直看来，当今学者不是陷于功利，就是流于空虚，便是因为在始学时就无一定工夫，只谈一些高深玄远的东西，《小学》《论语》则教人在人伦日用中做存心养性的工夫，故初学者不能舍《小学》《论语》不讲。而且从教育人才来说，也应当先从《小学》《论语》开始，因为《中庸》是子思"明天道、人道全功"，《孟子》则是孟子"振作衰世人心"，二书都属于言有所为，不能作为教人之常法。②

最后，张秉直认为，学者一定要先读《小学》、"四书"，因为这是圣人之言，可以端正人心之知，使其不陷于一偏，进而不会在学问上背离圣人之道。他说："古今学术之偏，皆吾心之知陷于一偏有以害之也。以《小学》、'四书'栽培吾心之知，是亦致知在格物之义。吾学虽未知'道'，然或不背于圣人者，其原实基于此也。"③

2."变化气质为初学入手第一功夫"

张秉直对传统理学的理气、心性等形而上的问题讨论不多，且主要是恪守朱子之说，他更重视的是力行实践。张秉直说："学者知行功夫，先儒言之详矣，顾力行何如耳，不在多言。然学者各有自家一番吃紧用力处，亦须拈出以示人，方知入道之端无穷尽也。"④对张秉直来说，学者第一"吃紧用力"处就是张载所说的"变化气质"。他说："为学入手功夫当以变化气质为先。盖气质有偏，犹人

---

① 张秉直：《开知录》卷一。
② 参见张秉直：《开知录》卷一。
③ 张秉直：《开知录》卷一。
④ 张秉直：《开知录》卷一。

有宿病，病根未除，元气终无能复之理。"①

张秉直认为，气质之偏是影响学者德性修养和力学为圣的重要因素，孔子在教育学生时，就是因其弟子气质之偏处而教育之，故他主张"变化气质为初学入手第一功夫"②，强调学者要在平时的视听言动、处事接物上做工夫，努力克治自己的偏处，如好名好利好胜之心。他说：

> 学者吃紧功夫在视听言动、处事接物上，此吾夫子教人之法。"慎独"是曾子、子思拈出，"存心"是孟子拈出，功益密而教益严矣，然着力鞭策，毕竟动时居多。后儒多重静存，或是资性高明，动处自无大过，不则必轻人事而重涵养也。此须自家检点病痛何在，不可随人俯仰。③

张秉直指出，陆王之学就是因为只注重良知本心的涵养，而缺乏平时的实落工夫，故偶然悟得大本大原，便以此为学，因而其后学不是入于禅，就是流于狂荡。因此，张秉直强调，"闻道不难，难在体道"，为学只有从下学工夫做起，方可望有所成就，不然，纵闻得天道性命，也非实有所得。

当然，张秉直也并不反对心性本体涵养，他只是认为不能只重涵养而轻视格物穷理，例如他说："吾儒之学，以理为主，心心念念只在理上，才存心时便是理，念萌动便是道心之发，故可言心在时便是仁也。……虽曰'心存则理自在'，然必致知格物有以尽此理之全，而后理明心通，始能尽此心之量。"④ 可见，此心只有常在理上，即"心心念念只在理上"，这样念虑萌动时便是道心之发，才可以说"心在

---

① 张秉直：《开知录》卷一。
② 张秉直：《开知录》卷一。
③ 张秉直：《开知录》卷一。
④ 张秉直：《开知录》卷一。

时便是仁"。但要做到这一点，还必须格物穷理。也就是说，"存心"不能离开读书穷理，也不是闭目静坐体悟就可以，还需要通过格物穷理，才能做到理明心通和"心存则理自在"。

因此，对于理学的"静坐"涵养，张秉直一方面认为静坐容易流于禅，不如"主敬"来得平稳，并认为在理学创立之初时圣人之道还未明，故程子教人静坐，由悟而入，但到朱子之时，圣人之道已明，学问重心已不在悟道了，而是要践行此道。故张秉直强调要在喜怒哀乐已发时用功，做到当喜而喜，当怒而怒，当哀乐而哀乐，从而来体验"中"是什么，而不是在静坐中、在喜怒哀乐未发时去体验"中"的气象。但另一方面，张秉直也认为静坐能使人"读书也觉意味深长，处事也觉从容不迫"①。

尽管在一定程度上对"静坐"涵养进行了肯定，但张秉直还是强调"静坐"之外需要"主敬"来扶持，亦即使此心念念在理上，如此心方有所主，才不会为私心妄念所乱。可见，张秉直的学问仍是重在工夫实践、下学而上达，这与清初以来的关学一脉相承。

(二) 王巡泰的朱子学思想

王巡泰（1722—1793），字岱宗，号零川，陕西临潼人。王巡泰生活的年代稍晚于张秉直，他与其师孙景烈同为乾隆中后期的关学代表。

王巡泰年少时曾从学于华阴的史调，后来又师从武功的孙景烈。孙景烈恪守朱子之学，以理学、古文和制艺闻名关中，曾先后主讲于西安的关中书院、鄠县的明道书院和兰州的兰山书院，造就之士众多，但其中以义理之学著名者只有王巡泰。乾隆十九年（1754），王巡泰考中进士，先后任山西五寨县（今属山西忻州）、广西兴业县

---

① 张秉直：《开知录》卷一。

和陆川县（皆今属广西玉林）知县，后来又升为吏部主事，不久便致仕回乡。王巡泰曾先后主讲于临潼、渭南、华阴、望都（今属河北保定）、解州（今属山西运城）、运城各地的书院，亦多有成就。

王巡泰之学也以朱子为宗，其弟子阎成化说："盖先生之学以主敬为根柢，以《小学》《近思录》为入门，自居乡以至服官，辞受进退，咸凛凛有法度。所著制艺、古文皆以发明书理为要，罔不与《劄记》相表里，而教人步步有实地。"①

王巡泰著有《四书劄记》《解梁讲义》《格致内编》《齐家四则》《五服解》《仕学要言》《丁祭考略》《零川日记》和《零川文集》等书，并自订有《年谱》，但今天所见只有《四书劄记》了。

1. 重《小学》与下学实践

《四书劄记》是王巡泰读《大学》《中庸》《论语》《孟子》的心得体会，持续时间很长。据其自言，始于乾隆二十年（1755）至乾隆五十一年（1786），其间进行过两次整理订正。根据《四书劄记》中的内容，我们可以看到王巡泰理学思想的特点主要有：

一是重视《小学》。在王巡泰看来，如果说《大学》是初学入德之门，那么《小学》则是入《大学》之门，故"学《大学》之道，必自《小学》始"，"士希贤，贤希圣，端必由此"②。

二是强调下学工夫。王巡泰说："下学上达，是人人做得的，惟圣人能尽之耳。上的道理只在下中，达的工夫只在学上。"③ 又说："上达之理即天也，天理只在人事上。事在此，理便在此，理在此，天便在此，不分两时两境，故下学人事，自然上达天理。"④ "天理

---

① 阎成化：《零川先生四书劄记序》，见王巡泰：《四书劄记》，清光绪九年（1883）刻本。
② 王巡泰：《四书劄记》卷一。
③ 王巡泰：《四书劄记》卷二。
④ 王巡泰：《四书劄记》卷二。

只在人事上",上达之理就在下学工夫之中,强调在日用常行中做工夫,这是王巡泰思想的特点,也是清代关学的一个总体特点。

2."理不离气,谓理即气则不可"

在强调《小学》和下学工夫的同时,王巡泰对理学中的理气、心性、天命之性和气质之性等问题也进行了阐发,虽然在思想上仍是一本程朱之说,但却有其特点,即极力分别理与气的不同,反对以理为气和认气为性,这反映了乾隆后期关学的一个发展变化。

首先,在理气关系上,王巡泰强调理气只能说是不离,而不能说气即是理,理即是气。他说:

> "气以成形而理亦赋焉。"有是气,理便在其中。理不离气,然谓理为气则不可;气是理之所附,然谓气即理则不可。①

> 性兼理气,指气言性可也,指气为性则不可。生,气也;生之理,性也。理不离气,谓理即气则不可。②

其次,既然理与气是两个各自独立的实体,理无不善,而气则有不齐,因而在人性论上,王巡泰肯定孟子的性善说,而把不善归之于气质所为。他说:"人不能无不善,天决无以不善命人者。人之有不善,气质为之也,非天之所命也。"③ 在此基础上,王巡泰认同宋儒对人性所作的"天命之性"与"气质之性"的划分,强调气质之性并非人性的本然,人性是以理为本。不过,王巡泰也肯定气质之性也是性,其存在也是合理的。

其次,在心性关系上,王巡泰强调心性二分,认为性是理,心只是气之灵处,理具于心而心并非理,故不能认心为性或以心为理。

---

① 王巡泰:《四书劄记》卷一。
② 王巡泰:《四书劄记》卷八。
③ 王巡泰:《四书劄记》卷一。

他说：

> "天命理不命气。"气聚而成形，而气之精英则聚而为心。心是气之灵处，要之亦气也，其中所具之理则性也，是乃天之所命也。①
>
> 性字从生从心，是生来具是理于心，方名曰性。理即在心中，然理自是理，心自是心，谓理具于心则可，谓理为心则不可。②

再次，在修养工夫上，王巡泰认为存心与养性不同。既然心是气，性是理，故"存心"与"养性"这两种工夫虽不能截然分开，但也不能混同。"存心"只是在心上、气上做工夫，而"养性"则是在理上做工夫，因此不能认为"存心"就是"养性"，故曰："心不可放，故须存；性不可拂，故须养，此以与养有别也。""非存心必不能养性，然存自是存，养自是养，养不离存，要不得以存心便当了养性的工夫。"③ 可见，王巡泰对"存心"与"养性"工夫的区分，其意仍是反对学者把心与理（性）混同起来。

总的来说，王巡泰的理学思想重在突出"理"的价值和地位，反对认气为理，这可能与当时学风重考据训诂有关，也可能与一些学者主张"达情遂欲"有关。但不管怎样，王巡泰的思想代表了乾隆后期关学的发展情况。

四、晚清关学

与清代前期相比，乾隆时期的关学总体上处于一种衰微的状态，史调、孙景烈和王巡泰虽然曾在关中各地书院讲学，但他们的讲学多以科举制艺为主，虽说制艺与义理并重，但实际上对理学的阐述

---

① 王巡泰：《四书劄记》卷一。
② 王巡泰：《四书劄记》卷一。
③ 王巡泰：《四书劄记》卷八。

并不多。正如孙景烈所说，其门下弟子虽多，然研治义理者唯王巡泰一人。而张秉直虽然对程朱之学有着较深入的研究，但其一生隐居乡里，名声不显。然而进入嘉庆、道光年间，在朝邑李元春及其弟子三原贺瑞麟的努力下，关学在晚清时期出现了复兴的局面，这是清代关学发展的第四个阶段。在这一时期，关学出现了与以往不同的两个重要特点：一是开始大量整理、刊刻程朱理学书籍，并特别注意对关学文献的寻访与校刻；二是在清末时出现了学习近代西方科学技术的趋势，开始将传统关学与近代西方之学相结合。

以下我们就通过李元春、贺瑞麟和刘古愚的思想来了解关学在晚清的发展变化。

（一）李元春的朱子学思想

李元春（1769—1854），字仲仁，又字又育，号时斋，学者称桐阁先生，陕西朝邑人。李元春年少时家里比较贫困，父亲于是远游他方去做生意，留下他与母亲一起生活。李元春八九岁时就经常替别人磨谷物以换取一些麸糠，然后再拌上蔬菜或野菜一起蒸，这就是他日常的食物。一天，李元春经过乡里的私塾，听到里面传来的读书声，便哭着回到家中告诉母亲想要读书，李母感到很高兴，就想尽办法把李元春送入私塾学习。14岁时，李元春前往大荔（同州府府治）参加府试，在书肆中看到明初理学大家薛瑄的《读书录》，于是就减少自己两日吃饭的钱将该书买下，读完之后，遂对程朱理学产生了浓厚的兴趣，从此便立志向圣贤学习。嘉庆三年（1798），李元春考中举人，但随后九次考进士都没有考中。最后因母亲年老，故从此绝意功名，在家侍养其母，不远游，并潜心读书著述和教授弟子。后来，朝邑知县两次打算举荐他，但都被李元春拒绝了。

李元春曾先后主讲于朝邑的华原书院、西河书院，同州的丰登书院，潼关的关西书院和大荔的冯翊书院，后又在家乡建桐阁学舍讲学，造就颇众，其弟子中最著名的是三原的贺瑞麟和朝邑的杨树椿（号损斋，1819—1874）。李元春之学以程朱为宗，重视躬行实践、经世致用，在主讲各地书院时也是以理学为主。

李元春的著作比较丰富，主要有《桐阁先生文钞》《桐阁性理十三论》《闲居镜语》《病床日札》《桐窗呓语》《余生录》《夕照编》和《四礼辨俗》等。另外，李元春还整理编撰有《关中道脉四种书》《关中两朝文钞》《关中两朝诗钞》《关中两朝赋钞》和《关学续编》等。

1. 主敬、礼教与《小学》

李元春学宗程朱，程朱理学对他的影响很大。他曾说：

> 念当十四五时见程、朱之书而悦之，便欲弃去举业，闭户诵读，学为宋人之学。顾以质诸师长，皆恐明志未能，终成山林樗栎，为世所弃，不欲竟不就试。既而思之，制举之业与程朱之学不相妨也，程、朱在当时亦何尝不就试。故自弱冠叨入庠序，四赴乡科，至今贫困饥寒，日以较甚，而每遇公车之诏，辄思步人后尘，固非敢剽窃以取功名，要岂敢自谓可见于世耶！①

可见，程朱之学对李元春的最大影响便是从根本上改变了其为学方向。李元春从十四五岁时即有志于程朱之学，曾一度想要放弃科举之业，虽然由于各种原因未能如愿，但经过20多年的时间最后还是放弃了科举制艺，潜心理学研究。这既反映了当时理学与举业已成为两种实际上已然分离的为学之路，也反映了弊端丛生的科举对许多有志学子缺乏足够的吸引力。在李元春看来，要端正学术，维护世道人心，就必须尊崇朱子之学，朱子之道明，即孔子之道明。

---

① 李元春：《李元春集》，第183页。

为此，他还在乡里建朱子祠，以使士子知学问方向。

李元春的这一为学态度对其弟子也产生了重要影响，如贺瑞麟在24岁时师从李元春，之后就有志于程朱理学的学习，28岁时便放弃科举直至终身，甚至也不以时文制艺教人。杨树椿也是在向李元春问学后，就绝意科举，笃行谨守程朱之学，不求闻达。

概而言之，李元春的理学特点，首先是以"敬"为主。他说：

> 朱子之学主于敬，吾生平得力亦只此一字。无论动静常变，何时何事，随在观理以自处，天下无足累吾者，吾无往而不自乐矣。①

> 今欲由程朱以学圣人，约之为一字之守，当以"敬"为主。②

李元春认为，学者应当先读朱子《小学》，次读《大学》，然后再读《中庸》《论语》和《孟子》，这样，工夫与道理就能循序渐进，由浅入深。李元春不仅教弟子要先读朱子《小学》，而且自己每年年初的时候也会先读一遍《小学》，然后才开始读这一年要读的书。他说："吾年二十方补读《小学》，后每岁自元旦至十五日，人皆闹节，吾温习《小学》书一过，方起一岁功课，愿诸生亦然。"③

其次，提倡以礼教人。李元春认为，当今世风之坏主要是礼教不明，故应通过提倡礼教来挽救人心道德。他说："张横渠以礼教人，世风之坏亦全由礼教不明，无礼则无度，无度则费繁，俗之伪、民之贫皆由是也。"④ 又说："讲礼尤是救衰世之法。"⑤ 在礼教这方面，李元春著有《四礼辨俗》一书，也就是以礼来规范乡俗（主要

---

① 李元春：《李元春集》，第784页。
② 李元春：《李元春集》，第833页。
③ 李元春：《李元春集》，第846页。
④ 李元春：《李元春集》，第756页。
⑤ 李元春：《李元春集》，第848页。

是冠、婚、丧、祭），使礼与俗统一起来，做到"俗不悖于礼，则俗亦礼"①。其弟子王维戊在《四礼辨俗序》中说：

> 而今士庶家冠礼久废，昏礼六礼不备，丧礼服制仅存，而所谓不饮酒、不茹荤、不入内者，未尝一日守也，祭礼名存而实亡。嗟乎！四礼者所以立人之干也，而废坏若此，则俗为之也。有心者乌可不起而辨之？吾师李时斋先生敦行古礼，恪守王制。维戊初至桐阁时，先生适有期功之丧，守礼惟谨。平时狃于陋俗，谓礼经载必不可复，至此始知丧礼之犹行于世也。继又见先生事事遵礼，不顾俗惊，俗亦几于丕变。②

李元春对"主敬"、《小学》和礼教的提倡，后来被其弟子贺瑞麟等人继承，并以此来教授关中士子，从而成为晚清关学的重要特点。

2. 理气之辨

在理学思想上，李元春主要集中讨论了理气之间的关系和人性问题，重心是反对"理在气中""气先理后"的说法，强调"有理方有气""理主而气辅"。他说："天地生物，先有理后有气，理主而气辅之，盖所以应有是气，即理也。"③又说：

> 无理则无气，理在而气随之，非气聚而理始因之。自其予于天者言之谓之命，自其受于人者言之谓之性，均此理也。理在人，非气固无安顿，要是理主而气辅，盖有此一团道理则气即凑泊，气凑泊理遂与气俱足。所谓"气以成形而理亦赋焉"，谓理与气俱来，非谓先无此理，因气而

---

① 李来南：《四礼辨俗后序》，见李元春：《李元春集》，第744页。
② 王维戊：《四礼辨俗序》，见李元春：《李元春集》，第731页。
③ 李元春：《李元春集》，第201页。

有也,惟是理不著,气则并无主名。①

李元春指出,理并非因气而有,理与气其实是一时俱有的,而曰"有理方有气""无理则无气"则主要是为了突出"理"的价值和意义,强调以理为先、以理为主,反对把代表物质和情感欲望的"气"放在"理"之先来说。这与之前王巡泰强调理气二分,反对认气为理的思想比较相近。当然,李元春也指出,理不是孤立抽象的一物,理要在气上见,要靠气来落实和显现。

李元春认为,如果像气学说的先有气而后有理,理是因气而有的,那么就会在人性论上造成以气为性,从而否定儒家传统的性善论,并且由于气有清浊昏明之分,故以气为性,那么性则有善与不善。他说:"理与气合则为性,性不离乎阴阳而亦不杂乎阴阳,故终以理为先、以理为主。不然,先有气而后有理,气有清浊纯杂,充其说,势将谓性不尽同,而孟子性善之说果可疑矣。"②

在李元春看来,以气为性不仅与孟子的性善论相悖,而且更会使性流于空虚之中。他说:"孔门讲仁,孟子言四端,无非阴阳五行之实理。理虽无形,实也,气即有状,虚也。"③ 这就是说,只有父子、君臣、夫妇、长幼、朋友之伦,而无亲、义、别、序、信之理,即只有人伦而无人伦之理,人伦也只是一种无真实意义的存在。李元春认为,佛氏就是因为只见气不见理,故以为人伦事物都可以舍弃,却不知理与气既不相离,也不相杂,气并不是理。

李元春对"理"的强调,当然与其生活的时代环境有关。然而,尽管有李元春及其弟子的极力提倡,但传统理学的衰落仍是不可避免的。

---

① 李元春:《李元春集》,第187页。
② 李元春:《李元春集》,第188页。
③ 李元春:《李元春集》,第200页。

（二）贺瑞麟对关学的振兴

贺瑞麟（1824—1893），字角生，号复斋，人称清麓先生，陕西三原人。17岁时为诸生，第二年从学于三原县举人王万适（字次伯），读吕柟《泾野子内篇》和薛瑄《读书录》，从此潜心理学学习，不专事举业。24岁，前往朝邑师从李元春学习程朱之学。28岁，在长安与朝邑的杨树椿相识，并于是年放弃科举直至终身，而且也不以举业教人，凡是前来求学的学生若只以举业为学的都推辞不受。贺瑞麟曾先后主讲于三原的学古书院和正谊书院，"修己教人，一以程朱为法，丝毫不容假借，一时躬行实践之士多出其门"[①]。后经陕甘学政吴大澂的举荐，清政府授其国子监学正衔。

继其师李元春之后，贺瑞麟在三原士绅刘昇之、刘质慧的支持和帮助下，广泛编校和刊刻程朱理学书籍与关学文献，为晚清关中地区朱子学的复兴和关学著作的保存、流传做出了重大贡献。

贺瑞麟著有《清麓文集》《清麓答问》《清麓遗语》《清麓日记》等书，并编有《西京清麓丛书》，收书近百种，其中多为程朱理学著作。

贺瑞麟生活的年代，科举制度弊端丛生，传统理学开始走向衰落，西方"新学"出现。在贺瑞麟出生之时，关中称得上名儒的仅有其师李元春和凤翔的郑士范（字冶亭，1795—1873）二人。正是在这样的思想环境之下，贺瑞麟与其同门好友杨树椿一起担负起振兴传统关学的任务。

1. 以程朱理学为教

贺瑞麟对程朱之学的提倡首先体现在他的书院讲学之中。他在主讲三原学古书院和正谊书院的时候，专以程朱之学为教，而不讲

[①] 王美凤整理编校：《关学史文献辑校》，第527页。

授科举制艺。贺瑞麟认为，过去国家科举取士是为了让学者沉潜于圣贤之道，以见之实用，而圣贤教人为学，也是要讲明义理，修己治人，并非让人汲汲于语言文字或功名利禄，但是"今之举业，非不日读圣贤之书，至所以求于书者，不越乎词章利禄之习，则其用心为己外矣。即使阐发经义亦几无余，而反之身心事业竟若两歧，至其末流抑已甚焉，议论卑而廉耻丧"①。换言之，现在士子从事举业之学，只是将其作为获取功名利禄的途径，而不是要修身进德、泽民救世。贺瑞麟认为，要救举业之弊，挽救世道人心，只有让读书人重新回到儒家圣人之学上来。

在贺瑞麟看来，科举之业与圣贤之学的区别就在于：举业是用心于外，追求功名利禄；圣贤之学则是修己治人之实学。二者就是孔、孟所说的为人与为己、人爵与天爵之分。而贺瑞麟所说的圣贤之学，即是程朱之学。他说："学之道以孔孟为宗，宗孔孟而得其真者程朱也，非程朱即非孔孟。"②

同治四年（1865），应三原县令余庚阳邀请，贺瑞麟开始主持学古书院的讲席。在主讲之初，他便为书院订立《学约》六条，其中第一条就是："凡学于此者，一以圣贤之学为宗，世俗记诵词章、功名利禄之说务使扫除净尽，不以干其胸中。然后趋向专一，功夫纯笃，方有可冀。"③贺瑞麟认为，设立书院本是为国家培养人才，而不是为了谋求功名利禄，因此，他对于科举时文绝口不讲。

同治九年（1870）春，贺瑞麟辞去学古书院的讲席，并于同年八月建清麓精舍，读书讲学其中。光绪七年（1881），三原知县焦云龙捐资扩建清麓精舍，并取名"正谊书院"。同样，贺瑞麟在清麓精

---

① 贺瑞麟：《贺瑞麟集》，第320页。
② 贺瑞麟：《贺瑞麟集》，第426页。
③ 贺瑞麟：《贺瑞麟集》，第525页。

舍和正谊书院教授诸生时，也是专以程朱为教，不讲时文。

光绪十三年（1887），陕西候补道黄嗣东与长安县令樊增祥捐资在长安重建鲁斋书院，贺瑞麟在写给黄嗣东的信中也建议书院不要开设科举之业，而以讲明正学为事。他说：

> 大抵举业一途，势所难去，然各处书院教之不啻详矣。精舍即不开此一门，亦非缺典，明胡敬斋主讲白鹿洞，今上海初立龙门书院，皆无时文之课，而一以讲明正学为事。如万不得已，而不欲或废，但使知其为趋时之末技，而非为己之实功。本末缓急、轻重取舍正当有辨，所望大启圣学门庭，作后来种子，必求精纯正大，勿为包罗和会，庶几关学一脉赖大人而复续，又不独秦士幸也。①

贺瑞麟认为，当今之时，书院不开设时文也并非缺典，即使万不得已而不能废除，也要使士子知道时文只是"趋时之末技，而非为己之实功"，如此关学一脉才有望得以延续。

除以程朱理学为教之外，贺瑞麟还对朱子编的《小学》和《近思录》以前所未有的重视。他在学古书院讲学时，规定书院诸生无论大小，都必须先读《小学》，以之作为入门之书，其次是《近思录》，然后是"四书""五经"，以及周、程、张、朱等宋儒之书。在贺瑞麟看来，"《小学》《近思录》二书，便是《四书》《五经》真血脉，便是帝王圣贤正路途。学者舍此而他学，血脉乱，路途差矣"②。

2. 振兴关学

在大力提倡程朱理学的同时，贺瑞麟还以振兴关学为己任。这一方面的表现主要有：

---

① 贺瑞麟：《贺瑞麟集》，第 344 页。
② 贺瑞麟：《贺瑞麟集》，第 1046 页。

一是刊刻关学文献。在弟子三原刘昇之、刘质慧叔侄的鼎力相助下，贺瑞麟校刻了大量程朱理学之书，其中也包括许多关学著作。据《清麓文集》和《贺清麓先生年谱》记载，其编校刊刻的关学文献有：张载的《张子全书》，王建常的《复斋录》，李颙的《恶室录感》，李因笃的《仪小经》，张秉直的《开知录》《治平大略》《征信录》，李元春的《桐阁先生文钞》《桐阁性理十三论》，以及贺瑞麟自己辑录的《原献文诗录》等。

贺瑞麟编刻的关学著作虽然总数不多，但意义重大，一些非常重要的关学文献得以保存下来，如王建常的《复斋录》，张秉直的《开知录》《治平大略》，李元春的《桐阁先生文钞》《桐阁性理十三论》，等等。在贺瑞麟生活的时代，王建常早已不为关中学者所知，更不用说其学了，其著作《复斋录》更是流传极少，而贺瑞麟对《复斋录》的重新刊刻，不仅保存了这一重要关学文献，而且对于研究清初关学来说无疑具有重要的意义。今所存《复斋录》即是由贺瑞麟校订，刘质慧刻于光绪元年（1875）的刻本。另外，对张秉直著作的刊刻也非常重要。贺瑞麟曾四处访求张秉直所著之书，但一直无所得，甚至连其人都少有人知。当时张秉直的著作只有《四书集疏附正》和《论语绪言》有刻本，其余都是稿本，且被后人保存在家中。贺瑞麟所刻的《开知录》十四卷是张秉直的读书笔记，集中反映了其理学思想；《治平大略》四卷则是有关治国经世的内容。今所存二书即是由贺瑞麟校，刘昇之刻于光绪元年的刻本。而李元春的文集生前虽已刻印，但后来遭遇兵乱，存世不多，原版也被毁坏。于是，贺瑞麟将自己收藏的李元春文集及其语录重新进行编订，分为十二卷，由朝邑同义文会刻于光绪十年（1884），这就是《桐阁先生文钞》。《桐阁性理十三论》则是李元春对理学一些重要命题的论述，现存该书即由贺瑞麟校订，于光绪十七年（1891）刻于正谊书院。

除亲自编校和刊刻关学文献之外，贺瑞麟还经常留意关中各地关学著述的流传情况，并一有机会就请当地官员或者儒商富绅加以搜访、刊刻。如凤翔学者郑士范编撰的《朱子年谱》《许鲁斋先生年谱》《朱子约编》和《礼表》等书，就是贺瑞麟在凤翔见到后嘱托当地儒商周氏刊刻。又如王巡泰的著作，当时临潼县令汪凤枟曾刊刻王巡泰的《四书劄记》并赠给贺瑞麟一部，借此机会，贺瑞麟又请汪氏再将王巡泰的《零川日记》进行刊刻并搜访其他著作以传后世。

此外，贺瑞麟还积极为关中各地所刻关学著作作序，撰有《朱子年谱序》、《许鲁斋先生年谱序》、《重刻朱子约编序》、《礼表序》（凤翔刻）、《重刻泾野子内篇序》、《重刻吕泾野先生十四游记序》（高陵刻）、《重刻杨忠介公文集序》（富平刻）、《杨损斋文钞序》（泾阳刻），并手抄刘鸣珂的《砭身集》一部，为弟子作《题〈砭身集〉写本》等，都可见贺瑞麟对振兴关学的努力。

二是表彰关学先贤。为阐扬关学，贺瑞麟还多次致书当时的陕甘学政吴大澂，请求表彰关学先贤。如：请吴大澂为朝邑学者杨树椿的《损斋文钞》作序，并题其墓碑文；请其奏请朝廷将李元春列入《儒林传》；请吴大澂为王建常、张秉直立碑题文；建议朝廷将王建常从祀孔庙；等等。而吴大澂对贺瑞麟所说各事也是大力支持，除王建常从祀孔庙一事未得到清政府的批准之外，其余诸事都一一落实。

光绪八年（1882），清朝国史馆为编纂《儒林传》，让各省访查贤德。贺瑞麟以陕西十四人进呈陕西巡抚冯誉骥，请其禀奏朝廷。贺瑞麟所进呈的关中学者分别是：

儒林四人：朝邑王建常、澄城张秉直、武功孙景烈、朝邑杨树椿。

文苑八人：华阴王弘撰、三原刘绍攽、洋县岳震川、安康董诏、郃阳（今陕西合阳）康乃心和康无疾、郿县李柏、蒲城屈复。

循良二人：临潼王巡泰、郃阳张松。

光绪十三年（1887），陕西候补道黄嗣东重建鲁斋书院时曾向贺瑞麟询问书院从祀诸儒。贺瑞麟根据《关学编》列出其中最著名而有功者，分别为：宋代张载、吕大钧、吕大临；元代杨恭懿、萧维斗、同恕；明代吕柟、马理、冯从吾；清代王建常、李二曲、王心敬、孙景烈、张秉直、李元春。此举对于提醒士子、倡明正学、传衍关学的意义显而易见。

三是提倡张载之学和重修张载祠。张载是关学的创立者，振兴关学，传承关学道统，自然不能忽略对张载之学的提倡。除刊刻《张子全书》之外，贺瑞麟还向学政吴大澂请求在陕西全省的学校提倡张载之学。他说："横渠为关学之祖，今学者率不能举其名字，况知其学乎！若以之提倡，则承学之士庶识途辙之正，于以会归程朱而不惑于他歧，尤麟之私愿也。"①

光绪九年（1883）夏，贺瑞麟又致信郿县县令赵孚民，请其重修横渠镇张子祠，其曰："兹闻横渠镇旧有张子祠，年久倾圮，……矧关学所系尤为至巨，一经尊崇，士习向风，其所造当非浅鲜。"②在贺瑞麟的建议下，赵孚民遂动工修复张载祠，贺瑞麟为此作有《重修横渠镇张子祠记》。

四是续编《关学编》。在王心敬和李元春的《关学续编》基础上，贺瑞麟又补入蒲城的刘鸣珂、泾阳的王承烈、澄城的张秉直、华阴的史调、朝邑的李元春、凤翔的郑士范和朝邑的杨树椿七人，

---

① 贺瑞麟：《贺瑞麟集》，第281页。
② 贺瑞麟：《贺瑞麟集》，第331—332页。

述其生平和思想要旨以及著述情况,并由长安的柏景伟刻于泾阳的味经书院。与以往不同的是,贺瑞麟的《关学续编》有两个特点:一是只收程朱学者,即刘鸣珂等七人皆以朱子学为宗;二是强调分辨门户,认为唯有程朱才是孔孟门户,而陆王则非孔孟门户。

总之,贺瑞麟通过提倡程朱之学、编刻关学文献、表彰关学先贤和续编《关学编》等各种努力来振兴关学,以延续关学道脉,使得关学在同治、光绪年间一度出现了复兴的局面。不过,对于正在兴起的近代西学,贺瑞麟虽然不反对但也不提倡,其思想中显然具有保守的一面。但如果我们从另一个角度来看的话,可以看到贺瑞麟的问题意识不是富国强兵、开办近代工厂等,而是在于改善社会风气和人心道德。这与清末刘古愚以经世致用、富国富民为学问重心明显属于两种为学方向,代表了晚清关学发展的两个路向。

贺瑞麟之后,其弟子牛兆濂(号蓝川,1867—1937)继续在蓝田传播程朱理学。

(三)刘古愚与关学的近代转向

在贺瑞麟坚守程朱理学,力图振兴传统关学时,长安的柏景伟(字子俊,1831—1891)和咸阳的刘光蕡(号古愚,1843—1903)却开始将关学引上通经致用和学习近代西方之学的道路上来,使"关学廓然一变"①。

柏景伟,字子俊,陕西长安人。年少时读书于关中书院,得到书院主讲蒋湘南(字子潇,1795—1854)的器重。咸丰五年(1855),柏景伟考中举人,不久又被授予定边县训导,但由于适逢战乱而未赴任。后来柏景伟又在长安办团练,并进入提督傅先宗幕下,之后因解救庆阳、巩昌之围而受到陕西巡抚刘蓉(号霞仙,

---

① 陈澹然:《关中刘古愚先生墓表》,见刘光蕡:《刘光蕡集》,西北大学出版社,2015年,第5页。

1816—1873）的保举，得候补知县。同治六年（1867），左宗棠领兵入关中平乱，得知柏景伟学识渊博、胸怀谋略，便邀请其参谋军事。左宗棠后来还保举柏景伟为知县，分陕西省补用，并加州同官衔。光绪三年（1877），柏景伟辞职回乡讲学，曾先后主讲于泾干、味经和关中诸书院，成就颇众，其中最著名者为长安的赵舒翘和礼泉的宋伯鲁。

柏景伟以王阳明的良知学为宗旨，重事功，强调通经致用。光绪十一年（1885），他与刘古愚在泾阳的味经书院创立求友斋，开设经学、史学、理学、政事、天文、地理、算法、掌故等多门课程，在一定程度上促进了关中士风的变化，使关中士子由传统理学的学习和时文制艺开始转向经史实学与近代学术。贺瑞麟甚至也说，"关中士风为之一变"①。不过，柏景伟对传统关学也非常重视，他不仅重新修复了冯从吾祠并创建了少墟书院，而且还请贺瑞麟续编《关学编》并加以刊刻。

柏景伟之后，刘古愚又进一步将关学引向近代学术之路，在坚持传统理学的基础上提倡学习西方近代科学与技术。同治四年（1865），刘古愚就读于关中书院，当时书院主讲为贵筑（今属贵州贵阳）人黄彭年（字子寿，1823—1890）。黄氏虽以程朱之学为宗，但并不反对阳明学，并且讲求"实学"，故在学问上刘古愚受黄彭年的"明体达用"思想影响较大。与此同时，刘古愚又结识了同在书院读书的咸阳人李寅（字敬恒，1840—1878），随后又认识了柏景伟，他们三人都以良知学为宗，并且注重经世致用，从而成为三原贺瑞麟之外晚清关学发展的又一方向。

光绪元年（1875），刘古愚乡试中举，但在第二年的会试中落

---

① 贺瑞麟：《贺瑞麟集》，第703页。

第，从此便绝意仕途，在陕西从事教育。光绪十一年（1885），刘古愚与柏景伟共同在味经书院创立求友斋。光绪十三年（1887），柏景伟被聘为关中书院主讲，而刘古愚则接替柏景伟在味经书院的讲席，直到光绪二十四年（1898）辞职，前后共历时十二年。1898年初，刘古愚又兼任泾阳崇实书院的主讲。崇实书院创建于1897年十月，由陕西学政赵维熙奏请建立，其目的在于专讲经世致用之实学，特别是近代西方之学。

1898年八月，戊戌变法失败，因主张变法而受到牵连，刘古愚辞去味经和崇实两书院的讲席，并在第二年隐居于礼泉九嵕山的烟霞草堂。四年后即光绪二十九年（1903）二月，刘古愚应甘肃总督崧蕃之邀前往兰州，主讲于甘肃大学堂。同年八月，刘古愚病逝于兰州。其著作经弟子整理汇编为《刘古愚先生全书》，其中包括《烟霞草堂文集》《烟霞草堂遗书》《烟霞草堂遗书续刻》。

刘古愚之学，总体来说，是理学、经史之学与西学并重，而不是抛弃传统之学不讲。

首先，在理学思想上，刘古愚主要是以王阳明的良知学为宗，反对朱王门户之争。他说：

> 前明诸儒言心是因举世驰于词章，惟勤记诵，不求心得，故矫以反求诸心，为学者指出千古圣学之源，即孟子"圣人先得我心同然"之旨也。末流之弊或流于空虚，然国初诸儒俱矫之以读书穷理而讳言心，则终流于记诵词章，高者亦不过训诂考据而已。①

刘古愚指出，王阳明的"良知"之说出于孟子，"致良知"之说则见于《大学》。"良知"之体"清明精粹，故属之'知'，具于

---

① 刘光蕡：《刘光蕡集》，第711页。

吾生之初,而为道之大原,不为气质物欲所蔽锢,故曰'良',推之事事物物,无处不有,无时不见,则一身之大用又该焉,故须'致'。"① 因此,"致良知"是天人、内外、本末、精粗,一理融贯,简易直截。况且王阳明提出"良知"和'致良知',也是为救朱子后学只知记诵辞章来求圣人之道而不知有"道"。因而刘古愚认为,说王学末流流于空疏可以,但以"空疏"来批评王阳明及其"良知"学则与事实不符。他说:"凡诋阳明者,谓入于禅,遁于虚,皆胸中有物,未尝平心以究其旨。一见'致良知'三字,怒气即生,遂不惮刻论深文,以罗致其罪也。我于人辨程朱、陆王者全不置词,不欲争闲口舌也。"②

刘古愚不仅反对分立门户,辨别朱王同异,而且还强调当今之世做学问,应该任人择途而往,不分程朱、陆王,荀、扬、管、商、申、韩、孙、吴、黄老、杂、霸、辞章以及农、工、商、贾也都是孔教之人,如果专心向道,皆能同于圣人,不必以口舌来争是非。

正是主张学问的目的在于经世致用,故刘古愚强调对传统理学的学习"宜粗浅不宜精深"③。因此,他虽然讲良知学,但却并不注重从义理上去阐释、发挥王学的各种概念、命题,而且其讲法也比较通俗,如认为"良知"即"世俗所谓良心","致良知"即"做事不昧良心"。④ 刘古愚认为如此去讲"良知"学则明白易懂,可以使中国之民都能致力于"学"。

其次,在理学之外,刘古愚还强调经史之学的学习,不过他所主张的经史之学,不是过去的考据、训诂、辞章之类,而是要考古

---

① 刘光蕡:《刘光蕡集》,第 123 页。
② 刘光蕡:《刘光蕡集》,第 124 页。
③ 刘光蕡:《刘光蕡集》,第 124 页。
④ 刘光蕡:《刘光蕡集》,第 124 页。

通今、明体达用。刘古愚认为，今日时局岌岌可危，而有着数千年文明历史的中国在人才培养上竟然不如外国，其原因就在于："盖外人之学在事，中国之学在文；文遁于虚，事征于实。课虚不如求实，故造就逊于人也。"① 因此，刘古愚非常重视时务的学习和了解。光绪二十一年（1895），中国在中日甲午战争中失败后，刘古愚在味经书院创立时务斋，以"俾人人心目有当时之务，而以求其补救之术于经史"②。时务斋所立课程，一方面为中国之经史，另一方面则为西方之学。另外，刘古愚还要求书院士子勤阅报刊，以尽快了解时务，并在味经书院刊行西学之书等。

最后，为救当时中国之时弊，刘古愚还提倡学习"西学"。在他看来，"西人之学皆归实用，虚不如实，故中国见困于外人也。欲救其弊，当自事事求实始"③。故刘古愚主张学习西方之学，以西方之"实学"来救中国"虚文"之弊。正如康有为所说："中国千年之士俗，为词章、训诂、考据之空虚，故民穷而国弱。先生则汲汲采西人之新学、新艺、新器，孜孜务农工，以救民为职志。"④ 陈三立也说："当是时，中国久积弱，屡被外侮，先生愤慨，务通经致用，灌输新学、新法、新器以救之。以此为学，亦以此为教。"⑤ 刘古愚对"西学"的学习，既包括西方的技术，如机器织布、机器轧花、机器制造等，还包括西方的人文与科学，如政治、历史、文学、军事、地理、数学、物理、化学、医学、力学等。

不过，正如刘古愚在《谕崇实书院诸生》中所说，崇尚西学，学习西学，"非举尧、舜、禹、汤、文、武、周公之法弃之以从西

---

① 刘光蕡：《刘光蕡集》，第 227 页。
② 刘光蕡：《刘光蕡集》，第 227 页。
③ 刘光蕡：《刘光蕡集》，第 140 页。
④ 康有为：《烟霞草堂文集序》，见刘光蕡：《刘光蕡集》，第 7 页。
⑤ 陈三立：《刘古愚先生传》，见刘光蕡：《刘光蕡集》，第 3 页。

政，举孔、孟以来相传之道，弃之以从耶教也"①。因此，刘古愚之学大体上仍属于清末流行的"中学为体，西学为用"之思想。不过，他积极主张学习西方人文与科学技术，将传统理学与近代西学相结合，确实为关学在近代的发展开辟了新的方向。

第三节　明清陕西提学使与关学

在明清关学长期的发展过程中，曾出现过多次兴衰，而每一次的兴盛，除关学学者自身的努力之外，还与一些时任陕西提学使或学政的提倡和弘扬有关。这些提学使通过修建书院、培养人才、重视理学教育、刊刻关学著作、表彰关学先贤，乃至以自身的学问倾向来影响关学的发展，从而深刻地反映了地方政治与区域理学之间的相互关系。以下我们即选择几位明清时期比较有影响力的陕西提学使，对此进行简要说明。

一、明代陕西提学使与关学

1. 杨一清

明代初期，关中尚无专门的讲学书院，宋元时所兴建的书院此时基本上处于荒废状态，直到弘治八年（1495）王承裕在三原建弘道书院讲学，关中地区的书院讲学之风才开始兴起，而随着杨一清（号邃庵，1454—1530）于弘治四年（1491）至弘治十一年（1498）提学陕西，明代关中的书院讲学才逐渐流行。

首先，弘治九年（1496），杨一清重建了西安府正学书院。正学书院原是关学创始人张载讲学倡道之地，元代时大儒许衡（号鲁斋，1209—1281）也曾在此讲学，后来元朝政府便在此地创建鲁斋书院，

---

① 刘光蕡：《刘光蕡集》，第234页。

并赐给书籍、学田等。① 但到了明初时,书院已废弃,成为兵民所居之地。杨一清于弘治九年重新修复了鲁斋书院,并改名为"正学书院",合祀张载、许衡和高陵的杨恭懿。重建后的正学书院并非只为了科举取士,而是"为道学而作也"②,亦不专是为了纪念许衡而重新修复,而是要通过崇祀张载、杨恭懿这些关学乡贤来风励关中士子。

正学书院重建后,很快成为此后八十余年间陕西最著名的讲学书院。《正学书院进士举人题名记》曰:"三历取士之科,举于乡者八十一人,举进士者十人,乡举皆得解元,而进士得状元一人。……书院未十载,所得如此,亦盛矣!"③ 许多著名关中学者如康海、李梦阳、吕柟、韩邦奇、冯从吾等人都曾在正学书院读过书。

除西安正学书院之外,杨一清还于弘治九年六月在武功创建了绿野书院。绿野书院原为绿野亭所在地,张载亦曾在此讲学。新建的绿野书院,中设张载祠,以县学训导赵文杰为书院诸生之师,其讲学内容也不只限于科举制艺,同时亦讲性理之学,"凡县学诸生,则三日一至听讲。其规约大率与白鹿、睢阳类。未几,若西安、凤翔诸生,闻风就学者踵至"。杨一清有时也会来书院亲自为诸生讲学,"躬督劝之,飒飒乎道学之流行也"④。

此外,杨一清又在凤翔府陇州(今陕西陇县)建岍山书院等。《(乾隆)重修凤翔府志》曰:"院(指岍山书院)肇于弘治丙辰

---

① 关于鲁斋书院的建立情况,参见许衡:《许衡集》,中华书局,2019年,第613—616页。
② 李东阳:《怀麓堂集》卷六十五《重建正学书院记》,《钦定四库全书荟要》影印本,吉林出版集团有限责任公司,2005年,第716页。
③ 王云凤:《博趣斋稿》卷二《正学书院进士举人题名记》,见沈乃文主编:《明别集丛刊》,第1辑第81册,黄山书社,2013年,第415页。
④ 康海:《(正德)武功县志》,清乾隆二十六年(1761)玛星阿刻本。

(1496)春三月，阁成于戊午（1498）秋七月。倡其事者，……按察司副使杨君一清。"①

由上可见，杨一清对陕西地区的书院建设与理学教育的重视，对于关学的传播和关中地区的书院讲学之风起了重要的推动作用。

2. 王云凤

杨一清之后，山西和顺人王云凤（号虎谷，1465—1518）于弘治十一年（1498）冬继任陕西提学使，弘治十四年（1501）升副使，奉敕整饬洮河、岷州边备。弘治十七年（1504），又改任陕西提学，直至正德二年（1507）升山东按察使离去。在王云凤提学陕西六年左右的时间里，在加强正学书院的建设、提倡理学和弘扬关学等方面做出了重要贡献。

首先，在正学书院建设上，王云凤为书院新建了藏书楼，并广收书籍以供士子阅览。从王云凤的《正学书院藏书记》一文中可以看到，正学书院刚建成时，只有少量的藏书可供诸生阅读学习，而且也没有一个固定的场所来储存这些书，因此，在王云凤第二次提学陕西时，他一方面拨出经费又购买了一些书，另一方面则为书院建了一座藏书楼，而西安和周边地区的官员与士绅也纷纷拿出自家所藏之书送给书院。王云凤在记文中说："西安知府内江马君炳然又录《册府元龟》《文苑英华》诸书，泾阳御史李锦、于岱，参议赵鉴、孙绶，长安张钱各以家所有书来献，于是天下之书其大者略具矣。……书之名数劖于石背。"② 不过，王云凤在《记》中也告诫士子，读书必须要躬行实践，用书中道理来修身做人、治国治天下，

---

① 达灵阿修、周方炯等纂：《（乾隆）重修凤翔府志》卷十《崇经阁记》，清乾隆三十一年（1766）刻本。

② 王云凤：《博趣斋稿》卷二《正学书院藏书记》，第416页。

而不是为了炫耀于外，否则所读只是空言，"虽多亦奚以为"①。

其次，王云凤对正学书院的教学内容也进行了革新。他在书院中开设求道、读书、学文、治事"四科"，并以立志、主敬、穷理、慎行来要求诸生，即"立志以坚趋向之方，主敬以养清明之气，读书以究事物之理，慎行以致践履之实"②。在王云凤的倡导下，正学书院的诸生亦能致力于圣贤之学。

最后，王云凤还在正学祠（设在正学书院之中）中增祀明代关学学者长安的李锦（号介庵，1436—1486），并邀李锦门人刘玑（号近山，1457—1533）主讲正学书院。此举对于传播和弘扬关学、激励诸生笃实躬行之风无疑具有重要的意义。③

总之，王云凤继杨一清之后，持续性地加强正学书院的建设、重视程朱理学教育和弘扬关学等，这对随后关学的"中兴"起了重要的推动作用。

3. 何景明

王云凤之后，明代古文运动"前七子"之一的何景明（号大复山人，1483—1521）于正德十三年（1518）五月至正德十六年（1521）六月出任陕西提学副使。何景明提学陕西时，一方面继续重视正学书院的人才培养，"陕西属所试诸生，奇者悉取正学书院，亲自督教。间出俸钱，赡所不给。关中得人于时为盛"④。另一方面则对关学重视经学和"学贵有用"的学风形成起到了一定的促进作用。何景明在为正学书院诸生所作《学约》就以"五经"为学习和考察

---

① 王云凤：《博趣斋稿》卷二《正学书院藏书记》，第416页。
② 吕柟：《泾野先生文集》，第792页。
③ 参见王云凤：《博趣斋稿》卷四《正学祠增祀李介庵先生告文》，第435页。
④ 何景明：《何大复集》，第680页。

之首，次则为性理和各种史书。①

4. 唐龙

正德十六年，何景明因病辞官之后，由唐龙（号渔石，1477—1546）接任陕西提学副使，时间从嘉靖元年至嘉靖六年二月。唐龙在提学任上，一方面继续选拔各县优秀士子进入正学书院读书，同时又对书院重新进行了修葺，并发明"正学"之义，勉励书院士子以"正"为学，即要求诸生"取舍则正，博学强记则正，修明孝悌、敦尚廉耻则正，执德信道、力行不倦则正"②。

另一方面，唐龙提学陕西时，正值马理从京城送母回乡之后在三原武安王祠中设教讲学，但其地狭隘简陋，唐龙于是为马理建嵯峨精舍以讲学。③嵯峨精舍建成之后，唐龙还再次来此，看见精舍中弟子进退有节、一心向学的场景，甚为赞叹。

5. 许孚远

明神宗万历十三年（1585），浙江德清人许孚远出任陕西提学副使，至万历十六年（1588）离任。许孚远提学陕西之时，关学已由正德、嘉靖年间的兴盛逐渐走向衰微。

许孚远来到陕西后，首先是恢复了已经衰落的正学书院的讲学。他不仅在闲暇之余亲自为书院诸生讲学，而且还邀请著名的蓝田学者王之士（号秦关，1528—1590）主讲其中。许孚远与王之士在正学书院的讲学对重振晚明关学和关中讲学之风起了重要的作用，关中士子"皆有所兴起"④。其次，许孚远强调本体与工夫合一的为学方向对晚明关学学者冯从吾和张舜典产生了重要影响，而当时冯、

---

① 参见何景明：《何大复集》，第599页。
② 唐龙：《唐渔石集》卷一，《明别集丛刊》第2辑第3册，第264页。
③ 参见唐龙：《唐渔石集》卷二，第270页。
④ 冯从吾：《关学编（附续编）》，第60页。

张二人则从学于许孚远。

二、清代陕西学政与关学

与明代陕西提学使主要是通过书院建设和学术思想来影响关学的发展不同，清初的陕西学政则主要通过刊刻关学著作和表彰关学先贤、弘扬张载之学等来促进关学的发展。

从现存关学著作来看，明清时期有不少关学学者的著作已经佚失或部分散佚，如明代的段坚、张鼎、薛敬之、王承裕、郭郛、王之士，清代的康昌赐、蔡启允、王巡泰等人，从而导致我们今天无法具体去了解这些学者的思想，这不能不说是现代关学研究中的一大遗憾。因此，在关学的发展过程中，关学著作的刊刻、保存和传播就显得尤其重要，在这一方面，清初的陕西学政如洪琮、许孙荃等人做出了突出的贡献。

1. 洪琮

康熙十二年（1673），安徽歙县人洪琮任陕西提督学政，到任后不久他就前往重新修复的关中书院拜访正主持书院讲学的李二曲。当时李二曲刚完成冯从吾全集的汇辑与整理，于是就请洪琮加以刊刻。冯从吾是晚明关中的大儒，但其著作在清初时就连关中士子也很难见到，而原来保存于关中书院的刻版也在明清鼎革之际因战乱而遗失。冯从吾的后人曾花费十年的时间才搜购到一部，却因经济困穷，无力刊刻，故其书也就无法得到广泛传播。

听了李二曲的建议后，洪琮慨然拿出自己的一部分俸禄，于当年秋天让人重新刊刻冯从吾的著作，并为之作序，两年后完工，从而不仅为后世保存下一部十分重要的关学著作，而且也让更多的关中士子得以了解冯从吾和冯从吾之学，并进而为振兴关学、延续关学学脉做出贡献。

2. 许孙荃

洪琮之后，安徽合肥人许孙荃（字四山，1640—1688）于康熙二十三年（1684）至康熙二十七年（1688）任陕西提督学政。许孙荃是康熙九年（1670）的进士，非常重视理学教育，强调德行先于文艺，反对士子只以辞章记诵、举业功名为学。在任陕西提督学政期间，他常与李二曲、王弘撰、李因笃、李柏等关中学者相往来，其中尤其推崇李二曲之学，而李二曲对许孙荃的督学理念和教育方法也深为敬佩，并积极配合许氏表彰关学先贤和弘扬关学。

不久，许孙荃得到李二曲的《四书反身录》一书，认真阅读之后，他认为该书能使学者"反身循理，致知力行"[1]，属于明体达用之学，于是在康熙二十四年（1685）冬捐俸刊刻此书，并为之作序。

除李二曲的《四书反身录》外，许孙荃还捐俸刊刻了当时已很少流传的晚明重要关学学者张舜典的《明德集》和《致曲言》（合称《鸡山语要》），这也是该书现存最早的刻本，后来其他的《鸡山语要》刻本都是以李二曲的校刻本为底本的。清初时，张舜典的著作也多毁于战乱，流传极少，"无有过而问者"[2]，以至当时很少有关中士子知道张舜典是何许人。许孙荃从李二曲那里听说了张舜典其人其学之后，就在一次前往岐山考察诸生学业时寻访到张舜典的后人，并从其后人手里得到了张舜典的《致曲言》和《明德集》二书。回来后，许孙荃将二书交给李二曲校正编订。李二曲从中摘出"确而粹者"，合为一编，定名为《鸡山语要》。随后，许孙荃又拿出自己的俸禄进行刊刻，并为之作序，时在康熙二十七年（1688）。

可以说，无论是洪琮对《冯恭定公全书》的刊刻，还是许孙荃

---

[1] 李颙：《二曲集》，第394页。
[2] 薛敬之、张舜典：《薛敬之张舜典集》，第109页。

对李二曲《四书反身录》和张舜典《鸡山语要》的刊刻，其贡献巨大，使得这些关学学者的重要著作得以保存和流传，特别是《鸡山语要》的刊刻尤显重要，否则该书很可能会失传。

许孙荃之后，江苏常州人高尔公于康熙三十年（1691）任陕西学政。高尔公曾在康熙九年（1670）十二月至康熙十年（1671）三月李二曲讲学江南时，与其师郑重（时为靖江县令）一起听过二曲的讲学，对二曲极为敬重，故到任之后就前往盩厔拜访李二曲。李二曲将弟子王心敬刚汇编成的《二曲集》赠给高尔公，高尔公读后，认为该书"贯彻本原，折衷同异，一洗支离蔽锢之习，邃然归于至正"，能使学者"若昏梦之方醒，若沉疴之骤起"①，于是在当年十一月与其师郑重一起捐俸刊刻《二曲集》，康熙三十二年（1693）九月竣工，郑重、高尔公分别为之作序。

除了刊刻关学著作之外，许孙荃还积极表彰明代关学先贤，或为其修葺祠堂或为之建立牌坊，以此来激励关中士子的向学之志，如段坚、周蕙、张杰、韩邦奇、吕柟、冯从吾、张舜典等人皆被许氏表彰。此外，在李二曲的建议下，许孙荃又捐俸修葺了鄠县横渠镇上的横渠书院和张载祠。

康熙二十七年正月，许孙荃任满告归，临行前徘徊缱绻，与前来送行的李二曲等人赋诗惜别。但不幸的是，当年夏天，许孙荃回到家乡没过多久就因劳累过度而身染重病，并于是年九月去世。许孙荃去世后，其子专门派人前往关中请李因笃为其父撰写墓志铭。②许孙荃可以说是清初陕西学政中对关学影响最大的一位，他通过刊刻关学著述、表彰关学学人和修葺张载祠、横渠书院等方式，与其

---

① 李颙：《二曲集》，第 709 页。
② 许孙荃墓志铭今收入李因笃的《续刻受祺堂文集》卷四中，见李因笃：《李因笃集》，西北大学出版社，2015 年，第 271—274 页。

他几位陕西学政共同促进了清初关学的发展。

虽然在雍正、乾隆、嘉庆时代，有关陕西学政在传播、弘扬关学方面的记载较少，但却有乾隆时曾四任陕西巡抚的陈宏谋（字汝咨，1696—1771）在关中提倡程朱理学和经世实学，并聘请当时的关学名儒孙景烈三次主讲于关中书院，从而使关中在乾、嘉时期仍然继续保持着理学为主的特色而较少考据训诂之风。

3. 吴大澂

吴大澂（号愙斋，1835—1902），苏州吴县人，晚清著名的金石学家，同治七年（1868）进士。同治十二年（1873）八月，吴大澂出任陕甘学政，至光绪二年（1876）十月离任，在陕任职三年左右。在这三年间，吴大澂与当时关中以提倡程朱理学、振兴关学为己任的贺瑞麟往来密切，二人一起为关学在晚清的最后一次"复兴"做出了重要贡献。

第一，同治十三年（1874）春，吴大澂与贺瑞麟一起在三原学古书院举行吕氏乡约，并为书院诸生讲学。第二年即光绪元年（1875）二月，贺瑞麟又在三原的宏道书院行乡约礼，吴大澂与三原县令赵孚民一起参加以示支持。

第二，同治十三年秋，吴大澂把贺瑞麟和杨树椿之名上奏朝廷，请求表彰其学其行，清政府遂分别授予贺、杨二人国子监学正衔。在杨树椿去世后，吴大澂还为杨氏遗稿《损斋文钞》作序，并为其墓碑题文。

第三，光绪二年正月，吴大澂又奏请将朝邑学者李元春写入《儒林传》中，得到清政府的同意。

第四，上奏朝廷请求将清初关学名儒王建常从祀孔庙。这件事虽然最后没有得到清政府的许可，但从中亦可看到吴大澂弘扬关学的努力。

第三章 关学的传承与流变（下） | 183

第五，为清代关学先贤王建常和张秉直题写墓碑文。当时王建常的墓地已经被其后人抵押给了别人，贺瑞麟弟子三原的刘质慧（1844—1876）便出钱将其赎回，并重新交给王建常的后代管理，刘质慧还请人凿石为之重新树立墓碑，墓碑之文即为吴大澂所题。

光绪二年十月，吴大澂任满离开了陕西。但他与贺瑞麟此后仍然保持着书信往来，如光绪十四年（1888），贺瑞麟弟子、清麓书院学生三原的刘昇之（1842—1888）病殁，数年后刘昇之的夫人即请贺瑞麟致书吴大澂为刘昇之撰写墓表，今吴氏的《愙斋文稿》中便保存有《刘君墓表》一文。①

通过以上所述，我们可以看到明清陕西提学使在提倡、弘扬、振兴关学方面的努力，同时也可以看到明清关学的发展在一定程度上也离不开当地政府的支持。

---

① 吴大澂：《愙斋文稿》，见《清代诗文集汇编》第 730 册，上海古籍出版社，2010 年，第 204—205 页。

第四章 关学的精神和时代价值

尽管历史的车轮已驶过千年，但关学所承载的精神和价值依然保持着恒久的生命力，其优秀思想对于今天我们弘扬中华文化、坚定文化自信、建设中华民族共有精神家园具有重要的意义。

王夫之说："张子之学，上承孔孟之志，下救来兹之失，如皎日丽天，无幽不烛，圣人复起，未有能易焉者也。"[①] 这是对张载思想价值的充分肯定。关学在其传衍过程中，虽然学术旨趣屡有变化，不同时期的学术取向有所差别，但其文化精神却是前后一贯、一脉相承的。张载"为天地立心"的宏伟志愿，"为生民立命"的崇高追求，"为往圣继绝学，为万世开太平"的学术使命，读经重礼、躬行实践、下学上达、崇尚气节的关学学风，都一直在关学学人身上被不同程度地传承和发扬。[②] 在今天，这些精神依然具有其时代价值和意义。

第一节 张载的"四为"精神

张载作为北宋理学的开创者、关学创始人，其思想学术一直备受重视，其精神生命与人格气象尤其因著名的"横渠四句"——"为天地立心，为生民立命，为往圣继绝学，为万世开太平"而得以永恒。不过，与一般说法不同，"横渠四句"的最早表述是："为天地立心，为生民立道，为去圣继绝学，为万世开太平。"后来又出现

---

① 王夫之：《张子正蒙注》，第11页。
② 赵馥洁先生将关学精神概括为："立心立命"的使命意识、"勇于造道"的创新精神、"崇礼贵德"的学术主旨、"经世致用"的求实作风、"崇尚节操"的人格追求、"博取兼容"的治学态度六个方面。参见赵馥洁：《关学精神论》，西北大学出版社，2015年，第6—18页。

"为天地立心,为生民立极,为往圣继绝学,为万世开太平"之说的。① 下面我们便结合张载"四句教"的异文来了解一下这四句话的具体含义。

一、"为天地立心"

这一句历代以来没有什么异文,但这一句也是"横渠四句"中最难理解的一句。冯友兰先生认为,张载说的"为天地立心"是指把人的思维能力发展到最大限度,使物质世界的规律得到最多和最高理解。② 但古人所说的天地并非仅指自然界,特别是对理学家来说,天地更被赋予了一种价值的意义,是人类社会和道德实践的形上超越根据。

那么,何为"为天地立心"?人究竟要为天地立一颗什么样的心?要弄清这一问题,首先要知道天地有没有心。《周易·复卦》曰:"复,其见天地之心乎?"可见,在古人的思想观念中,天地其实是有"心"的。天地之心表现在何处?张载说:"大抵言'天地之心'者,天地之大德曰生,则以生物为本者,乃天地之心也。"③ 可见,所谓"天地之心"不是别的,就是《周易·系辞》中说的"天地之大德曰生",万物生生不息即是天地之心的具体体现,这也就是说,天地是以创生万物为心的。故张载又言:"天本无心,及其生成万物,须归功于天,曰:此天地之仁也。仁人则须索做,始则须勉勉,终则复自然。人须常存此心。"④ 这是说,天并不是有心、有意地去生成万物,故曰"天本无心",但如果从天创生万物的角度

---

① 关于"横渠四句"各种说法和版本的考释,参见李锐:《"横渠四句教"小考》,载《史学史研究》2017 年第 3 期;续晓琼:《"横渠四句"源流考》,见姜锡东主编:《宋史研究论丛》第 23 辑,科学出版社,2018 年。
② 冯友兰:《中国哲学史新编》,人民出版社,2007 年,第 134 页。
③ 张载:《张载集》,第 113 页。
④ 张载:《张载集》,第 266 页。

来说，则可以说这是天地之心，亦是天地之仁。因此，"为天地立心"也就是要为人间社会确立一颗"仁心"，使天下之民各得其所，万物各遂其生，也就是张载在《西铭》中说的"尊高年，所以长其长；慈孤弱，所以幼其幼"，以及"凡天下疲癃残疾、茕独鳏寡，皆吾兄弟之颠连而无告者也"。

二、"为生民立命"

据学者考证，这一句最早的说法应该是"为生民立道"，后来又有"立极"的说法。① "极"是"至"（至极）的意思，与"道"的含义相近，因此，"立道"和"立极"区别不大。张载也说过："此道自孟子后千有余岁，今日复有知者，若此道天不欲明，则不使今日人有知者，既使人知之，似有复明之理。志于道者，能自出义理，则是成器。"② 其弟子范育也说，张载"闵乎道之不明，斯人之迷且病，天下之理泯然其将灭也，故为此言与浮屠、老子辩"③。因此，张载"立"的目标应该是"道"（即孔孟之道、仁义之道），也就是孔子说的"志于道"（《论语·述而》）。

但后来流传最广的说法却是"为生民立命"，而不是"为生民立道"，这中间的变化及其原因还有待于探索。不过，在张载那里，"立道"和"立命"的差别并不是很大，因为张载所说的"立命"的"命"不是指死生祸福、富贵贫贱之类的命运，这也是无法"立"的，而是指孟子讲的"存其心，养其性，所以事天也。夭寿不贰，修身以俟之，所以立命也"（《孟子·尽心上》）的"命"，亦即"安身立命"之意，又或者像孟子说的"尽其道而死者"（《孟子·尽心上》）的"正命"，这种"命"是与"道"相关的"命"，

---

① 参见李锐：《"横渠四句教"小考》，载《史学史研究》2017年第3期。
② 张载：《张载集》，第274页。
③ 范育：《范育序》，见《张载集》，第5页。

需要通过存心养性的道德修养来实现,可见,"立命"与"立道"意义相近。

张载继承了孟子的"命运"观,他在《正蒙·诚明篇》中把命划分为"理命"和"气命",他说:"德不胜气,性命于气;德胜其气,性命于德。穷理尽性,则性天德,命天理"①。张载将上承于天和天道的命称为"理命",而将来自生理欲望的命称为"气命"。"理命"是指道德理性支配下的命运,这是求在我者;"气命"则受偶然因素与不可控因素的影响,是属于求而有不得者。张载说:"性通极于无,气其一物尔;命禀同于性,遇乃适然焉。人一己百,人十己千,然有不至,犹难语性,可以言气;行同报异,犹难语命,可以言遇。"② 在张载看来,像富贵贫贱、生死祸福等都是求而有不得者的"气命",而道义则是求在我者的"理命",所谓"道德性命是长在不死之物也,己身则死,此则常在"③。张载"为生民立命"所立的自然是"理命",也就是要为民众确立命运或做人的道德方向和价值目标,使之有一个安身立命之所,而这个道德方向和价值目标就是孔孟之道。④

三、"为往圣继绝学"

这一句原是"为去圣继绝学","去圣"和"往圣"的意思相同。儒家所说的圣人主要指尧、舜、禹、汤、文、武、周公、孔子和孟子。如果从"学"的角度来说,张载"为往圣继绝学"具体说的则是继承孔孟之学。因为自唐代韩愈提出"道统"说之后,宋代理学家普遍认同孟子之后学绝道丧千有余年。张载就说:"窃尝病孔

---

① 张载:《张载集》,第23页。
② 张载:《张载集》,第64页。
③ 张载:《张载集》,第273页。
④ 参见林乐昌:《"为生民立命":张载命运论的新解读》,载《西北大学学报》(哲学社会科学版)2019年第3期。

孟既没，诸儒嚣然，不知反约穷源，勇于苟作"①。又说："某唱此绝学亦辄欲成一次第"②。故张载"为往圣继绝学"就是要在这"学绝道丧"之时，承载起传承和弘扬儒家道统与学统的历史使命，通过"穷神化，一天人，立大本，斥异学"，建立起新的儒家思想体系。"为往圣继绝学"体现了张载崇高的学术理想和学术使命感。张载通过"勇于造道"的精神，不仅为社会道德价值提供了学理基础，同时也为儒学在北宋之后的发展开辟了新的道路。

四、"为万世开太平"

"太平"与"大同"观念是周公、孔子以来的儒家社会理想。古人认为到了"大道之行""天下为公"的"大同"社会，就会实现社会安定、政治清明、言行守信、邻里和谐的局面，呈现出"选贤与能，讲信修睦""不独亲其亲，不独子其子，使老有所终，壮有所用，幼有所长，矜寡孤独废疾者，皆有所养"和"男有分，女有归，货恶其弃于地也，不必藏于己"（《礼记·礼运》）的景象。这种理想的社会在古代虽不曾有过，但是作为一种理想，总会给人们的生活提供信仰与精神力量。

张载也非常憧憬这样的"仁政"和"礼治"社会，为此，他提出了"为万世开太平"的理想蓝图——"渐复三代之治"。吕大临说："先生慨然有意三代之治，望道而欲见。"宋神宗向其询问"治道"时，张载也"皆以渐复三代为对"，并指出"为政不法三代者，终苟道也"。张载所说的"三代"，指的是夏商周三代，它是儒家理想的一种社会之治，其实质则是"仁政"与"礼治"。张载说："礼者圣人之成法也，除了礼天下更无道矣。欲养民当自井田始，治民

---

① 张载：《张载集》，第 350 页。
② 张载：《张载集》，第 329 页。

则教化刑罚俱不出于礼外。"① 又说:"仁政必自经界始。贫富不均,教养无法,虽欲言治,皆苟而已。"② 可见,礼与仁是张载实现"三代之治"和"万世开太平"的两种主要方法,而其具体措施首先是实行井田制和推行周礼。井田制是为了解决"养民"的问题,礼教则是为了教化民众,所谓"礼教备,养道足,而后刑可行,政可明,明而不疑"③。

虽然在当时恢复井田制和推行古礼都不太现实,但张载仍然躬行实践,在家乡买地试行井田,而自己家中婚丧葬祭,也"率用先王之意而傅以今礼"。

总之,"为万世开太平"既是张载个人的政治理想,同时也是中国历代知识分子的一种社会担当。

第二节　关学的仁爱精神

一、爱必兼爱

"爱必兼爱"是张载"仁爱"思想的标志性观念。他在《正蒙·诚明篇》中说:"性者万物之一源,非有我之得私也。惟大人为能尽其道,是故立必俱立,知必周知,爱必兼爱,成不独成。"对张载来说,"爱必兼爱"的形上超越根据就是作为"万物之一源"的"性",而"性即天道"。以天道、天性为宇宙根源的"爱",必定是公爱而非私爱。

对于孟子以来一直受传统儒家学者批评的墨子"兼爱"而言,张载的这一说法确实与众不同,可以说是对传统儒家仁爱观的一种

---

① 张载:《张载集》,第264页。
② 张载:《张载集》,第384页。
③ 张载:《张载集》,第214页。

发展。春秋战国时期，墨子提出"兼爱"的思想，主张"视人之国，若视其国；视人之家，若视其家；视人之身，若视其身"（《墨子·兼爱中》），但这种不以血缘、亲情为基础的泛爱思想受到以孟子为代表的儒家学者的批评。儒家虽然也讲"仁爱"，如孟子也说"老吾老，以及人之老；幼吾幼，以及人之幼"（《孟子·梁惠王上》），但孟子这句话是说给齐宣王听的，所以在讲完这句话后孟子接着就说"天下可运于掌"。因此，我们不能离开具体的语言环境来理解孟子的思想。而对于一般人来说，"爱"则要从孟子说的"亲亲"开始，由"亲亲"而"仁民"而"爱物"，从内向外一层一层扩展开来，故孔子说："孝弟也者，其为仁之本与。"（《论语·学而》）由此可以看到张载的"爱必兼爱"思想与传统儒家的仁爱观有着较大的不同。至少，他将原本应由统治者来实现的"兼爱"扩展到士大夫、知识分子中，这与其提出的"为万世开太平"的理想、担当相一致。

张载"爱必兼爱"思想的一个具体表现就是他在《西铭》中说的"民吾同胞，物吾与也"。在天地为父母的这个大家庭中，所有的人都是我的同胞，所有的物类都是我的朋友。每个人都应尊高年、慈孤弱、长其长、幼其幼，把天下老弱病残、孤苦伶仃没有依靠的人都看作我之兄弟中颠连而无告者，并要做到"于时保之""乐且不忧"，如此才是对天地父母应尽的责任和义务，才是对天地父母最大的孝顺。

张载把人和万物所生存于其中的宇宙看作一个大家庭，一切人和物都是这个大家庭的平等成员，而"爱必兼爱"和"民胞物与"的平等之爱并不必然排斥差等之爱，这是两种不同层次的伦理原则，分别属于公共与私人两个不同的领域，是社会公德与个人私德的具体表现，二者既非决然对立，亦非截然分开，而是相辅相成、互相促进的。

二、仁者胸怀

"仁"是先秦孔孟儒家思想的核心内容。张载的"民胞物与"可以说是对孔孟仁学的一种继承,而明代吕柟的"以仁为学"则又是对先秦儒家仁学与张载"民胞物与"思想的继承和发展。

首先,在吕柟看来,"圣人之学,只是一个仁","仁"是圣门教人第一义,故今之学者要先学仁。他认为,《西铭》讲的也是仁,"民吾同胞,物吾与也"即是仁的体现。不过,吕柟主张的"以仁为学",不是一时一事的具体之仁,如"克己复礼",如"敬""恕",或"居处恭,执事敬,与人忠",等等,吕柟所说的"仁"则是天地生生之理。他说:"这个'仁'字,是天地生生之理。吾之心原与天地万物为一体,第人为私意所蔽,遂将此仁背去了。诚能好仁,则必视天下犹一家,万民犹一人,心中自然广大。"[1] 可见,作为"生生之理"的仁,就是要"以天下为一家,视中国犹一人",而其具体表现便是:"见那鳏寡孤独无告穷民,皆要使之各得其所","天下之人疾痛疴痒与我相关,一民饥曰我饥之也,一民寒曰我寒之也"[2]。换言之,"以仁为学"就是要努力使万物各得其所,万民各遂其生。这是对张载"民胞物与"和程颢"仁者,以天地万物为一体"的精神境界与理想追求的继承。

吕柟强调,学者首先要以仁为学,具有仁者胸怀,要有"民胞物与"之心,这样才不会为了功名富贵去学,这样在将来出仕为官的时候才能真正做到为百姓着想,才会见那鳏寡孤独无告之穷民,皆要使之各得其所,即使不能出仕为官,也能教化乡里、移风易俗。

其次,吕柟的"仁学"和"仁者胸怀"体现在其政治思想上,

---

[1] 吕柟:《泾野经学文集》,第 344 页。
[2] 吕柟:《泾野子内篇》,第 292、294 页。

便是以"养民"为先,以"养民"为本。吕柟指出,所谓"王道""仁政"首先是养民,也就是像孟子说的要有五亩宅,百亩田,"鸡豚狗彘之畜,无失其时",使"老者衣帛食肉,黎民不饥不寒",然后"谨庠序之教,申之以孝弟之义"(《孟子·梁惠王上》),这就是王道之大、为治之切要者,而不是别的什么。① 吕柟强调,官员应该像父母一般去保护、教化人民,就像天地父母孕育万物一样。他说:"守令之设,凡以父母斯民也。民饥则思食之,民寒则思衣之,民劳则思逸之,民愚则思导之,民危则思安之,民强悍盗窃则思惩而除之。有父之严,有母之亲,斯可为守令矣。然必本之以忠信,敦之以慈祥,优之以宽厚,守之以廉洁者,而后能之也。"② 当然,要想做到这一点,为官者首先要忠信、慈祥、宽厚、廉洁等,而这也是吕柟强调学者之所以先要学"仁"的原因所在。

当然,"养民"不仅仅要使百姓过上富足、安定的生活,还要进行教育,即"谨庠序之教,申之以孝弟之义",如果"教而有不率者",则需运用刑罚。吕柟的这一"仁政"主张可以说是对孟子和《尚书》思想的继承。

最后,本着王道之大应以养民为先的认识,吕柟对当时官员的为政措施进行了批评。他指出:"王道只以养民为本。后之仕者,却又办簿书,急催科,理狱讼,善逢迎事上官者为贤,甚至贪残,肆无畏忌。……至于养民之事,漠然略不加意。哀哉!"③

总之,从孔子的"仁"到张载的"民胞物与",再到吕柟的"以天下为一家"和"万物各得其所",我们既可以看到张载关学对孔子思想的继承和发展,也可以看到关学学者的仁者精神和仁者胸

---

① 吕柟:《泾野子内篇》,第93页。
② 吕柟:《泾野先生文集》,第260页。
③ 吕柟:《泾野子内篇》,第98页。

怀，这在今天仍具有重要的思想价值和意义。

第三节 独立的人格气节

关学有一个鲜明的特征，那就是重视气节礼仪，强调身体力行。前者造就了关中文化隆礼重仪的古朴雅韵，后者使关中文化涌动着鲜活的生命力。关学那种"敦善行而不怠""无求生以害仁，有杀身以成仁"的精神信念，"富贵不能淫，贫贱不能移，威武不能屈"的大丈夫人格，一直使儒家的优良传统闪烁着光芒。明代著名学者王阳明就说："关中自古多豪杰，其忠信沉毅之质，明达英伟之器，四方之士，吾见亦多矣，未有如关中之盛者也。"①

北宋神宗熙宁二年（1069），刚登基不久的宋神宗面对国家内忧外患的局面，决定进行变法，并开始选拔各地贤良之才，于是御史中丞吕公著向朝廷举荐张载。张载来到京城后，宋神宗向其询问治国之道，张载以"渐复三代"为对，神宗听后非常赞赏，打算委以重任，不料张载却推辞了。随后主政的王安石又邀请他参与新政，但因为与王安石激进式的变法理念不同，张载没有接受王氏的邀请。他认为王安石的许多措施操之过急，不是与人为善之举，反而会损害百姓的利益。在张载看来，宋代的积弊需要逐渐稳妥地进行改革，不能太过鲁莽。后来，张载感觉自己"渐复三代"的政治理想难以实现，就决心辞官回乡，在家乡读书讲学。张载这种"不降其志，不辱其身"（《论语·微子》），不为仕途名利而阿时附势的气节和精神，成为关学重要的价值理念。

明武宗正德三年（1508），高陵学者吕柟在廷试中获得进士第一

---

① 王守仁：《王阳明全集》，第235页。

名（即状元），被授予翰林院修撰兼经筵讲官。当时把持朝政的宦官刘瑾想以同乡的身份前来祝贺，却被吕柟拒绝了，并且之后也一直不与刘瑾相往来，刘瑾遂怀恨在心。正德五年（1510），吕柟上疏请明武宗亲临政事和听经筵讲官讲论经史，却惹怒了刘瑾。刘氏准备找机会杀害吕柟，吕柟遂辞官回乡。回去后才几个月，刘瑾就被朝廷诛杀，受其牵累的陕西籍官员有很多，但吕柟却因其精神气节而免受牵连。

嘉靖二年（1523），吕柟被任命为这年会试的同考官，由于当政者不喜欢王阳明之学，故会试策问有诋毁阳明学之意，吕柟虽学宗程朱，与王阳明之学不同，但他仍极力反对主考官出此策问，并为之力辨。后来考场中有一士子在答卷中极力诋毁陆王之学，甚至提出将学陆王者诛其人，火其书，与策问之意相合。一位考官想要录取这名士子，吕柟却说："观此人今日迎合主司，他日必迎合权势。"这位考官对吕柟的看法深以为然，就没有录取这位士子。通过这些事我们既可以看到吕柟维护正道，不迎合权势的品格，也可以看到他在学术上能摈弃门户之见，不喜同恶异的高尚品行。

吕柟的好友三原人马理也非常注重气节，志不在官，能举贤任能，无所偏私。他一生为维护正道而多次辞官，体现了其"居官不能尽道，不如回家"和"爱道甚于爱官"的气节。正德年间，原任户部郎中的庄绎曾力主权宦刘瑾核查国库，后刘瑾被诛，庄绎也因此获罪降职。当庄绎上奏请求复职时，马理则坚决反对，从而使庄绎复职一事作罢。又如，嘉靖五年（1526）朝廷考察地方官员，大学士贾咏、吏部尚书廖纪各以私愤想罢免广东提学副使魏校、河南提学副使萧鸣凤和陕西提学副使唐龙三人之职。对此，马理极力反对，据理力争，指出三人提督学政名著天下，如果一定要罢免此三人，请先罢免自己。于是三人仍得以各为提学副使。第二年，朝廷考察在京官员，马理力罢张璁、桂萼的党羽吏部郎中彭泽，以及其他趋炎附势和不称职者数人。

另外，马理在《谢恩疏》中则谦虚地说道：若论应事精详，廉正公平，我不如浙江的周文兴；若论明敏有为，文武俱优，我不如朝邑的韩邦奇；若论静正无私，屹若砥柱，我不如怀庆府的何瑭；若论遇事安和，中行无咎，我不如榆次的周铁。此外，朝野上下，外足以抵御胡虏、内足以安定华夏的济世之才数不胜数。这番话一方面说明马理善于识人察人，唯才是举；另一方面，也体现出其光明磊落，忠诚恳切，真正为国家选拔优秀人才的无私精神。

渭南的南大吉亦重气节，他在嘉靖五年入京考绩时，由于当政者不喜王阳明之学，加之南大吉在知绍兴时不畏地方权贵势力，因而在考绩中被贬黜罢官，但南大吉并没有因此而感到沮丧灰心。他在归途中写信给其师王阳明，王阳明回信赞其"勤勤恳恳，惟以得闻道为喜，急问学为事，恐卒不得为圣人为忧，亹亹千数百言，略无一字及于得丧荣辱之间"①，称其为"有道之士"。回到渭南后，南大吉与其弟南逢吉一起致力于在家乡传播良知学，不慕富贵，不忧贫贱，对得丧、爱憎之类，皆超然其外。

清代的李二曲虽然生活贫困，但面对地方官员的多次举荐和朝廷的多次征召，他却始终坚辞不仕，终生隐居于乡里。康熙十二年（1673），陕西总督鄂善以"一代真儒，三秦佳士"向朝廷举荐李二曲，二曲以疾固辞。康熙十三年（1674），朝廷再次征召；康熙十七年（1678），兵部主政房廷祯又以"海内真儒"举荐，这两次征召，尽管当地官府采取了各种办法，甚至守令亲自上门，逼其进京，但李二曲终究没有赴京。康熙四十二年（1703），康熙帝西巡，并下诏召见李二曲，但二曲仍以疾辞，康熙帝以"高年有疾，不必相强"准许，并赐

---

① 王守仁：《王阳明全集》，第234页。

书"操志高洁"的匾额和御制诗章，还索要二曲著作《二曲集》和《四书反身录》。以上诸事都充分彰显出李二曲的气节大义。

与李二曲同时的王弘撰、李因笃也被朝廷以"博学宏词"征召，王弘撰在数辞不允的情况下被迫入京，但到了京城他便住在昊天寺中，坚决不应试。李因笃虽在众人的规劝之下勉强应试，被授为翰林院检讨，任职不久就以母亲身体多病需要照顾为由，上书辞职离去。

清末的刘古愚面对危难时局，积极宣传西方新思想，支持维新变法，并在陕西大力宣传和试验新式机械与耕作方法。戊戌变法失败后，清政府下令抓捕刘古愚，面对人们要其外出避祸的建议，他斥责道："国事如此，吾死国难，幸何如之？何言逃也。"这种敢做敢当的作风，是张载以来关学学人崇尚气节的真实写照。最后，刘古愚在无奈中选择了隐居。但尽管如此，他仍从学术方面努力寻找挽救时局的方法，并以极大的热情投入到国民教育中去，试图以教育来唤醒民众，解救危难的中国。

总之，关学的精神气象，不仅影响了一代代关学学人的学术、品行和节操，而且以其在社会生活中的丰厚积淀和深刻影响，塑造与培育着当代陕西人民的精神风貌，对陕西纯朴、质实、耿直、坚韧的文化性格和求真务实、勇于担当、恪守正道、博取包容的品格的形成有着重要影响。

第四节　关学的实学精神

一、躬行礼教

这里所说的"实学"并非指"实用之学"，而是指一种同时关注社会道德实践和自然科学及国家治理方法的实质性学问，也就是一般所说的经世之学。

在传统文化中，"礼"是治理国家、维持社会秩序和社会和谐以及强化道德修养与实践的重要制度。张载所开创的关学非常重视礼，强调"以礼为教""以礼教人"，我们在前面已讲述过这一点。但张载的礼学并不完全同于先秦以来的礼学，它至少具有以下三个特点：一是张载所说的"礼"并非只是具体的礼仪制度、礼节仪式，同时也是一种形而上之道，即"礼即天地之德""礼本出于性"；二是礼不仅是治国之道，而且还是乡村治理的重要方法；三是"以礼为教"成为关学世代以来的一个重要学风。历代关学学者对"礼"既有理论上的探讨、说明，又有实际的行动，如改善士风、教化民俗等。

礼作为乡村治理的重要方法和内容主要体现在《吕氏乡约》和《乡仪》上。吕大钧于北宋神宗熙宁九年（1076）制定的《吕氏乡约》，不仅为中国士人开拓了一个全新的实现理想抱负的领域，亦即在"学而优则仕"之外，还可以同百姓而不是朝廷一起探索乡村治理之路，这为中国以后的乡村自治奠定了基础。《吕氏乡约》的基本精神是："德业相劝""过失相规""礼俗相交""患难相恤"。这是乡约的总纲，每一条之下又有着具体的规定，同时还有一套比较完备的组织架构和集会、赏罚机制。这对于维持乡间秩序、改善乡村风俗具有重要的意义。

南宋时期，朱熹对《吕氏乡约》又做了修改增订，并进行大力宣传，从而使其重新声名远播，并在全国各地逐渐流行开来。明代三原学者王承裕在弘道书院讲学的同时，还在三原当地率行《吕氏乡约》和《乡仪》，并取得了良好的效果。吕柟在山西解州为官时，也在当地推行《吕氏乡约》，并将乡约与明太祖的"圣谕六言"（即"孝顺父母，尊敬长上，和睦乡里，教训子孙，各安生理，毋作非为"）和朱子的《朱子家礼》结合在一起，对当地士风民俗的改善起到了一定的作用。晚明的关学学者王之士也在家乡蓝田率行《吕

第四章 关学的精神和时代价值 | 199

氏乡约》和敦行礼教,"于是蓝田美俗复兴"。

总之,以道德教化为主,辅之以制度约束的乡约,将儒家伦理精神具体化,并最终变成可以进行乡村治理实践的规约,从而实现教化民众、邻里和睦、乡村和谐的目标。这不仅在中国古代产生了积极的影响,而且对于今天的乡村治理、乡风文明建设以及乡村振兴事业的发展也具有重要的借鉴意义。

历代关学学者对礼的实践躬行是关学的一个突出特点。如元代高陵的杨恭懿在治父母之丧时,丧礼只遵《朱子家礼》,不用民间的俗礼,也不请僧人来做法事。杨恭懿对礼的遵行,对当时关中礼俗产生了很大影响,据说三辅士大夫知由礼制自致其亲者,皆本之杨恭懿。关学"以礼为教"、躬行实践的学风在明代得到进一步加强。从明初的张杰、段坚、周蕙到三原的王承裕,再到吕柟、马理和晚明的王之士与冯从吾等人,无不重视礼的实践与化民成俗的作用。

如张杰"以四礼(指冠、婚、丧、祭)率人,挽风化于颓靡不振之秋"。周蕙则正冠、婚、丧、祭之礼以示学者,当地之人多遵行之。王承裕一方面把礼作为弘道书院诸生学习的一个重要内容,另一方面则"凡弟子家冠、婚、丧、祭,必令率礼而行"。王承裕弟子马理则特好古《仪礼》,经常自习书中的礼仪度数;对于冠、婚、丧、祭,则取司马光和朱子以及《大明集礼》中的相关规定折中用之,被"关中传以为训"。

吕柟在平日讲学和教育弟子时,亦强调用礼来检束身心,主张衣服、饮食皆要见道理在,无时非礼,并提倡以礼经世。他在担任北京国子监祭酒时,整肃监规学风,提倡礼乐之教,让国子监生每月习礼二次,每日歌《诗》一次,从而使"弦歌之声,礼让之俗,洋洋于京师首善之地矣"。

晚明时期,泾阳的吕潜也严于礼教,冠、婚、丧、祭皆以《朱子家礼》为准,别人笑其迂腐,他也毫不在意。冯从吾在西安宝庆寺立会讲学时,订有《学会约》《谕俗》和《士戒》等,皆以各种礼仪来规范前来听讲之人和士子的行为。

清代关学仍然继承、延续了明代关学重礼、习礼的传统,如李二曲指出:"昔张子以礼为教,使人日用之间知所持循,最为吃紧,故学者须从此入德,方有据依。若高谈性命,卑视矩矱,乐舒放而惮检束,非狂即妄。"① 因此,他强调要以礼为立身之准则,无日可离,无时不用,久久自然能成德。王心敬认为,"道即礼,礼即道"②,并强调道虚而礼实,礼实则切于日用,中人以下皆可使之率行、持守礼,故学者应该慎言道而详言礼。

关学提倡礼教,躬行实践的传统即使到了晚清仍然受到重视,如朝邑的李元春敦行古礼,不顾俗惊。他认为,"世风之坏亦全由礼教不明,无礼则无度,无度则费繁,俗之伪、民之贫皆由是也"③,故他强调"讲礼尤是救衰世之法"④。不仅如此,李元春还写了《四礼辨俗》一书,以此来规范乡村的冠、婚、丧、祭之礼,使俗不悖于礼,从而朝邑之俗"几于丕变"。

李元春弟子贺瑞麟也说,张载教学者以礼为先,使人先有所持守,这是"吾关学当奉以为法者也"⑤。不仅如此,贺瑞麟还身体力行,他在应邀前往西安的鲁斋书院、富平及凤翔的宗铭书院讲学时,演行乡饮酒礼,观者如堵;在兴平槐里书院讲学时,又讲行士相见礼;在三原学古书院和宏道书院则讲行《吕氏乡约》;等等。

北宋至清末关学学者对于礼的讨论和著述更是举不胜举。由此

---

① 李颙:《二曲集》,第511页。
② 王心敬:《丰川续集》卷三《三礼赘言》,第95页。
③ 李元春:《李元春集》,第756页。
④ 李元春:《李元春集》,第848页。
⑤ 贺瑞麟:《贺瑞麟集》,第148页。

可见，重礼躬行实为关学的一个重要特色，即使在今天，传统之礼也并没有完全过时，我们仍需要吸收、借鉴古代礼仪中的一些精华，特别是礼仪、礼节背后所蕴含的精神和价值，使之重新发挥其应有的时代作用。

二、学贵有用

关学极具求实精神，张载即强调"学贵于有用"。张载虽以"经术德义"为士人师法，但他同时也关注军事、政治、民生等，"语学而及政，论政而及礼乐兵刑之学"，从不将学术与致用割裂开来。张载的弟子如蓝田三吕、李复等人皆继承了张载的这一学风。

金、元时期，关学虽然比较衰落，但关学学人却始终秉持着求实的学风，如乾县的杨奂就非常重视学贵于用，他所著《韩子辨》《正统例》等得到名儒郝经的称赞，认为"其事其辞其理皆有用者也，非世之逐末之文也"①。高陵的杨恭懿在天文学方面很有造诣，在元世祖忽必烈时曾与太史王恂、郭守敬等人一起制定完成中国历史上著名的历法——《授时历》。

与元代略有不同，明代关学的"学贵有用"主要体现在通经致用、躬行礼仪和修身成德上，亦即通过理学来经世，强调修身做人、社会教化和地方治理。不过，明代关学学者对诸如天文、地理、治国、兵防、户口、漕运、器械、音乐等亦有不少论述，如马理曾撰写《封建论》《户役论》《兵防论》《河套论》和《西域论》，详细阐释了自己对于治国、靖边等时政问题的看法，提出了一些建设性意见，体现了其治国经世的才能。

明末泾阳的王徵针对当时的乱局和陕西的荒旱，讲学皆"拯溺救焚之务"，并说："学不至此，则言不得体天。"② 他还建立"仁

---

① 郝经：《上紫阳先生论学书》，《元代关学三家集》，第463页。
② 冯从吾：《关学编（附续编）》，第81页。

社"（仁会）来济民救荒。另外，王徵又积极介绍西方数学、力学与机械技术等，并著有《远西奇器图说录最》和《诸器图说》等。

到了清代，自清初李二曲提出"明体适用"以来，注重经世致用就成了关学的一种重要学风。李二曲指出，学问既要识心悟性、穷理致知，还要开物成务、康济群生，否则不是腐儒，便是霸儒。他为弟子开列的"适用"类的书目包括各个方面，涉及国家治理、礼制、法律、武备、历史、地理和水利等。

李二曲的"明体适用"思想后来被其弟子王心敬等人继承，王心敬提出学问应为"全体大用，真体实功"，因此，除了理学之外，他还对礼制、选举、积储、备荒、水利、筹边、军事等现实问题进行了大量的论述。与李二曲同时的关中学人王弘撰、李因笃等人也重视经世致用，如李因笃在其著作中对天文、漕运、荒政、治河等都进行了专门论述。后来兴平的杨屾又接过李二曲的"明体适用"之说，以农桑之学闻名有清一代，并著有农业方面的著作《豳风广义》和《知本提纲》等。

朝邑的李元春在著书讲学之外，也非常留心当地事务，如对邑中坐运、换仓诸弊，屡次上书当道请求革之，并为所居十四村联行保甲，又设立朝邑文会，讲明学术，移风易俗。当周边各村因滩地构讼时，李元春为其划明经界，并积极调查记录，平息争讼。

晚清长安学者柏景伟的实学则对清末关学经世致用思想的发展产生了重要影响。柏景伟主张"道德经济，一以贯之"，强调明体达用。他认为，学者既要"砥砺名德以端其体"，又要"讲求经济以裕其用"，[①] 以求上有裨于国家、下有益于民生，从而达到居乡可为纯儒、入仕可为纯臣的境地。柏景伟早年积极在家乡兴办团练，后进入左宗棠的幕府，参与军务，多有建树。后来又先后主持泾干、

---

① 柏景伟：《沣西草堂文集》，清光绪二十六年（1900）刻本。

味经与关中书院，提倡经史实学，造就甚众。他与好友刘古愚还在泾阳的味经书院一起创立求友斋，开设经学、史学、理学、政事以及天文、地理、算法、掌故等课程，从而在一定程度上推动了晚清关中学风的变化。

柏景伟之后，刘古愚又进一步在传统理学的基础上主张学习西方近代科学与技术。刘古愚认为当时中国之所以民穷国弱，屡受外辱，就在于士子只明经书，不知时务，更不能用之于世，因此，他主张以西方之"实学"来救中国"虚文"之弊。1895年中日甲午战争之后，刘古愚开始在味经书院创立时务斋，一方面学习中国之经史，另一方面则学习西方之学。后来他又在新建的崇实书院专讲经世致用之学和近代西方之学。另外，刘古愚还要求书院士子勤阅报刊，以尽快了解时务，并在味经书院设立刊书处刊行西学之书等。刘古愚所讲的西学，既包括西方的技术，如机器织布、机器轧花、机器制造等，还包括西方的人文与科学，如政治、历史、文学、军事、地理、数学、物理、化学、医学和力学等，这不仅为关学在近代的发展开辟了新的道路，而且还有力地推动了陕西的近代化进程。

总之，人类的命运与文明的发展，需要有道德和智慧的人来推动。今天我们应该"立时代之潮头、通古今之变化、发思想之先声"，承担起应有的社会责任，担负起应有的学术使命，继承和发扬张载关学"为天地立心，为生民立命，为往圣继绝学，为万世开太平"的精神和"民胞物与"的胸怀，努力做到学以致用，从而为中华民族伟大复兴做出应有的贡献。

第五章 关学著述提要

从张载创立关学到清末民初传统关学的终结，在这八百多年的历史发展过程中，涌现出大量的关学著述，这些著作一方面反映了宋明理学的发展与演变，另一方面则构成了丰富的关学思想文化。但可惜的是，由于各种原因，有许多关学著述没有保存下来。以下我们仅就流传至今的重要关学著述做一简要介绍。

第一节　北宋关学著述提要

1. 张载（1020—1077）

字子厚，陕西郿县横渠镇人，人称横渠先生。南宋淳祐元年（1241），从祀山东曲阜孔庙。张载著有《正蒙》《横渠易说》《经学理窟》《张子语录》《文集》《礼乐说》《论语说》《孟子说》等。其中如《文集》《论语说》《孟子说》和《礼乐说》等都已散佚，今只有从他书中辑录出来的部分内容。

《正蒙》：共十七篇，即《太和篇》《参两篇》《天道篇》《神化篇》《动物篇》《诚明篇》《大心篇》《中正篇》《至当篇》《作者篇》《三十篇》《有德篇》《有司篇》《大易篇》《乐器篇》《王禘篇》《乾称篇》。由张载弟子苏昞根据《正蒙》的思想内容依类而分。据吕大临所说，张载晚年"终日危坐一室，左右简编，俯而读，仰而思，有得则识之，或中夜起坐，取烛以书"，最后将其多年读书思考所得编成《正蒙》一书。在《正蒙》中，张载对天道本体、宇宙生化和天命之性与气质之性、德性所知与见闻之知、穷理尽性与返本成性，以及"民胞物与"的人生境界和佛老之学的错误等都进行了深刻阐述，从而构建起自己的理学思想体系。

《横渠易说》：是书为张载早年的易学著作，以义理阐发为主，涉及宇宙生成、心性问题和修养工夫等，重点阐述了张载"先识造化"和"天道与性命相贯通"的思想主旨，以及"知礼成性""精义入神""穷神知化"的工夫内容。

《经学理窟》：由《周礼》《诗书》《宗法》《礼乐》《气质》《义理》《学大原上》《学大原下》《自道》《祭祀》《月令统》《丧纪》十二篇组成，主要是张载的论学语录。该书思想内容丰富，从中可以看到张载对礼的认识以及"变化气质"工夫和如何读书为学等。

《张子语录》：分上、中、下三卷，以及《后录》二卷。《张子语录》是张载的讲学语录，主要涉及工夫修养和对《论语》《孟子》中一些内容的解释。《后录上》录自朱熹的《伊洛渊源录》，主要是二程对张载之学的认识与评价。《后录下》则选自《朱子语类》中朱熹对张载之学的说明和阐发。

2. 吕大钧（1031—1082）

字和叔，陕西蓝田人，吕大忠之弟。著有《四书注》《诚德集》《吕氏乡约》《乡仪》等，但大多已散佚不存，现仅存《吕氏乡约》《乡仪》和《蓝田吕氏祭说》。

《吕氏乡约》：分"德业相劝""过失相规""礼俗相交""患难相恤"四目，每一目下面都有详细解释和规定。四目后又列有"罚式""聚会""主事"三条，亦有相关说明。《吕氏乡约》和《乡仪》充分体现了张载"以礼为教"的思想，对教化乡民、治理乡村和改善乡村风俗具有重要的意义。

《乡仪》：分宾仪十五、吉仪四、嘉仪二、凶仪二。其中，宾仪为：相见之节、长少之名、往还之数、衣冠、刺字、往见进退之节、宾至迎送之节、拜揖、请召、齿位、献酢、道途相遇、献遗、迎劳、饯送。吉仪为：祭先、祭旁亲、祭五祀、祷水旱。嘉仪为：昏（即婚)、冠。凶仪为：吊哭、居丧。共二十三种行为礼节，每一种都有详细解释和说明。

3. 吕大临（1040—1092）

字与叔，号芸阁，吕大钧之弟。吕大临著述丰富，主要有《玉溪集》《玉溪别集》《论语解》《孟子解》《中庸解》《易章句》《礼记解》《蓝田仪礼说》《诗传》《老子注》《考古图》等。但大多已散佚，或只有辑本。

《礼记解》：十六卷。原书已佚失。今本《礼记解》主要是从南宋卫湜《礼记集说》中辑出的。该书是对《礼记》四十九篇内容的逐句注解。

《蓝田仪礼说》：为后世所辑。见于晚清王梓才、冯云濠的《宋元学案补遗》中。该书是对《仪礼》十七篇中一些内容的注解。

《易章句》：原书卷数不详。今书为后人所辑，主要是对《周易》六十四卦和《系辞》上、下与《说卦》的注释。

《论语解》《孟子解》《中庸解》：皆从他书中辑出，只有部分内容，非原书。主要是对《论语》《孟子》《中庸》的解释，并阐发吕大临自己的思想。

第二节　金元关学著述提要

1. 杨奂（1186—1255）

字焕然，号紫阳，陕西乾县人。著作丰富，有《还山前集》《还山后集》《天兴近鉴》《韩子》《概言》《砚纂》《北见记》《正统书》等书，但大多已佚失不存，今只有明人所辑的《还山遗稿》二卷和杨奂的一些生平资料。

《还山遗稿》：分上、下二卷，并"附录"一卷。明代嘉靖初宋廷佐辑。上卷为文集，下卷为诗文。附录为杨奂的一些生平资料，包括元好问所撰《杨府君墓碑铭》和《神道碑》，赵复为杨奂之母所撰《程夫人墓碑》，以及郝经、赵秉文等人与杨奂之间的书信。杨奂的《还山集》原有一百二十卷或六十卷（各种记录不一），但今仅存二卷，甚为可惜。

2. 萧㪺（1241—1318）

字维斗，号勤斋，陕西奉元（今西安）人。著有《三礼说》《小学标题驳论》《九州志》和《勤斋集》。今仅有清代所辑刻本《勤斋集》。

《勤斋集》：元代刻本为十五卷，后散佚，清代时从《永乐大典》中辑出部分内容，分为八卷。其中，卷一至卷四为文，卷五至卷八为诗。

3. 同恕（1254—1331）

字宽甫，号榘庵，陕西奉元（今西安）人。著有《榘庵集》。

《榘庵集》：十五卷。原本二十卷，但后来佚失，清代从《永乐大典》中辑出文十卷，诗五卷，共十五卷，从中可见同恕的生平交游及其儒学思想。

第三节　明代关学著述提要

1. 薛敬之（1435—1508）

字显思，号思庵，陕西渭南人。师从秦州（今属甘肃天水）的周蕙。著有《思庵野录》《道学基统》《洙泗言学录》《尔雅便音》《田畴集》《百咏集》《归来稿》《礼记通考》等，今只存《思庵野录》一书。

《思庵野录》：分上、中、下三卷，书末附有薛敬之《应州儒学明伦堂上梁文》一文和《应州八景》诗八首,以及《思庵薛先生行实》。原书卷数不详。《思庵野录》最早由薛敬之门人山西浑源人郭玺于明弘治六年(1493)编辑而成,当时并未刊刻。后由薛敬之之孙薛祖学于正德年间刻于四川内江知县任上,卷数不详。因流传不广,该书后逐渐散佚,薛敬之六世孙薛楹于是遍搜遗编,仅得《思庵野录》三卷、文一篇、诗八首,由冯从吾校订,刊刻于万历三十七年(1609)左右。清咸丰元年(1851),渭南人武鸿模又进行重刻。《思庵野录》是薛敬之二十多年读书思考所记之语的汇编,包含了他对宇宙天地、太极阴阳、理气心性与治道等问题的思考,以及对孔孟之学、汉儒和程朱之学的评论等,其中尤以阐明心气关系和"养心""存心"等修养工夫之语较多。

2. 马理(1474—1555)

字伯循,号溪田,陕西三原人,师从三原王承裕,与吕柟、康海为好友。著书甚多,有《溪田文集》《四书注疏》《周易赞义》《尚书疏义》《诗经删义》《周礼注解》《春秋修义》和《(嘉靖)陕西通志》等,但大多已佚失,今只存《溪田文集》《周易赞义》和《(嘉靖)陕西通志》三书。

《溪田文集》:十一卷,另有《补遗》《续补遗》和《搜遗》各一卷。该书为马理的诗文集,是研究马理生平活动及其思想的重要资料。

《周易赞义》:今存七卷,缺《系辞下》《说卦》《序卦》《杂卦》的注释。是书参考引用郑玄、王弼及程朱之说,同时也继承了张载有关天道、心性和礼学等方面的思想,重在阐义理、明人事,并论及象数。

3. 吕柟(1479—1542)

字仲木,号泾野,陕西高陵人,学者称泾野先生,师从渭南的薛敬之。吕柟一生著述丰富，主要有《泾野子内篇》、《四书因问》、《泾野先生文集》、《泾野先生别集》（属于诗集）、《周易说翼》、《尚书说要》、《毛诗说序》、《春秋说志》、《礼问》、《宋四子抄释》、《喻俗恒言》、《诗乐图谱》、《监规发明》、《寒暑经图解》、《史约》、《史馆献纳》、《南省奏稿》、《十四游记》、《（嘉靖）高陵县志》、《解州志》等，其中一些书今已佚失。

《泾野子内篇》：二十七卷。又称《泾野先生语录》，由吕柟弟子汇编而成，根据吕柟讲学的先后顺序编排，包括《云槐精舍语》《东林书屋语》《端溪问答》《解梁书院语》《柳湾精舍语》《鹫峰东所语》《过江北行途中语》《再过解州语》《太常南所语》《乙未邵伯舟中语》《太学语》《春官外署语》《礼部北所语》。冯从吾称此书"言言皆自躬行心得中流出，最透悟，最精实，可与《西铭》《正蒙》并传不朽"。《泾野子内篇》以程朱思想为归，对理学中的诸多问题以及经学、礼教和王阳明的"良知"说等都进行了探讨，其中尤以论"仁"和修养工夫为多，是了解吕柟思想的重要资料。

《四书因问》：六卷。该书是吕柟与弟子关于《大学》《中庸》《论语》《孟子》的问答之语，由其弟子魏廷萱等人记录、整理而成，内容平正笃实，非考据训诂、空谈心性之论。在书中，吕柟对理气关系、心性问题、知行先后和修养工夫等内容都进行了讨论，是研究吕柟理学思想，特别是其"四书学"的重要资料。

《泾野先生文集》：三十六卷。是书为吕柟的文集。最初由其门人西安知府魏廷萱刻于西安（已佚），但因文字多缺失讹谬，故其门人又重新进行编辑，分为三十六卷，嘉靖三十四年（1555）由于德昌刻于河北真定（今河北正定）。明万历二十年（1592），李桢又编刻《泾野先生文集》三十八卷，但该本只是一种选刻本，故卷数虽多，但内容却远少于于德昌所刻的三十六卷本，不过此本中收录了一些于本中没有的内容。清道光十二年（1832），富平的杨浚又按照李桢本进行重刻，称之为《重刻吕泾野先生文集》。后来，杨浚又得到吕柟的一种文集本进行续刻，名为《续刻吕泾野先生文集》。续刻八卷，其中有不少内容是于德昌本和李桢本中都没有的（大多是墓志墓表）。《泾野先生文集》卷帙浩繁，收有吕柟所写的序、记、书信、墓志墓碣表、别语赠语、传、字说、祭文、题词、跋、策问、行状等。是研究吕柟生平、交游和思想的重要文献。

《泾野先生五经说》：二十一卷。包括《周易说翼》三卷、《尚书说要》五卷、《毛诗说序》六卷、《春秋说志》五卷、《礼问》二卷。主要以问答的方式对"五经"进行解说。其中，《周易说翼》专主义理，不谈象数。《礼问》则涉及古代的冠、婚、入学、射御、祭、丧服、丧、葬、庐墓等礼仪，文末附有《栖入学仪》《渭阳公祭仪》《安人宋氏焚黄仪》《渭阳公丧仪》。

4. 韩邦奇（1479—1555）

字汝节，号苑洛，陕西朝邑人。韩邦奇精于天文、地理、音乐、数术等，著有《苑洛集》、《见闻考随录》（又名《苑洛语录》）、《正蒙拾遗》、《洪范图解》、《启蒙意见》、《易占经纬》、《禹贡详略》、《苑洛志乐》等。

《苑洛集》：二十二卷。为韩邦奇的诗文集，由其潼关弟子张文龙所编。有序、记、志铭、表、传、策问、诗词、奏议和《见闻考随录》五卷。《见闻考随录》为韩邦奇的论学之语和记录的时事。

《性理三解》：包括《正蒙拾遗》一卷、《启蒙意见》五卷和《洪范图解》一卷。三书原来是分别刻之，单行于世，后来韩邦奇弟子朝邑的樊得仁将三书进行合刻，取名《性理三解》。其中，《正蒙拾遗》是韩邦奇对张载《正蒙》的解释，但并非逐句注解，而是摘录《正蒙》中的一些语句加以疏解。据韩邦奇所说，这是因为他看见当时的几种《正蒙》注释对张载之旨"似未全得",部分内容"尚欠详明",故有此书之作。在该书中,韩邦奇主要阐发了太极、太虚、性、道和气等概念及其相互之间的关系。

5. 南大吉(1487—1541)

字元善,号瑞泉,陕西渭南人,师从明代著名心学家王阳明。著有《瑞泉南伯子集》,并编有《(嘉靖)渭南县志》。

《瑞泉南伯子集》:二十二卷。明嘉靖四十四年(1565)南轩刻本,现仅存卷十六至卷二十二,以及《附录》一卷,《后记》一卷。根据目录,是书卷一至卷十五为诗,卷十六至卷十七为赋,卷十八至卷二十二为文。从该书南大吉论学书信中可了解其良知学思想。《附录》中收有绥德马汝骥为南大吉所撰墓志铭和马理所作墓表。《后记》中有南大吉之弟南逢吉撰写的《瑞泉南先生纪年》。

6. 杨爵(1493—1549)

字伯修,号斛山,陕西富平人。师从朝邑的韩邦奇,一生以气节操守著称。著有《周易辨录》《中庸解》《杨忠介集》。今《中庸解》已佚失。

《周易辨录》:四卷。"辨录"一名出自《周易·系辞下》:"困,德之辨也。"杨爵因上疏极谏斋醮祥瑞等而入狱,前后被羁押八年之久,在狱中日读《周易》,有所感发即随笔记之,并与同在狱中的阳明后学周怡、刘魁等讲论而成《周易辨录》。全书主要依六十四卦卦辞阐发人事伦常之道。

《杨忠介集》:十三卷,另有《附录》五卷。是杨爵的诗文集。收有杨爵的奏议、序文、记和书信、家书、语录、诗赋等,是研究杨爵生平与思想的主要文献。

7. 冯从吾(1556—1627)

字仲好,号少墟,陕西西安人,从学于湛氏(湛若水)后学许孚远。其著作有《冯少墟集》(《关学编》被收入其中)、《冯少墟续集》和《元儒考略》,并编有《关中四先生要语录》。清代所刻的《冯恭定公全书》则是《冯少墟集》和《冯少墟续集》的合刻本。

《冯少墟集》:二十二卷。卷一《辨学录》。是书主要以批评佛老、尊崇儒学为主,对儒佛心性之学的异同和人心道心的区别等进行了阐述分析。卷二、卷三为《疑思录》(共六卷)。"疑思"之名来自《论语·季氏》"君子有九思"中的"疑思问"。此书主要是冯从吾对"四书"辨析疑义和论学之语。卷四为《订士编》。所谓"订士",即"与诸博士弟子相印证也"。《订士编》是冯从吾出任河南道监察御史督理长芦盐政时,所至各地学校与诸生讲说"四书"之义的论学语录。卷五为《关中会约》。为使士风归于醇厚,冯从吾在西安城南立会讲学,订《关中会约》十三条,对将会日期和将会内容作了具体规定。卷六为《学会约》《谕俗》和《士戒》,是冯从吾在宝庆寺讲学时所作,主要说明讲会宗旨,规定讲会的日期、讲会内容和应读书籍等。冯从吾强调,"其言当以纲常伦理为主,其书当以《四书》《五经》《性理》《通鉴》《小学》《近思录》为主"。冯从吾又在《谕俗》中指出,讲会主旨是:"千讲万讲,不过是要大家做好人,存好心,行好事。"并以"做个好人,心正身安魂梦稳;行些善事,天知地鉴鬼神钦"一联予以说明。《士戒》是冯从吾为从游诸生所立的学规,共计二十条。卷七为《宝庆语录》。是冯从吾在西安宝庆寺讲学的语录。卷八为《善利图说》。内容主要是让人在一念发动处辨清善恶源流。卷九、卷十为《太华书院会语》及附录。此是万历三十六年(1608)和万历三十八年(1610)冯从吾两次游历太华山(华山),并在此地讲学的语录。卷十一为《池阳语录》,分卷上《河北西寺讲语》和卷下《庆善寺讲语》。卷上是万历三十九年(1611)冯从吾至三原拜谒王恕、王承裕、马理、张原、温纯祠墓后，在三原为诸生讲学之语录。卷下是从三原回到西安，在城南庆善寺的讲学语录。卷十二为《关中书院语录》。此书是冯从吾在关中书院的讲学语录，主要对儒家心性之学进行了讨论。卷十三至卷十八为序、说、箴、赞、解、记、书信、杂著、传、祭文和诗等，从中亦可见冯从吾的理学思想。卷十九为《冯氏族谱》，卷二十为《冯氏家乘》。卷二十一和卷二十二为《关学编》。《关学编》共收录三十三人，并附录十一人，大体上展现了从北宋张载到晚明王之士关学的基本面貌和发展历程。清代时，王心敬、李元春和贺瑞麟等人又不断续编《关学编》，一直持续到晚清的杨树椿，从而形成了一部比较完整的关学发展史。《关学编》是我们今天认识和研究关学的重要文献资料。

《冯少墟续集》：五卷。卷一《都门语录》（附门人录语）、《闻斯录》；卷二《川上会纪》《正俗俗言》《山中稿》；卷三《山中稿》《都门汇草》和一些题辞、书信、记、传等；卷四为奏疏；卷五是诰命、谕祭文、题覆、公移等。

《元儒考略》：四卷。此书是冯从吾为元代理学诸儒所作的传记，共辑录学者八十二人，各为作传。该书对了解元朝儒学的发展情况有很大的参考价值。

8. 张舜典（生卒不详）

字心虞，号鸡山，陕西凤翔人，学者称鸡山先生，从学许孚远，与冯从吾为好友，一同讲学关中。著有《致曲言》和《明德集》。清代李二曲又对二书进行删定，合为一书，并取名《鸡山语要》，刊行于世。

《致曲言》：不分卷。该书取《中庸》"其次致曲，曲能有诚"之意，为张舜典平日读书、论学、静坐之间，一有所得便记录之，后累积成书。张舜典认为，当时学者好言本体而忽略工夫，故他强调"致曲",主张由"致曲"而达到"诚"(即圣人)的境界,亦即由工夫而至本体,因而是书多论涵养工夫。

《明德集》:不分卷。重在阐发"明德"体用一源之旨。"明德"一词来自于《大学》:"大学之道,在明明德,在亲民,在止于至善。"是书包括两部分:其一为"大旨总论",由"首叙宗旨""论明德体用及工夫之深造""明德体大而用广"组成;其二为张舜典的几封书信。

9. 王徵(1571—1644)

字良甫,号葵心,晚号了一,陕西泾阳人。其学融合儒学与天主教理论。李元春称其"三十年勤事天之学,刻刻念念以畏天爱人为心"。著有《畏天爱人极论》《学庸书解》《两理略》《历代发蒙辨道说》《客问》《兵约》《士约》《忠统录》《远西奇器图说录最》《诸器图说》《仁会约》《山居咏》等。

《学庸书解》:一卷。此书是对《大学》和《中庸》所作的注解。

《畏天爱人极论》:一卷。此书以问答的形式,将儒家的天命与人性等观点与天主教理论相比较和融合,来阐发其学说。

第四节 清代关学著述提要

1. 雷于霖(1589—1668)

字午天,号柏林,陕西朝邑人,学者称柏林先生。著有《柏林集》《柏林续集》《孝经报生篇》《太极图说》《西铭续生篇》《四自乌哺》《别世言》《资善集》等,不少已经散佚。

《柏林集》:四卷。今有民国二十二年(1933)重印本。今本此书前两卷为《柏林集》,后两卷为《柏林续集》。卷一有论、序、记、文；卷二有志、传、编年；卷三是铭和书札等；卷四为理学著述，如《孝经报生篇》《太极图说》《西铭续生篇》和《四自乌哺》等。

2. 王建常（1615—1701）

字仲复，号复斋，陕西朝邑人。王建常著述甚多，有《复斋录》《复斋别录》《复斋日记》《复斋余稿》《大学直解》《论语辑说》《诗经汇编》《尚书要义》《春秋要义》《太极图集解》《四礼慎行》《思诚录》《小学句读记》《律吕图说》等，但今已佚失过半。

《复斋录》：六卷。今有清光绪元年（1875）刘氏述荆堂刻本。此书是王建常的读书心得，集中反映了王建常的理学思想。

《复斋余稿》：二卷。是书为王建常的诗文集，原有六卷，今只存二卷。该集中收有王建常与顾炎武、雷于霖、王弘撰、白焕彩等人的书信。

《大学直解》：分上、下两卷。该书是王建常对《大学》逐句进行的解释，每条注释之后都附有口义和辑说。

《太极图解》：此书主要是参照朱子注释来发明《太极图说》的义理。

3. 王弘撰（1622—1702）

字无异，号山史，陕西华阴人，有"博物君子"之称，与"关中三李"（李颙、李因笃、李柏）齐名，时人号为"四夫子"。著有《砥斋集》《正学隅见述》《北行日札》《山志》《周易筮述》等。

《正学隅见述》：一卷。主要例举和阐释了理学的"格物"和"太极"之义。王弘撰主张"格物"之说应以朱子为正，"无极"之说当宗陆九渊，并批评王阳明对"格物"的解释。该书是了解王弘撰理学思想的重要文献。

《山志》：十二卷。此书是王弘撰的读书笔记与见闻杂记，内容涉及经学、史学、理学、文字学、音韵学和书画金石学等。

《砥斋集》：十二卷。《砥斋集》为王弘撰的文集，收入其所作之序、跋、论、议、记、传、书、墓志墓碣、祭文、杂著等。其中卷四《频阳札记》一文记述了他与李二曲就"格物"与"博约"之说的辩论。

《北行日札》：一卷。该书为王弘撰应召赴京时所记札记。其中《答问示耿门人蔚起》集中表达了王弘撰的理气观。

4. 李颙（1627—1705）

字中孚，号二曲，陕西盩厔人，学者称二曲先生。清代关中大儒。著有《二曲集》和《四书反身录》。

《二曲集》：二十六卷。此书为李二曲弟子王心敬所编辑，最早刻于清康熙三十二年（1693）。内容分别为《悔过自新说》、《学髓》、《两庠汇语》、《靖江语要》、《锡山语要》、《传心录》、《体用全学》、《读书次第》、《东行述》、《南行述》、《东林书院会语》、《匡时要务》、《关中书院会约》、《盩厔答问》、《富平答问》、书信、题跋、杂著、传、墓志、行略、墓碣、赞、《观感录》、《襄城记异》、《义林》、《家乘》、《祠记》。后来又有四十六卷本的《二曲集》，在原二十六卷本的基础上增加了《垩室录感》、《司牧宝鉴》、《历年纪略》、《潜确录》和《四书反身录》（将原本八卷析为十六卷）。

《悔过自新说》：见《二曲集》卷一。约作于顺治十三年（1656）。"悔过自新"是李二曲思想的一个重要内容。"新"指恢复人本有的至善之性。"过"包括外在的言行之过和隐而未显的意念之过。所以"悔过自新"就是"先检身过，次检心过"，通过工夫修养以复其本有的善性。

《盩厔答问》：见《二曲集》卷十四。该书为顺治十三年登封王所锡和刘矿所录李二曲答其问学之语。在书中，二曲主要阐发了其"明体适用"的思想主张和对三教异同的看法。

《学髓》：见《二曲集》卷二。此书是康熙七年（1668）六月李二曲在同州讲学期间，白焕彩所录。该书以图、文的形式展现了李颙对"人生本原"的理解，认为本原是"无声无臭，廓然无对，寂而能照，应而恒寂"的。

《体用全学》：见《二曲集》卷七。此书是李二曲在康熙八年（1669）十月东游太华时，为张珥开列的"明体适用"之学所应读书目，并附有简短说明。书目分"明体"和"适用"两大类，而明体类又分"明体"和"工夫"两个方面。二曲所列的明体中之明体书有：《象山集》《阳明集》《龙溪集》《近溪集》《慈湖集》《白沙集》。明体中之工夫书有：《二程全书》《朱子语类大全》《朱子文集大全》《吴康斋集》《薛敬轩读书录》《胡敬斋集》《罗整庵困知记》《吕泾野语录》《冯少墟集》。此外，如《邹东廓集》《王心斋集》《钱绪山集》《薛中离集》《耿天台集》《吕氏呻吟语》《辛复元集》《魏庄渠集》《周海门集》则作为参考之书，也需要认真阅读。适用类书有：《大学衍义》《大学衍义补》《文献通考》《吕氏实政录》《衡门芹》《经世石画》《经世挈要》《武备志》《经世八编》《资治通鉴纲目大全》《大明会典》《历代名臣奏议》《律令》《农政全书》《水利全书》《泰西水法》《地理险要》。

《读书次第》：见《二曲集》卷八。此书是李二曲在康熙八年十月游太华时，其弟子同州李士璸所录。二曲认为读书应从《小学》开始，再逐渐过渡到《大学》，宏观上来说先要从经传开始，再慢慢把视野转向文史。

《观感录》：见《二曲集》卷二十二。李二曲认为每个人生来都具有良知，没有贵贱和圣凡之区别，但世人视圣贤太高，故不肯立

第五章　关学著述提要 | 219

志成圣成贤。因此，他收集了明代以来虽地位卑贱，却能通过刻苦勤学而终成为一代大儒的学者事迹，并将其汇编成书。

《匡时要务》：见《二曲集》卷十二。此书是李二曲于康熙九年（1670）十二月至常州（今江苏常州）讲学时，为常州知府骆钟麟所述治理之道。李颙认为治理政事应以移风易俗、讲明学术为匡时第一要务。

《两庠汇语》《靖江语要》《锡山语要》《东林书院会语》：分别见《二曲集》卷三、卷四、卷五和卷十一。皆为康熙十年（1671）春李二曲在江苏常州府各县讲学时的语录。

《传心录》：见《二曲集》卷六。此书为康熙十年春李二曲弟子常州陆士楷所录。二曲在是书中主要阐发了"心体本然"和"默坐澄心"等修养工夫。

《关中书院会约》：见《二曲集》卷十三。是书为康熙十二年（1673），李二曲受邀主讲关中书院时所立，内容分为《儒行》《会约》《学程》三部分。

《富平答问》：见《二曲集》卷十五。康熙十四年（1675）八月，为避兵乱，李二曲移居富平，至康熙十八年（1679）八月始归。该书即在此期间答人问学之语，由其弟子富平的惠靇嗣所录。主要阐述了"主静"的修养工夫和朱、王思想之异同等。

《垩室录感》：见《二曲集》卷二十七。该书是李二曲在母亲去世后居于垩室感伤而作，所述皆为孝敬父母之事，一共有十余条，上自士大夫，下至平民百姓，每一条之后都附有二曲的感想。

《司牧宝鉴》：见《二曲集》卷二十八。共辑录文章七篇，分别为《真公谕属》《吕公谕属》《先贤要言》《牧征往迹》《预免铺垫文》《救急单方》与《附按院公移》。每篇均有题解和评语，所论皆是为政之法。

《四书反身录》：八卷。分《大学》一卷、《中庸》一卷、《论语》四卷、《孟子》二卷，是李二曲对"四书"的解说、阐释。最早刻于清康熙二十五年（1686），由其弟子王心敬所录而成。二曲见当时士子对"四书"只以口耳记诵为事，不能反身实践，故以"反身"为名，以使学者体诸身，见诸行，德充道明，有体有用，从而有补于世。

5. 王吉相（1645—1689）

字天如，陕西彬州人，李二曲弟子。著有《四书心解》《偶思录》。

《四书心解》：不分卷。今有清道光二十四年（1844）重刻本。该本后面附有王吉相的另一著作《偶思录》和乡会墨（即科考应试文章）六篇。此书是王吉相对"四书"的注解，独抒所见，多有心得，与程朱之说有所不同。

6. 王心敬（1656—1738）

字尔缉，号丰川，陕西鄠县人，学者称丰川先生，李二曲弟子。著有《丰川全集》《丰川续集》《江汉书院讲义》《丰川易说》《丰川诗说》《尚书质疑》《春秋原经》《礼记汇编》《关学续编》等。

《丰川全集》：包括《丰川全集正编》二十八卷和《丰川全集续编》二十二卷。今有清康熙五十五年（1716）刻本。是集内容丰富，集中反映了王心敬的交往论学及其思想。该集中还包括康熙五十三年（1714）王心敬应邀至姑苏紫阳书院的讲学语录——《姑苏论学》。

《丰川续集》：三十四卷。今有清乾隆十五年（1750）刻本。是书为王心敬在康熙五十五年（1716）至乾隆三年（1738）之间的著述。内容涉及王心敬的经世之学、与他人的论学书信、诗歌等等。

《江汉书院讲义》：十卷。此书为康熙五十年（1711）王心敬在湖北江汉书院讲学期间，对"四书"内容的解说阐释，由其子王功整理而成。

《丰川易说》：十卷。此书是对《周易》的解释，以义理阐发为主。

《关学续编》：六卷。今有清嘉庆七年（1802）刻本。是书为王心敬对冯从吾《关学编》的增补。王心敬认为，"编关学者，编关中道统之脉络也"，并把"关中道统"追溯到远古的伏羲，认为"伏羲之《易》画开天，固宇宙道学之渊源，而吾关学之鼻祖也"。基于这一认识，王心敬于秦以前增加伏羲、泰伯、仲雍、文王、武王和周公"六圣"；汉代增加董仲舒、杨震（附东汉挚恂）；明代增加冯从吾（附周传诵、党还醇、白希彩、刘波）、张舜典、张鉴、马嗣煜、王徵、单允昌（附其弟单允蕃和王侣）；清代增加李颙（附同时诸儒六人和李二曲及门弟子十余人）。但王心敬所增伏羲等"六圣"和汉代董仲舒等人，不被后世关学学人认可。

7. 刘鸣珂（1666—1727）

字伯容，号诚斋，陕西蒲城人。著有《砭身集》《大中疏义》《易经疏义》《古文疏义》《唐诗疏义》。今只见《砭身集》。

《砭身集》：六卷。今有清光绪二十八年（1902）柏经正堂刊本。此书虽以集为名，但其实是刘鸣珂的读书心得和论学之语，内容涉及理气、心性、工夫修养和儒佛异同等诸多问题。

8. 王承烈（1666—1730）

字逊功，号复庵，陕西泾阳人，明末学者王徵的曾孙，常与王心敬相互论学。著有《日省录》《毛诗解》《尚书解》。今只存《日省录》。

《日省录》：二卷。该书有清光绪二十四年（1898）素位堂重刻本。《日省录》为王承烈多年的读书心得之语，集中反映了他对理气关系与心性关系、"天地之性"与"气质之性"、"道心"与"人心"、"尊德性"与"道问学"、"主敬穷理"与"无善无恶"和王学、佛老等问题的看法。

9. 杨屾（1688—1785）

字双山，陕西兴平人。杨屾在清代虽以农桑之学闻名，但他在理学上也具有相当造诣。著有《知本提纲》《修齐直指》《经国五政纲目》《豳风广义》和《燮和直指》。

《知本提纲》：十卷，杨屾撰，郑世铎注。全书共十四章，分为：《帅元章》《事帝章》《顺命章》《帅形章》《调摄章》《帅著章》《修业章》《帅家章》《明伦章》《帅学章》《全仁章》《复命章》《欲囿章》和《感应章》。此书是杨屾"提挈知本大旨"，并由其弟子长安郑世铎以通俗语言逐节注释。

《修齐直指》：不分卷，杨屾撰，齐倬注。此书是《知本提纲》的节要本。杨屾认为《知本提纲》卷数繁多，童蒙难以记诵，于是提纲挈领，直指修齐之实，故名《修齐直指》。又为了方便妇孺学习，于是让其弟子临潼的齐倬又用俗语加以注释。清末刘光蕡对此书撰有点评本，认为此书从日用寻常事物上指出天道性命之理，言王道下及庶人，谈圣学遍及农、工、商。

10. 张秉直（1695—1761）

字含中，号萝谷，陕西澄城人。早年师从韩城的吉儒宗，后又从学于郃阳的康无疾。著有《开知录》《四书集疏》《四书集疏附正》《论语绪言》《萝谷文集》《治平大略》《文谈》《征信录》等，今存。

《开知录》：十四卷。今有清光绪元年（1875）三原人刘传经堂刻本。"开知"，取"知识渐开"之义。此书是张秉直多年读书心得，共有五百八十二条，集中反映了张秉直的理学思想和对程朱、陆王及佛老之学的看法等。

《四书集疏附正》：十九卷。今有清同治十二年（1873）刻本，分《大学附正》二卷、《中庸附正》三卷、《论语附正》七卷和《孟子附正》七卷。此书是张秉直在编订《四书集疏》时，对"四书"内容时有心得见解，便记录下来，久而久之积累成若干卷。

《四书集疏》：四十卷。今有清光绪三十四年（1908）柏经正堂刻本。是书为张秉直集各家"四书"注疏而加以删订去取，耗时四十五年，几易其稿。

《论语绪言》：一卷。今有清道光十五年（1835）刻本。张秉直用力"四书"甚勤，晚年又认为《论语》言近旨远，越发明越无穷尽，于是又著《论语绪言》，进一步阐发《论语》之意。

《萝谷文集》：四卷。今有清道光二十三年（1843）刻本。有记、书和传等，从中可以了解张秉直的一些生平活动和对清初关学的认识等。

《治平大略》：四卷。今有清光绪元年（1875）三原人刘传经堂刻本。张秉直认为黄宗羲的《明夷待访录》还不完善，故著此书以俟采择。是书分立志、尊师、穷理、正心、修身、齐家、简贤、画疆、辨士、任民、定赋、均财、教稼、足兵、立教、明刑、封建、取士、礼乐、杂论。《续修四库全书总目提要（稿本）》称此书为"治世之名籍"。

11. 史调（1697—1747）

字匀五，号复斋，晚号云台山人，陕西华阴人。因读王建常《复斋录》而有志于圣贤之学，遂居华山云台观二十余年，读书讲学。曾先后受邀主讲于西安的关中书院和临潼的横渠书院。著有《史复斋文集》，辑有《志学要言》《从政名言》《镜古编》。今存《史复斋文集》。

《史复斋文集》：四卷。卷一主要涉及为政、经世方面的内容，卷二是序、跋、论、书信等，卷三为横渠书院之学规和谕子书等，卷四为史调讲学的语录。书末附有其子史犹龙写的行述、崔纪撰写的墓志铭和孙景烈所作的墓表等。

12. 孙景烈（1706—1782）

字孟扬，号酉峰，陕西武功人，学者称酉峰先生。孙景烈一生以讲学为事，曾先后主讲于西安的关中书院、兰州的兰山书院和鄠县的明道书院。著有《酉麓山房存稿》《滋树堂文集》《四书讲义》《康对山武功志注》《邰阳县志》等。

《四书讲义》：十卷。是书又名《关中书院讲义》，包括《大学讲义》一卷、《中庸讲义》一卷、《论语讲义》四卷和《孟子讲义》四卷。另有《四书讲义补》二卷。是孙景烈在关中书院讲"四书"时的讲义，主要是对"四书"句意的讲解，多有心得之语。

《滋树堂文集》：四卷。今有清道光十一年（1831）酉麓山房刻本。书中涉及理学内容较多，书信部分则以与陈宏谋论学为多。

13. 刘绍攽（1707—1778）

字继贡，号九畹，陕西三原人。著有《九畹古文》《九畹续集》《四书凝道录》《周易详说》《春秋通论》《春秋笔削微旨》《书考辨》《卫道编》《经余集》《二南遗音》《于迈草》等。

《九畹古文》：十卷。今有清乾隆八年（1743）刘传经堂刻本。其中，卷六的《格物说》《理气说》《气质说》《心性说》《知行说》《仁智说》《诚明说》和《良知说》等，专门讨论理学的一些基本概念；《释道异同说》等讨论儒、佛、道三教之间的异同。卷九主要论述张载之学和《正蒙》。另外，书中的《关中人文后传》和《书关中人文传后》等文，对关中理学则有较多论述。

《九畹续集》：二卷。此书主要包括《关中人文传》《顾亭林先生传》《关学编正误》等五十六篇文章。

《四书凝道录》：十九卷。今有清光绪年间刻本。分《大学章句凝道录》一卷、《中庸章句凝道录》一卷、《论语集注凝道录》一卷和《孟子集注凝道录》七卷。此书主要是对朱熹《四书章句集注》的进一步解说、注释，援引宋元明清诸儒之说，其中亦多有刘绍攽自己的见解。

《卫道编》：二卷。今有清光绪元年（1875）刻本。此书主要是选录前人排佛老、斥陆王和崇程朱的文章，属刘绍攽自撰者有《鬼神论》《神仙论》和《陆氏学本德光》三文。

14. 王巡泰（1722—1793）

字岱宗，号零川，陕西临潼人，学者称零川先生。著述丰富，著有《四书劄记》《零川日记》《零川文集》《年谱》《解梁讲义》《仕学要言》《格致内编》《齐家四则》《丁祭考略》《知命说》《河东盐政志》等书，但今只存《四书劄记》。

《四书劄记》：八卷。是书又名《四书日记》，今有清道光十五年（1835）来鹿堂刻本和光绪九年（1883）临潼横渠书院刻本。此书是王巡泰读"四书"时所作札记，始于乾隆二十年（1755），二十年后做过一次修订，十余年后，即乾隆五十一年（1786）时，又重新进行了订正，终成今本。该书以朱子学为宗，对理气、心性、主敬穷理、存心养性和佛老等问题都有所阐述。

15. 周元鼎（1745—1803）

字象九，号勉斋，陕西三原人。

《汇菊轩文集》：四卷。今有清咸丰十年（1860）守泽草堂刻本。是书卷一、卷二主要为理学内容，卷三多为天文，卷四为传记。

16. 李元春（1769—1854）

字仲仁，又字又育，号时斋，陕西朝邑人，人称桐阁先生。著述丰富，著有《时斋文集初刻》《时斋文集续刻》《时斋文集又续》《桐阁拾遗》《桐窗残笔》《桐窗余稿》《桐窗散存》《桐阁先生文钞》《桐阁性理十三论》《闲居镜语》《病床日札》《余生录》《夕照编》《时斋诗集》和《四礼辨俗》等。此外，李元春还整理编撰有《增订关学编》《关中道脉四种书》《关中两朝文钞》《关中两朝诗钞》《关中两朝赋钞》。

《桐阁先生文钞》：十二卷。今有清光绪十年（1884）朝邑同义文会刊本。李元春的《时斋文集》（今存清道光间刻本）因战乱多有散佚，故其弟子贺瑞麟取其所藏的李元春文集，重新加以去取，分类编次，并辑录李元春论学语录二百六十四条，而成是书。

《桐阁性理十三论》：不分卷。今有清光绪十七年（1891）三原正谊书院刻本。此书是李元春对理学十三个问题的认识和阐述。"十三论"包括以下各方面：太极本无极论、主静立人极论、诚通诚复论、几善恶论、太虚即气无无论、乾父坤母论、为天地立心论、性合内外论、名实一物论、性即理论、学始不欺暗室论、知行先后轻重论、动止语默皆行论。

《病床日札》《余生录》《桐窗呓语》《夕照编》《闲居镜语》《授徒闲笔》：不分卷，皆为李元春的论学语录。

《增订关学编》：五卷。今有清道光十年（1830）朝邑蒙天麻刻本。该书是对明冯从吾《关学编》的续编，依次又增补了北宋的游师雄，明代的刘玺、刘儒、刘子诚（附其弟刘子諴）、温予知（附其弟温日知）、张国祥、赵应震、盛以弘、杨复亨，清代的王茂麟（附刘濯翼）、王建常（附关中俊、郭穉仲）、王宏度、谭达蕴（附龚廷擢）、王弘学（附其弟王弘嘉、王弘撰）、李颙、王心敬、马秵士、孙景烈、王巡泰等人。

《关中道脉四种书》：今有清道光十年（1830）刻本。"四种书"

分别为《增订关学编》《张子释要》《关中四先生要语录》和《关中三先生要语录》。其中,《张子释要》不分卷,是李元春对张载《正蒙》和《张子语录》等书所作的注解。《关中四先生要语录》四卷,为晚明冯从吾辑录的吕柟、马理、韩邦奇和杨爵四人的语录。《关中三先生要语录》四卷,为李元春辑录的冯从吾、王建常和李颙三人的语录。

17. 郑士范（1795—1873）

字冶亭,陕西凤翔人。著有《绿绮寮集》《旧雨集》,并编有《朱子约编》《朱子年谱》《许鲁斋年谱》《四书小注约编》《春秋传注约编》《三礼表》《盛世人文集》。

《绿绮寮集》:二卷。是书内容涉及经史、讲学、纪事、友人酬答、碑碣等,从中可窥见郑士范的学术思想。

《旧雨集》:分上、中、下三卷,今有清光绪二十六年（1900）周氏正谊堂刻本。内容为郑士范的亲身经历与耳闻目睹之事的记录。

18. 杨树椿（1819—1874）

字仁甫,号损斋,陕西朝邑人,师从李元春,与贺瑞麟为同学。著有《损斋全书》和《西埜杨氏壬申谱》。

《损斋全书》:是书包括卷首《编年通目》一卷、《损斋文钞》十五卷、《损斋外集钞》一卷、《损斋语录钞》三卷和《附录》一卷。其中,《编年通目》和《附录》是杨树椿生平历程的记录与墓志铭、行状、叙事等。

19. 祝垲（1827—1876）

字爽亭,号定庵,陕西安康人。著有《体微斋日记》《体微斋语录》《爽亭易说》。后来其弟子冯端本将祝垲著作整理编辑为《体微斋遗编》加以刊刻。

《体微斋遗编》:十卷。今有清光绪十六年（1890）刻本,包括

《体微斋日记》七卷、《体微斋语录》二卷和《爽亭易说》一卷,另外还附有祝垲语录拾遗若干条和诗若干首,以及传记数篇。日记和语录都是祝垲研究理学的心得或论学之语。

20. 柏景伟(1831—1891)

字子俊,号沣西,晚号忍庵,陕西长安人。著有《沣西草堂集》。

《沣西草堂文集》:八卷。今有清光绪二十六年(1900)刻本。柏景伟少有著述,其学问主张尽收于此书。

21. 贺瑞麟(1824—1893)

字角生,号复斋,陕西三原人,朝邑李元春弟子,因讲学清麓精舍,人称清麓先生。贺瑞麟著有《清麓文集》《清麓日记》《清麓答问》《清麓遗语》《清麓遗事》《关学续编》等,并编有《西京清麓丛书》,收书近百种,多为程朱理学著作。

《清麓文集》:二十三卷。今有清光绪二十五年(1899)刘传经堂刻本。是书为贺瑞麟所作序、题跋、书信、赠言、记、说、杂著、禀启、诗赋铭赞、祭文和墓志铭、传等,从中可见贺瑞麟之生平活动和学问思想。

《清麓日记》:五卷。今有清光绪二十五年(1899)刘传经堂刻本。此书为贺瑞麟平日读书心得和论学语录,时间从同治元年(1862)至光绪十六年(1890)。

《清麓答问》:四卷。今有清光绪三十一年(1905)正谊书院刻本。由其弟子郃阳人谢化南所编,为贺瑞麟答弟子问学之语。

《清麓遗语》:四卷,附《清麓遗事》一卷。谢化南编。《清麓遗语》是贺瑞麟的讲学语录。《清麓遗事》则记载了贺瑞麟在凤翔讲学、演礼之事,以及其与柏景伟、刘蓉、李用清等人之间的往来。

《关学续编》:继清代王心敬、李元春之后,贺瑞麟又重新对

《关学编》进行了续编，增加了清代蒲城的刘鸣珂、泾阳的王承烈、澄城的张秉直、华阴的史调、朝邑的李元春、凤翔的郑士范和朝邑的杨树椿（附大荔赵凤昌、张元善和华阴李蔚坤）。其特点是所收录诸人皆为朱子学者。

22. 刘光蕡（1843—1903）

字焕唐，号古愚，陕西咸阳人。刘古愚在传统理学的基础上，又积极主张学习经史之学和近代西学，是传统关学向近代转型的主要代表。刘古愚著述丰富，其著作后由弟子整理汇编为《刘古愚先生全书》（包括《烟霞草堂文集》《烟霞草堂遗书》《烟霞草堂遗书续刻》）。

《烟霞草堂文集》：十卷。书后附有公禀和刘古愚的墓志铭、行状等。此书虽为刘古愚的文集，但反映了其思想的各个方面，包括刘古愚的理学思想、经世之学和学习近代西方科学技术的主张等。

《烟霞草堂遗书》：收有刘古愚著述十七种。包括《立政臆解》《学记臆解》《大学古义》《孝经本义》《论语时习录》《孟子性善备万物图解》《管子小匡篇节评》《荀子议兵篇节评》《史记货殖列传注》《史记太史公自序注》《前汉书食货志注上下》《前汉书艺文志注》《古诗十九首注》《陶渊明闲情赋注》《改设学堂私议》《濠堑私议》《团练私议》。

《烟霞草堂遗书续刻》：收有刘古愚著述四种。包括《尚书微》、《修齐直指评》、《味经书院志》（附《味经书院藏书目录》）、《养蚕歌括》。书末附张季鸾的《烟霞草堂从学记》。

以下分别介绍刘古愚的部分著述：

《立政臆解》：一卷。该书将《尚书》中的《立政》篇与西方宪法做比较，认为西方的宪法就是中国的"洪范"，其意在援古以证今来阐发其政论思想。

《学记臆解》：一卷。该书是对《礼记》中的《学记》进行注解，共分为十六章。刘光蕡认为，当时中国之贫弱是由于"划兵、吏、农、工、商于学外者"造成的，而士子虽以学为业，但却驰骛于利禄之途，沉溺于词章训诂之中，所学非修齐治平之事和日用常行之为。因此他主张，要救中国之贫弱，最重要的是要兴学，但所兴之学应以化民成俗为主，亦即兵、吏、农、工、商皆要知学，而非一般意义上的造士成材。因该书是刘古愚心怀时世之感而强附经训所作，故名为"臆解"。

《大学古义》：一卷。此书是刘古愚对《大学》一书进行的解释。他认为"大学"即"立念与天地民物为一体"，而学则是以讲明其理，然后实为其事，故曰"明德是道之体，新民是道之量，至善则学道之旨也"。

《孝经本义》：一卷。该书卷首为《读法》十条，其次是对《孝经》十八章的解释。刘古愚认为，《孝经》的"经"字，并非"六经"的"经"，而是经天下大经之经，天下大经即人事，"孝"则是人与人之所以能相接并聚合为群的根源。故他以"孝"为经，而帝王之政治、圣人之学问皆以纬之。

《论语时习录》：五卷。此书虽名《论语时习录》，但其实只对《论语》中的《学而》《为政》《八佾》《里仁》与《公冶长》五篇作了注释。刘光蕡认为，今日学问之患，在于士子习文而不自治其心，只把读书当作获取功名富贵的途径，故他主张以圣人之言来治我今日之心，认为能治我今日之心，即能治今日之事而应其变。刘古愚认为"时习"二字是读"六经"和《论语》的方法，故以"时习"为名。

《孟子性善备万物图解》：一卷。此书主要解释孟子的"性善"之说，刘古愚指出，"在天为元，在人为性，驯致以学，达天希圣"，认为"物数累万，理合一元，同归一善，是为天根"。

23. 牛兆濂（1867—1937）

字梦周，号蓝川，陕西蓝田人。贺瑞麟弟子。著有《蓝川文钞》《蓝川文钞续》《秦关拾遗录》《吕氏遗书辑略》《芸阁礼记传》《读近思录类编》《礼节录要》等，但大多已佚失，今存《蓝川文钞》和《蓝川文钞续》。

《蓝川文钞》：十二卷。此书由牛兆濂门人陈敬整理而成。文中多弘扬儒学、阐发程朱义理之说。

《蓝川文钞续》：六卷。此书由牛兆濂弟子李铭诚整理而成，从中亦可见牛兆濂的理学思想。

参考文献

[1] 张载. 张载集[M]. 北京：中华书局，1978.

[2] 张载. 张子全书[M]. 西安：西北大学出版社，2015.

[3] 吕大临，等. 蓝田吕氏集[M]. 西安：西北大学出版社，2015.

[4] 萧斛，同恕，杨奂. 元代关学三家集[M]. 西安：西北大学出版社，2015.

[5] 薛敬之，张舜典. 薛敬之张舜典集[M]. 西安：西北大学出版社，2015.

[6] 王恕. 王恕集[M]. 西安：西北大学出版社，2015.

[7] 王承裕. 少保王康僖公文集[M]. 刻本. 三原：王氏瑞芝堂，1810（嘉庆十五年）.

[8] 吕柟. 泾野子内篇[M]. 北京：中华书局，1992.

[9] 吕柟. 泾野经学文集[M]. 西安：西北大学出版社，2015.

[10] 马理. 马理集[M]. 西安：西北大学出版社，2015.

[11] 韩邦奇. 韩邦奇集[M]. 西安：西北大学出版社，2015.

[12] 南大吉. 南大吉集[M]. 西安：西北大学出版社，2015.

[13] 杨爵. 杨爵集[M]. 西安：西北大学出版社，2015.

[14] 冯从吾. 冯从吾集 [M]. 西安：西北大学出版社，2015.

[15] 冯从吾. 关学编（附续编）[M]. 北京：中华书局，1987.

[16] 李颙. 二曲集 [M]. 北京：中华书局，1996.

[17] 王建常. 王建常集 [M]. 西安：西北大学出版社，2014.

[18] 王心敬. 丰川全集 [M]. 刻本. 1716（清康熙五十五年）.

[19] 王心敬. 丰川续集 [M]. 刻本. 1750（清乾隆十五年）.

[20] 刘鸣珂. 砭身集 [M]. 刻本. 泾阳：柏经正常，1902（清光绪二十八年）.

[21] 张秉直. 开知录 [M]. 刻本. 三原：刘传经堂，1875（清光绪元年）.

[22] 张重直. 四书集疏附正 [M]. 刻本. 1835（清道光十五年）.

[23] 王巡泰. 四书劄记 [M]. 刻本. 临潼：横渠书院，1883（清光绪九年）.

[24] 李元春. 李元春集 [M]. 西安：西北大学出版社，2015.

[25] 贺瑞麟. 贺瑞麟集 [M]. 西安：西北大学出版社，2015.

[26] 刘光蕡. 刘光蕡集 [M]. 西安：西北大学出版社，2015.

[27] 张骥. 关学宗传 [M] // 王美凤整理编校. 关学史文献辑校. 西安：西北大学出版社，2015.

[28] 程颢，程颐. 二程集 [M]. 北京：中华书局，2004.

[29] 谢良佐. 上蔡语录 [M] // 朱傑人，严佐之，刘永翔，主编. 朱子全书外编：第3册. 上海：华东师范大学出版社，2010.

[30] 黎靖德. 朱子语类 [M]. 北京：中华书局，1986.

[31] 陈淳. 北溪字义 [M]. 北京：中华书局，1983.

[32] 刘荀. 明本释 [M]. 刻本. 清乾隆间.

[33] 程大昌. 雍录 [M]. 北京：中华书局，2002.

[34] 李心传. 道命录 [M]. 上海：上海古籍出版社，2016.

[35] 薛瑄. 薛瑄全集 [M]. 太原：山西人民出版社，1990.

[36] 王守仁. 王阳明全集 [M]. 上海：上海古籍出版社，2014.

[37] 唐龙. 唐渔石集 [M] // 沈乃文，主编. 明别集丛刊：第2辑第3册. 合肥：黄山书社，2016.

[38] 顾宪成. 泾皋藏稿 [M]. 南京：凤凰出版社，2011.

[39] 高攀龙. 高子遗书 [M]. 南京：凤凰出版社，2011.

[40] 来时熙. 弘道书院志 [M]. 刻本. 1505（明弘治十八年）.

[41] 黄宗羲. 明儒学案 [M]. 修订本. 北京：中华书局，2008.

[42] 黄宗羲. 宋元学案 [M]. 全祖望，补修. 北京：中华书局，1986.

[43] 陆陇其. 陆陇其集 [M]. 杭州：浙江古籍出版社，2018.

[44] 张履祥. 杨园先生全集 [M]. 北京：中华书局，2002.

[45] 永瑢，纪昀. 四库全书总目提要 [M]. 海口：海南出版社，1999.

[46] 陈俊民. 张载哲学与关学学派 [M]. 台北：台湾学生书局，1990.

[47] 陈政扬. 张载思想的哲学诠释 [M]. 台北：文史哲出版社，2007.

[48] 龚杰. 张载评传 [M]. 南京：南京大学出版社，1996.

[49] 侯外庐，邱汉生，张岂之. 宋明理学史 [M]. 2版. 北京：人民出版社，1997.

[50] 刘学智. 关学思想史 [M]. 西安：西北大学出版社，2015.

[51] 刘学智. 儒道哲学阐释 [M]. 修订版. 西安：西北大学出版社, 2018.

[52] 林乐昌. 张载理学与文献探研 [M]. 北京：人民出版社, 2016.

[53] 王昌伟. 中国历史上的关中士人：907—1911 [M]. 刘晨, 译. 杭州：浙江大学出版社, 2017.

[54] 魏冬. 北宋关学随讲录 [M]. 西安：西安出版社, 2018.

[55] 许齐雄. 北辙：薛瑄与河东学派 [M]. 叶诗诗, 译. 杭州：浙江大学出版社, 2015.

[56] 辛亚民. 张载易学研究 [M]. 北京：中国社会科学出版社, 2015.

[57] 杨立华. 气本与神化——张载哲学述论 [M]. 北京：北京大学出版社, 2008.

[58] 赵馥洁. 关学精神论 [M]. 西安：西北大学出版社, 2015.

[59] 张波. 张载年谱 [M]. 西安：西北大学出版社, 2015.

[60] 张波, 米文科. 关学研究探微 [M]. 北京：中国社会科学出版社, 2017.

[61] 陈来. "关学"的精神 [J]. 陕西师范大学学报：哲学社会科学版, 2016 (3).

[62] 韩星, 李雅雯. 中国士人使命担当的经典表达——张载"为万世开太平"新解 [J]. 西北大学学报：哲学社会科学版, 2019 (3).

[63] 刘学智. 关学宗风：躬行礼教，崇尚气节：从关中"三李"谈起 [J]. 陕西师范大学继续教育学报, 2001 (2).

[64] 刘学智. 张载及其关学研究的方法论与研究走向探析

[J]．唐都学刊，2012（5）．

［65］刘学智．"关学洛学化"辨析［J］．中国哲学史，2016（3）．

［66］刘学智．张载"为天地立心"释义［J］．西北大学学报：哲学社会科学版，2019（3）．

［67］林乐昌．张载对儒家人性论的重构［J］．哲学研究，2000（5）．

［68］林乐昌．李二曲的经世观念与讲学实践［J］．中国哲学史，2000（1）．

［69］林乐昌．张载礼学论纲［J］．哲学研究，2007（12）．

［70］林乐昌．张载对孔子仁学的诠释——以"仁智"统一为中心［J］．唐都学刊，2013（2）．

［71］林乐昌．"为生民立命"——张载命运论的新解读［J］．西北大学学报：哲学社会科学版，2019（3）．

［72］魏冬．冯从吾《关学编》及其补续"关学"观念内蕴发抉：兼论关学史研究所面临诸问题［J］．宝鸡文理学院学报：社会科学版，2017（3）．

［73］许宁．《西铭》现代诠释的三个面向［J］．孔子研究，2019（1）．

［74］赵馥洁．张载"为往圣继绝学"［J］．西北大学学报：哲学社会科学版，2019（3）．

［75］赵馥洁．论关学经世致用的实学价值观［J］．陕西师范大学学报：哲学社会科学版，2017（2）．

后　　记

　　本书完成之时，正值张载千年诞辰之际，因此倍感写作此书的责任和意义所在。本书主要侧重于普及的要求，力图既能向读者比较准确地反映张载思想的特点和历史地位，以及关学的传承与流变、关学的精神和时代价值等，又能够深入浅出、通俗易懂。为此，马瑞映、米文科、刘泉通力协作，终于在张载千年论坛举办之际，完成此稿。全书分工如下：马瑞映规划全书整体框架，确立各章节主题及内容，为全书作序，并完成统稿；米文科负责撰写绪论、第一章、第二章、第三章；刘泉负责撰写第四章、第五章。

　　在本书写作过程中，得到了多方面的支持和帮助。他们的无私支持和帮助奠定了此书完成的基础，也是我们写作此书的激励因素。这里，首先要感谢陕西省委宣传部的何军处长，她的指导和中肯意见使本书逐渐趋于完善。其次，感谢刘学智教授、曹树明教授和李敬峰博士，他们给予的学术指导和学术支持使本书得以顺利完成。再次，要感谢陕西师范大学出版总社的编辑邓微，她对本书提出了很多专业性的建议，其敬业精神和专业素养给我们留下深刻印象。最后，一并感谢所有为此书做出贡献的支持者和帮助者。

虽然我们竭尽所能，但因学识和能力所限，难免存在一些疏漏与不妥之处，恳请广大学者和读者不吝赐教并给予斧正。

N